我和我的祖国

北京林业大学服务保障
中华人民共和国成立70周年庆祝活动纪实

孙信丽 主编

光明日报出版社

图书在版编目（CIP）数据

我和我的祖国：北京林业大学服务保障中华人民共和国成立70周年庆祝活动纪实 / 孙信丽主编 .—— 北京：光明日报出版社，2020.6

ISBN 978-7-5194-5768-6

Ⅰ.①我… Ⅱ.①孙… Ⅲ.①大学生—爱国主义教育—中国—文集 Ⅳ.① G641.4-53

中国版本图书馆 CIP 数据核字（2020）第 090160 号

我和我的祖国：北京林业大学服务保障中华人民共和国成立70周年庆祝活动纪实
WO HE WO DE ZUGUO： BEIJING LINYE DAXUE FUWU BAOZHANG ZHONGHUARENMINGONGHEGUO CHENGLI 70 ZHOUNIAN QINGZHU HUODONG JISHI

主　　编：孙信丽	
责任编辑：李月娥	责任校对：姚　红
封面设计：中联学林	责任印制：曹　净

出版发行：光明日报出版社
地　　址：北京市西城区永安路 106 号，100050
电　　话：010-63139890（咨询），010-63131930（邮购）
传　　真：010-63131930
网　　址：http：//book.gmw.cn
E-mail：liyuee@gmw.cn
法律顾问：北京德恒律师事务所龚柳方律师

印　　刷：三河市华东印刷有限公司
装　　订：三河市华东印刷有限公司
本书如有破损、缺页、装订错误，请与本社联系调换，电话：010-63131930

开　　本：170mm×240mm	
字　　数：368 千字	印　　张：22.5
版　　次：2020 年 6 月第 1 版	印　　次：2020 年 6 月第 1 次印刷
书　　号：ISBN 978-7-5194-5768-6	

定　　价：78.00 元

版权所有　　翻印必究

编委会

主　任：孙信丽

副主任：辛永全

编　委：盛前丽　倪潇潇　杨志华　姚　莉
　　　　　马樱宁　陆　惠　孙　喆　杨　哲
　　　　　牟文鹏　张慧莹　刘思洋　高　阳
　　　　　李世鑫

序

奏响新时代的爱国强音

  习近平总书记指出:"对每一个中国人来说,爱国是本分,也是职责,是心之所系、情之所归。对新时代中国青年来说,热爱祖国是立身之本、成才之基。"在新中国成立70周年之际,北京林业大学(以下简称北林)2364名师生全情投入服务保障国庆庆祝活动中,他们以高度的政治责任感、高昂的爱国热情和艰苦奋斗的工作作风,接受了祖国的大检阅,实现了个人的大成长,出色完成了国庆各项任务。庆祝活动在参与师生心中留下了一生难忘的回忆与感动,更为学校留下了十分宝贵的精神财富。我们要高度重视对这些精神财富的总结和弘扬,讲好中国故事,讲好北林故事,将"我和我的祖国,一刻也不能分割"的爱国强音唱进新时代青年心中。

  爱国强音之高,在于担当。北林师生在服务国庆70周年庆祝活动中不畏艰辛、攻坚克难,在群众游行、广场合唱、广场联欢和志愿者各项任务中贡献个人力量,高标准、高水平、高质量地向祖国和人民交上了圆满的答卷。他们的赤子之心与祖国同行,他们的报国之志与中国梦相伴相随。他们中有顶着考研、课业压力而放弃假期休息坚定报名的普通同学,有刚结束一年支教工作第二天便返回学校参与集训的研究生,有全力保障活动开展夜以继日发放7万余件物资的师生党员,还有在各个岗位上担当尽责、无私奉献的辅导员、后勤员、保障员、安全员、宣传员……他们在活动过程中展现的高度使命感与责任感,为全校师生树立了学习的榜样,也是我校实践育人成果的一大呈现。

  爱国强音之美,在于奋斗。我校师生在参与庆祝活动的过程中,涌现了许多感人的事迹。他们有的感冒发烧带病坚持，有的伤病未愈主动请求归队，有的晕倒摔伤含泪倾诉"不想掉队"。他们携手晒过烈日、等过夜幕，他们相拥淋过大雨、看过日出，这些难忘的经历都在诠释着每一位青年学子对党的忠诚和对国家的热爱。"小我融入大我""功成不必在我，功成必定有我""以吾辈之青春，护盛世之中华"。

爱国强音之远，在于传唱。唱响爱国之歌，嗓门要大，情感要真，才能把声音传到更远的地方，感染更多的人。我校众多参与师生，在国庆活动的历练中快速成长，200余名学生首次递交入党申请，870余名学生再次递交入党申请，他们把庆祝活动激发出的精神力量，转化为听党话、跟党走的决心与实际行动，把满腔的爱国之情，转化为投身祖国建设发展的鸿鹄之志。此次国庆活动让青年学生在报国行动中实现了从感性到理性、从共情到共鸣、从自发到自觉的转变。

我校组织编写《我和我的祖国——北京林业大学服务保障中华人民共和国成立70周年庆祝活动纪实》一书，共收录了来自北林师生的150篇文章和100段青春摘录，将我校师生参与国庆70周年活动的难忘经历、动人故事、宝贵经验及深刻感悟等汇编成册，就是要持续唱响北林人新时代的爱国强音。这件工作意义重大，很重要，很必要，很紧要。这是一本鲜活的思想政治教育教材，读后深受启发，看到我校师生特别能吃苦、特别能战斗、特别能奉献的生动故事，我深受鼓舞与教育。

百舸争流千帆竞，乘风破浪正远航。我校师生在服务国庆活动中展现的良好风貌和意志品质，已深深地印刻在了学校的发展历程中，走进了新时代北林人的心里。希望新时代北林青年，能够守好初心、担好使命，把不畏艰难、奋勇拼搏、无私奉献的精神力量汇聚起来并传承下去，继续把精彩论文写在祖国大地上，踏实走好个人成长成才道路上的每一步，更要走好建设美丽中国新征程的每一步，为实现中华民族伟大复兴的中国梦贡献力量。

北京林业大学党委书记
2019年12月

目 录
CONTENTS

青春·奉献 ·· 1

与青春同行
——记闪光的100天 ····························· 姚　莉 3
护航 ·· 张慧莹 6
青春无悔 ··· 刘思洋 8
肩并肩的快乐，心贴心的热爱
——记踏歌起舞，共叙深情的89天 ········· 薛　晶 11
我曾经踯躅却又满眼壮丽 ······················ 杜建硕 13
70周年，彩车人员背后的服务者 ············ 杨晨钰 15
暮色之下　长安之上
——向十月重大活动所有奉献者致敬 ······· 张　爽 17
参加国庆一二事 ································· 张　健 20
我在北林向祖国报到 ··························· 孙梦雅 22
永恒的记忆 ······································ 李怡菲 24
渺小微光亦能汇聚成灿烂星河 ··············· 岳宇慧 26
强国有我，不负青春 ··························· 闫帅廷 28
恰逢其会，不负少年 ··························· 王璐瑶 30
在奋斗中唱响新时代的青春之歌 ············ 范新卓 32
赴盛世之约，庆七十华诞 ····················· 王发辉 34
置身盛会，无言感动 ··························· 裴　渌 36
以青春之我　为祖国献礼 ····················· 裴子琦 38
不负青春，不负祖国 ··························· 冯　卓 40
一次受阅，终身荣耀 ··························· 王奕丹 42

遇见一群可爱的人　三生有幸	张丽政 44
以青春奉献之我，献礼最爱的国	张梓朔 46
我骄傲，我是一名后勤保障员	聂　帅 48
见证蓄意锐发的朝阳	贾庚霖 50
奉献青春为祖国	弓玥宁 52
长安十二时辰	
——长安街志愿者日记	韩茹雨 54
用热爱，奔向祖国	赵兴强 56
我们的力量	戴　旻 58
此生无悔入华夏	李星洁 60
记国庆活动，强民族精神	黄若婷 62
我们将为祖国的未来而奋斗	常嘉琦 64
国庆阅兵，我是志愿者	李梓仪 66
我和我的祖国	司天宇 68
与国同庆，七十念安	李佳航 70
追梦寻光，不负祖国大好河山	汪文怡 72
绿水青山追梦路　不负韶华青年行	刘　昊 74
既幸生逢其时，必当躬逢其盛	张欣栾 76
一生一次，一生荣耀	黄家晨 78
青春在祖国的心脏闪耀	高永康 80
100天的力量	蒋　高 82
青春献祖国，永远爱中华	李晓茜 84
时刻准备向祖国报到	曹天俏 86
百日斗志昂扬，百日记忆闪光	张　颖 87
我与祖国共成长	金思诺 89
深爱	杨　姿 91
我和我的祖国，一刻也不能分割	冯伊涵 93
做祖国最坚定的螺丝钉	高　翔 95

青春·成长 ……………………………………………………………… 97

我们与祖国共成长 ………………………………………… 马樱宁 99
让转身成为另一种坚守 …………………………………… 杨梦琪 101
镜头里的绿水青山 ………………………………………… 仁　宝 103
不忘初心　扬帆起航 ……………………………………… 裴泰宁 105
奋进路上的永恒基调 ……………………………………… 刘佳妮 108
我是一个幸运的华夏儿女 ……………… 乌勒包生·阿不得沙拉木 110
梦想为岸　奋斗为桨　青春相伴 ………………………… 杨舜垚 112
小我融入大我，青春告白祖国 …………………………… 白　冰 115
不忘初心　向祖国报到 …………………………………… 王翼钦 117
从三十一分之一到千万分之一 …………………………… 李　晖 119
我们都是追梦人 …………………………………………… 姜嫄嫄 121
五星红旗下的青春之歌 …………………………………… 曾祎明 123
做好新时代青年的领路人 ………………………………… 曲远山 126
在岗位上，感受磅礴的爱国力量 ………………………… 赵哲贤 128
我与祖国的十年之约 ……………………………………… 陈舒怡 130
一次难忘，一生荣耀 ……………………………………… 宋　悦 132
三代青春献祖国 …………………………………………… 程晓雯 134
最好的二十岁 ……………………………………………… 丁　甜 136
从祖国最需要的地方来　奔赴祖国最需要的地方 ……… 陆　琦 138
我仰望五星红旗 …………………………………………… 姜卓君 140
在人生历程上写下青春无悔 ……………………………… 王潇漪 142
铸就无悔青春　镌刻祖国印记 …………………………… 李贺洋 144
青山绿水筑长城 …………………………………………… 李鸿儒 146
荣耀倒计时 ………………………………………………… 陈　琦 148
我自豪我是个中国人 ……………………………………… 国昊彤 150
寸心寄华夏，岁月赠山河 ………………………………… 漆苑彤 152
献舞祖国
——夜空里手臂扬起，汇聚成耀眼的星河 ……………… 李宏达 154

向祖国报到 ······ 张新雨 156
与祖国同行 ······ 罗逸鸾 158
有幸报国，不负少年 ······ 曹　婷 160
栉风沐雨，与你同行 ······ 刘海伦 162
请祖国检阅 ······ 牛立惠 164
听！歌里面有我的声音！ ······ 刘昌尧 166
走好心中的路 ······ 张嘉航 168
在磨砺中追寻信仰 ······ 赵奕敏 170
幸担此责，乐此不疲 ······ 张　贤 172
你是否也感同身受 ······ 高宇非 174
沧海与浪花 ······ 潘　晴 176
心中有光，脚下就有力量 ······ 张　琪 178
留下背影，带走共鸣 ······ 王天卉 181

青春·告白 183

"不变"与"万变" ······ 郑文波 185
用青春唱响祖国强音 ······ 孙　喆 187
成就最美舞者 ······ 李世鑫 189
既见君子，云胡不喜？ ······ 丁琦琦 191
我们都是星星之火 ······ 刘国庆 192
我与祖国的十年之约 ······ 张双旗 195
祖国母亲　祝您生日快乐 ······ 刘晋囡 197
青春告白祖国 ······ 林为民 199
幕后无声　心怀荣耀 ······ 吴嘉悦 201
泱泱华夏，一撇一捺是脊梁 ······ 杨　丹 203
躬逢盛世，与有荣焉 ······ 吴兆飞 205
国庆，感想？不敢想！ ······ 杜亚婷 207
我们信仰的主义，乃是宇宙的真理！ ······ 宋思远 209
那一晚的天安门，花哨得很 ······ 赵懿君 210

赤焱催新汗，清辉照晚人	郑淏楠 212
那些为祖国庆生舞动的日夜	陈雨姗 213
以吾辈之青春　护卫盛世之中华	康慧婷 215
永远年轻，永远热泪盈眶	王　娜 217
祖国发展我成长，我与祖国共奋进	李思楠 219
我和我的国，血脉相通，不可分割	尹彩春 221
爱是七十周年发展最美的旋律	张钧然 223
盛景之下	郑涵菲 225
锦路赞歌	刘欣然 227
北林青年勇担当	宋文思 229
十九年平凡人生中靓丽的一笔	周卓然 231
正值青春年少，愿为祖国献芳华	林昕怡 233
祖国，万岁	彭　越 235
眼里有光的新时代青年	李佳璟 237
伟大的祖国，你好	梁　潮 240
从此生动	康　郡 242
祖国的脉搏在我的血液中流淌	刘奕璇 244
彩车志愿者日记	王界贤 246
我是一滴水	何雅娴 248
今年我最骄傲的事 ——记参与国庆汇演	李元壮 250
那永远的百天	吕美萱 252
"绿水青山"向祖国报到	陶继雪 254
那天我们在现场	常皓媛 256
西区1414，圆满完成任务	郭明纯 258
逐渐坚定的信念	史晓迪 261
亲身祝国庆，一生难忘	区舜智 263
此生不悔入华夏	齐潇洋 265
七十周年国庆观礼志愿者日志	高　宁 267

阳光路上的闪亮记忆	柳晨静	269
我的喜悦与骄傲	徐竞怡	271
少年人，有滚烫的热血	尤诗佳	273
第三十方阵"绿水青山"，向祖国报到	周艺涵	275
不负青春，不负使命	陈姝橦	277
人生中浓墨重彩的一笔	万　晶	279
我会努力成长为一粒质子	刘　玥	280
付出？值得！	何柳诗	282
祖国的将来由我书写	张梓墨	284
延续不懈精神，为伟大祖国献力	薛　影	286
我为我的祖国骄傲	赵倩弘	288
声声不息，只为了那一份托付	史鸿毓	289
那一天，我们热泪盈眶	邵晋敏	291
此生至高无上的荣耀	董芸郦	293
最美的青春	陈佳慧	295
幽幽中华魂，拳拳赤子心	张　赟	297
向祖国报到	蔡兴达	299
属于我的国庆回忆录	涂天欣	301
献给二十岁的自己，七十岁的祖国	封昌炜	303
我的祖国母亲	岳　婷	305
致校党委书记王洪元老师的一封信		307

青春摘录 ……………………………………………………… 309

后　记 ……………………………………………………… 335
　　讲好新时代爱国主义教育课 ………………………… 337

青春掠影 ……………………………………………………… 339

01
|青春・奉献|

与青春同行
——记闪光的 100 天

群众游行志愿者 第二中队 姚莉

此刻，距离祖国母亲70周岁生日，刚刚好过去了70天。作为带队老师，我和同学们一起，把北林青年人的爱国情，写在了默默无闻坚守的100天，写在了风雨中训练的金盏乡，写在了黎明破晓的良乡机场，写在了漫漫长夜里长安街坚硬冰凉的地面，更写在了10月1日那166秒的完美绽放……而与2000名"90后"一起为祖国披荆斩棘、勇往直前的宝贵经历，也成为我今后教师生涯中无限充沛的能量来源。

与青春同行，温暖而坚韧

3个月的训练，有很多欢乐时光，但更多的是来自体能、天气等各方面的考验。训练初期每天白天在阳光下暴晒，晚上8公里体能夜跑；训练中期每天5点起床乘车，2000多人保持椭圆形队形；训练后期每周至少一次不带手机通宵演练……原以为如何让"90后"们完成这样高强度的训练会成为我的主要课题，事实却恰恰相反。他们相互帮扶，用集体的力量不让每一个人掉队——中队长们每天早上挨个打电话叫早；有的中队每天用不同的手势在群里打卡，以监督队友们是否认真吃了早餐；中队的党员和男生们接力搬运沉重的物资；一位同学眼看着要发车了还没赶到，他的队友冒着自己也可能上不了车的风险冲下车骑着自己的电动车去接他，那一刻我觉得风中飞驰的他就是一个英雄……他们刚健有为，以坚韧的毅力克服每一次困难：有一位同学晕倒了，在救护车上醒来看到我的第一句话是"老师，我还能训练，千万不要让我退出"；每一次训练时都有无法坚持的同学，经医生检查后发现绝大部分都是带病带伤训练，我每天叮嘱大家的不是坚持，反而是"身体不适不要坚持"……他们温暖、坚韧，与"90后"们同行的每一天都让我无比感动。

与青春同行，奔放而沉稳

张扬、热烈、跃动、自由……这是青春带给我们最多的印象。3个月的训练中，同学们在休息时欢乐地拉歌，在乘车的途中开启小型"演唱会"，在集体生日会时挥动手机当作荧光棒，在快闪时看到展开的巨大国旗大声地欢呼……我被他们奔放的青春感染着，虽工作复杂繁重却总能充满活力。也就是这样一群青年，在面对国家重大任务需要保密时，表现出了强烈的政治意识和责任担当——2000多互联网原住民虽有着"机不离手"的生活习惯，却在3个月里没有任何一条有关国庆任务的信息流出。有些家长和授课教师给我们打电话，说孩子不回家、上课请假，理由却不能说，向我们求证；在正式上场的前一天，同学们按捺不住激动的心情，又要坚守保密原则，便发一个上黄下绿的"抱抱"的微信表情给家人……这些有趣的小故事还有很多。在国家重大任务面前，"90后"们展现出了明理克己、可堪重任的沉稳形象。

与青春同行，自信而坚定

最初接到任务时，因训练要求高、周期长、人数多，加之因保密要求不能像往常活动一样宣传，我一度担心不能完成要求的招募人数。没想到，招募大会座无虚席，同学们报名异常积极，很多同学立马取消暑假计划，招募任务很快完成。从那一刻起，我便知道，无论何时青年都与祖国母亲紧紧连在一起。第一次在长安街上看到国家的先进武器时，他们发自肺腑地欢呼；看到乘坐老英雄的彩车时，他们奋力挥手，高喊"英雄万岁""中国共产党万岁"；走过天安门时他们流着热泪自发高呼"祖国万岁""祖国我爱你"，喊声响彻云霄、经久不绝……我知道，这坚定有力的呐喊不仅响彻长安街，更长鸣在他们人生的每一步——那是坚定跟党走、青春献祖国的铿锵誓言。

与青春同行，我个人也在收获着、成长着。一是"风雨不动安如山"，永远坚守信仰。在困难面前敢于冲在前面，在问题面前善于思考研究，在压力面前肯于奉献付出，在诱惑面前能够沉心静气，把共产党人的初心使命深扎在引导凝聚青年的具体工作中。二是"不畏浮云遮望眼",永葆斗争精神。"河出潼关,因有太华抵抗而水力益增其奔猛;风回三峡,因有巫山为隔而风力益增其怒号",青年党员要不断增强斗争本领,敢于出击,敢战能胜。三是"不为彼岸只为海",永远深耕细作。我要耐得住寂寞、稳得住心神,看淡个人进退得失,心无旁骛努力工作,用"功成不必在我"的精神境界和"功成必定有我"的历史担当为党育人、为国育才。

都说经历过2008年北京奥运会的"80后"是"鸟巢一代",那么被称作"强国一代"的"90后"们在一带一路国际合作高峰论坛、亚洲文明对话大会、世界园艺博览会和国庆活动等大型国家任务、国事活动中同样表现出了高度的使命担当。千年潮未落,风起正扬帆。习总书记说,"青年工作,抓住的是当下,传承的是根脉,面向的是未来,攸关党和国家前途命运。"作为一名青年团干部、教育工作者,我无比自豪,更使命在肩——做好党的助手和后备军,为培养社会主义建设者和接班人不懈奋斗!

护 航

群众游行志愿者 第六中队 张慧莹

落笔之时，国庆活动带来的震撼欢愉已经慢慢沉淀成了青春记忆里的回响。轻声吟唱起的《我和我的祖国》，高声呼喊着的"祖国万岁"，都变成了声浪穿越了这生命中无法磨灭的100天，让那些与青春有关的瞬间不断地回旋激荡。

前夜——新手上路

2019年，我再一次从学生身份走向教师岗位，区别于内蒙古支教时的兴奋与跃跃欲试，更多的是紧张和不安。能不能做到？能不能做好？就是带着这种略显复杂的心情，作为一名"新手"的我正式上路，在服务保障国庆活动的工作中锻炼成长，同时也再一次在这项工作中体会"被国家、被人民需要"的使命感。面对着保密要求高、采集任务重的宣传工作，面对人数多、协调复杂的后勤工作，支撑我们的是31个中队百余名后勤保障员每天提前半小时的坚守；是工作小组16名同学、100天里的默默守候。从基础训练到合成训练，从验收演练到核心要素彩排，从战酷暑到迎风雨，这些可爱的"90后""00后"，把对国家的热爱、对人民的情感、对使命的担当、对青春的负责都融进了每一个动作、每一个步伐。

也是他们用实际行动教会我，一个新手上路，最重要的是从"心"出发。

相遇——热血奉献

日日行，不怕千万里；常常做，不怕千万事。国庆的后勤保障工作就是在每日的不断重复中不断加码地完成千万事。7名成员，累计发放保障物资6万余件，发放衣物2万多件，精心搭配10余种餐包组合。3名刚刚返校读研的研究生支教团成员，他们都位于方阵的第一排。频繁的加训，对于"排头兵"

的严格要求，都没有打破他们每天晚走1个小时整理道具、每天早到1个小时发放物资的习惯。团队里年龄最小的"妹妹"宇超，在非骨干点位，没有训练的时间里主动承担起了物资管理发放的重任。7次的服装发放表、10余种物资的发放表，是体现在电脑记录中的工作量；在前往门头沟开展后勤工作的过程中，我们的秩序和效率更是得到了相关工作人员的称赞和惊叹。从检阅中看真抱负，我们也用实际行动证明了当代青年是能够脚踏实地的一代，是值得信赖，可以被寄予厚望的一代。

如果说后勤保障工作是可以被看到的坚实工作，那宣传工作就像一条隐秘战线，在活动保密期间，为所有参训师生记录下了最美的瞬间。5台相机、6张内存卡、9名时光记录者，记录下了25033张照片，2043段视频，1000余G的影像资料，他们相机不离手，问题也从不过夜。记得金盏的瓢泼大雨中，小伙伴们穿着单薄的雨衣，却将雨伞奉献给了相机的背影；记得动员大会时，多角度摄像机记录的响彻全场的铿锵誓言；记得誓师快闪中，镜头捕捉的红旗招展的画面。细微的点滴体现了一种最美的情感，也体现了一种最真的信仰，这些是新时代青年活泼踊跃的态度，是新时代青年沉稳担当的底色。

护航——共担使命

从酷暑中的清凉绿豆汤，到凌晨3点的暖心早餐，从通宵供电的宿舍电梯，到晚间训练结束后依然供应的淋浴热水……每一个为训练而改变的细节都是学校强大的后盾力量和殷切的关怀，也是每一位参与服务保障工作的师生不畏辛劳的默默付出，我们为彼此护航。

当每一个人心中有的不再只是"我"，而是"我们"，当"祖国利益高于一切"变为一种信仰，所有北林参训师生都在用具体的实际行动展现着爱国情怀，为国庆70周年庆祝活动保驾护航。

当北林人以"替山河装成锦绣，把国土绘成丹青"的砺山带河之势，立下"无山不绿，有水皆清，四时花香，万籁鸟鸣"的补天浴日之功时，北林也在为国家生态文明建设事业保驾护航。

历史照亮未来，征程未有穷期。我们的小小梦想必将在奉献祖国的实践中传承发扬，我们的实际行动也必将为祖国腾飞护航远方。

青春无悔

群众游行志愿者 第二十一中队 刘思洋

"向晚意不适，驱车登古原。夕阳无限好，只是近黄昏。"一首充满哲理的诗道出了李商隐对韶华逝去的无奈。在那一刻，也许还有对自己青春年华的祭奠。是的，青春对于我们每个人都是公平的，不多一分，不少一刻，然而我们对于青春的回报却是各有千秋。"青春须早为，岂能长少年？"孟郊告诉我们：青春，不能虚度，如何"不负年华不负卿"呢？青春又是用来做什么的呢？

奉献。青春是用来奉献的！一个伟大的词语，需要一个博大的胸怀来实现。对于奉献，并不是青春的"独宠"，但对于青春，却唯有奉献方能"不负少年头"。

今天，在这个崭新的时代，我作为一个北林人，有幸参与见证了我们北林青年的青春奉献：2019年10月1日，中华人民共和国70周年国庆大阅兵，群众游行队伍中出现了"绿水青山"方阵，彼时彼刻，自豪感油然而生，喜悦伴着泪水和汗水，见证了我们北林师生的坚韧不拔、坚持不懈！

在国庆群众游行工作中，我所带领的"综合协调组"承担了北京林业大学国庆群众游行人员招募、选拔、日常管理、训练计划的制订和实施等配合工作。令我印象深刻的有两项工作：一是绘制方阵点位图，二是制作方阵人员信息表。在所有训练开始前，我们需将近2000名师生排成一个椭圆形方阵，由于上级下发的点位图无法在网上传播，时间紧急，我们也没有拿到点位图的电子版，因此决定将近2000人分为36个中队，并绘制出每个中队的点位图，让同学们拿到图就能知道自己该站在哪里。一个中队的位置站好，才能确保整体将近2000人都站在正确的位置上，为接下来的训练提供可能。

工作组中有一位叫梁澳康的同学"临危受命"，开始绘制工作，他后来说道："刚接触点位图的时候倒是有种初生牛犊不怕虎的感觉，觉得凭借自己的PS基础应对一张图还是绰绰有余的。"一台电脑，一张图纸，需按照不同中队的队形用不同的形状和颜色绘制1664个点，梁澳康做完整体点位图大概是凌晨四点，他站起来，说仿佛自己做了个很长的梦，梦里面四处都是圆点。拖着疲惫的身子在走廊里转了一圈，又回到了办公室。因为"革命尚未成功，同志仍需努力！"未曾想大学里的第一次通宵就这样留在了办公室……

梁澳康后来说："确实，有些事没有经历过、没有逼过自己，永远不知道自己能迸发出多大的气力。"

之后，作为综合协调组的成员，他们每天要完成日常的一切高强度训练，晚上还要回到办公室继续做表格，改表格，要在每次训练开始之前整理人员信息表、分车表……从政审表到汇总表，再到学院表，为了做到谨慎和细心，"早点回"的范围从凌晨一点变成凌晨五点。凌晨时分，检查完毕、保存，然后把做好的表格发给一同奋战在一线的我，我再转发到中队长群。"各位中队长，以下是×××表，请各位核对是否有误，并在群内回复。"

消息发送后，我们长呼一口气，成就感和喜悦感洋溢在满是疲惫的脸上。这样的流程我没数过有多少遍。"3中队核对完毕""5中队核对完毕"……即使那么晚，同样和我们一起坚守的中队长们的信息也一条条地回复了过来！我们都一样，初心不忘，为了同一信念坚守着、奉献着！

每次制作、修改表格可能要从第一天的训练结束到第二天的太阳升起，过程很痛苦，但是，当我们看到近2000人都被有序分到了属于各自的中队和小队，看到每一位同学因有我们绘制的点位可以毫不费力地快速找到自己的位置，每次出发前同学们按照分车表有序登上指定的大巴车时，我们又觉得很幸福……

后来他们说："很多个夜晚，一度觉得自己真的坚持不下去了，但是看到所有的伙伴们都在，大家相互加油打气，熬夜也充满欢声笑语。"到现在，他们仍然在说："我觉得回看那段时间的工作，只剩下了感谢。以前从来没有想过自己可以亲身参与到这么重大的活动中，可以在一个活动中这么发光发热。除了P图、做表格和改表格的办公室软件技能，我觉得收获到最多的是因奉献而拥有的参与感和获得感。"

当我们第一次在长安街彩排时，我看着前面浩浩荡荡的"绿水青山"方阵走在宽广的长安街上，眼前就浮现出了那些无数个夜晚奋战在办公室里画着点位图、制作信息表的工作组孩子们。方阵的同学们因为我们制作的"点位图"和信息表能在最短的时间内准确地站到自己应站的位置上，并实现以中队为单位的有序管理，为我校重大任务的圆满完成打下基础，想到这些，我深感自豪。

国庆过得很快，快到现在看着那些存在磁盘深处的1393个点位图，就像看着一段历史。100多个日日夜夜，3502个活动文件，23.3G的文档数据容量，1664个点位的不断重复变化，说起来容易做起来难，然而我们做到了。

每一个时代都需要默默无闻的坚持者和奉献者，为了个人的价值，为了团队的荣誉，为了国家的兴亡，为了世界的和平！我们为了我们心中的梦，为了北林以后能因我们而骄傲，为了能对自己说一句：青春无悔！

我们的祖国在历经苦难后涅槃重生，在这个伟大的时代，为了国家的崛起、民族的复兴，习近平总书记号召我们"撸起袖子加油干"！青春的中国需要青春的我们共同奋斗，为了同一个"中国梦"——国富民强，我们不忘初心，牢记使命！勇于奉献，乐于奉献！因为我们正如毛主席的词说的那样。

　　　　恰同学少年，
　　　　风华正茂；
　　　　书生意气，
　　　　挥斥方遒。
　　　　指点江山，
　　　　激扬文字，
　　　　粪土当年万户侯。
　　　　曾记否，
　　　　到中流击水，
　　　　浪遏飞舟。

肩并肩的快乐，心贴心的热爱

——记踏歌起舞，共叙深情的 89 天

群众联欢志愿者 四班 薛晶

临近期末，一件件工作堆成小山，领导和我说："国家大庆10年一次，亲身参与的经历难得又难忘，你自己决定吧。"上交名单的最后一刻，我成了学院国庆70周年群众联欢部分的带队老师，也曾不舍终于可以歇息喘气的暑假，但祖国的生日、学生的期待和带队老师的尝试仿佛对我有着极限引力。

那些踏歌起舞的日子回想起来都是甜甜的，像妈妈亲手熬的汤羹冒着浓浓的热气，是属于家、成长和节庆的味道，温暖滋润着心田，更满溢着对于伟大祖国无限的深情和疼爱。

"人民万岁，我们是奋斗追梦人"

江山红旗漫卷，处处家国情怀，我们生而逢时，是强国一代的奋斗者，是民族复兴的追梦人，我们有幸亲身参与了庆祝中华人民共和国成立70周年的盛大庆典。当兵哥哥们手持彩灯烟花板变换为"祖国万岁"，天安门广场上6万多名联欢群众高声呼喊"祖国万岁"的时候，发自心底的自豪感和归属感使我泪流满面；当璀璨的烟花在夜空中绽放出"70""人民万岁"的字样时，我们相信这是世间最深情的告白和最有安全感的守护；当图案慢慢变为翩翩飞舞的白鸽，中国将世界和平和构建人类命运共同体的梦想写进生日心愿单。

爱国为家，我们都是中国梦的奋斗者，那流淌在中华民族血脉中最深层、最持久的爱国情，任何时候都去不掉、打不破、灭不了，是中华儿女接续奋斗实现中华民族伟大复兴的最强大精神动力。

"我能做的就是记牢每一个动作和颜色"

训练的每一天，学生们带给我的感动都是细小而真实存在的，和他们相处的每一天也都是可爱而充满活力的，大家的心头有中国红的炽热，也有北林绿的闪耀。

有人从未请假，带病也要训练，生怕错过一丁点的动作队形变换，每一次都默默无闻地帮同学们存放手机、搬运餐包，训练结束后运送物资，最后一个回到宿舍；有人从不抱怨辛苦反而更坚持，正式演出的前两天队形动作都还在大面积地修改，还用心记录整理每一处更改和每一种颜色，边跳边扯着嗓子提醒大家。

拿到荧光棒的那天，大家都开心得像个小朋友。每次荧光棒没有颜色要求时自觉亮起的北林绿，休息时摆出的绿色校徽，都是500人的麦浪星海在共同诉说着绿色的梦想。我们将绿色生态洒满祖国大地，用红色中国心为她添上几多色彩。

"陪伴虽短，却是最真挚的告白"

这场生日会里，我的身份是辅导员，是后勤员，是保障员，是安全员，是宣传员……出现在每一个学生需要的地方，也不落下每一次的排练与合演。陪伴，有被需要的幸福感，也是真心真诚地喜欢和学生们在一起。

被置顶了3个月的"四班群"取消的时候心里满是落寞。翻着那一条条深夜里为孩子们一字一句打下的鼓励话语，以及每个人真情流露的回复和互相打气的表情，我知道这个500人的大集体再也不会为了同一个目标聚集到多功能厅、阅兵村和天安门广场了，但此时的我们，内心是丰盈满足而充满力量的。学院临时党支部成立时，我们共同许下"奋斗有我，为国争光"的誓言；出征仪式上，我们在"请祖国检阅"的初心卡片上一起记下心情，记牢使命；精心设计的学院木雕纪念勋章让每一个参与其中、全心奉献的人拥有专属的纪念。我享受陪着这些孩子们为同一目标奋斗的分分秒秒，也希望仪式感让我们的这段旅程多些回忆。

89天不长，却刻骨铭心，是对祖国母亲的深情挚爱，是来自人民群众的勠力同心，也是青年教师和学生们肩并肩的快乐。新时代的追梦人也将常载感动、饱含力量，时刻与祖国同频共振，用奋斗书写新华章。

我曾经踯躅却又满眼壮丽

观礼志愿者 观礼中队 杜建硕

写在前面人总是要做点什么让自己骄傲的事情，否则世界这个圆，谁也走不出去。想来过去的岁月，那些疑惑与费解，早已变成了一腔豪情和爱国热血，迸进灵魂，印于生命。

脚步触及的寸土，是我心生豪情的地方。正式上岗之前有一次全要素演练，可前一天晚上，我很是犹豫。因为全要素演练的前两天，我发烧到38.7℃。比我提前出发的室友叮嘱我，如果继续发热就不要去了。当时自己心里也在纠结："到底去不去？""我能不能挺得住通宵加发烧的一夜？""请假吗？""请了假，正式上岗还能去吗？"那一下午的自己，在担心身体和衡量责任中度过。吃完药以后出汗了，身体还是能明显感觉到不踏实。心想我索性不管它了，转身就换上了衣服，5点10分跟队出发了。晚上9点到12点的上岗时间，后半段是颤栗的，我努力控制住全身因发热带来的抖动，不让队友和特勤同志们看到。中间也有想过撤下来，或者找旁边医护人员帮忙，可心里的声音告诉自己：长安街撑着你，天安门在看着你。就这样，一分一秒、一刻一时地过去，一边握紧拳头扛着，另一边注视着长安街上方队的驶过。耳畔的爱国歌曲，激荡在胸中，不断地跳跃唇齿间。返回的路上依然艰辛，抵达东单地铁站时，漫长的与未知何时到达的等待，让我们疲惫不堪。我也深知，身体已经到了极限。清晨时分，我与北林又重逢了。

精神和灵魂都是有用的好物什，让人坚定。直到正式上岗那一天我也不曾后悔全要素演练那艰苦的一夜，它让我明白了"艰难困苦，玉汝于成"和那嵌刻在心里的"不忘初心，牢记使命"。深夜4点的北林，深夜5点的天安门，志愿者们摩肩接踵，志愿心和谐地绽放！步履铮铮，红旗招展，歌声与心声同时唱响。庆祝大会的现场，十几万中国人爱国之心澎湃，伴随着缤纷的气球，伴随着和平之鸽，涌向天安门上方，飞往祖国的上空，成为世界的见证。这种感觉难以名状，但又极其真切。印象极深刻的一点是：观礼台观众同游行群众方队以及花车人员热情挥手致意，欢呼声此起彼伏，南北西东遥相呼应。游行方队让我看到了祖国日新月异、与时俱进的发展与腾飞。贴近人民生活的件件喜事和伟大成果，都让人们因为有一个强大的祖国而感到骄傲！

我们是新时代的青年，新时代给予我们力量。光阴似箭，日月如梭。中国进入了新时代，中国的发展指引着人民热切的希望与必胜的信念。以青春之我，创造青春之中国。那些热闹的日子过去了，留给我们的是磅礴之后的如云漂泊。新时代青年，新时代学子，要潜心好学，多钻研，多思考，要在年轻的时候用知识武装自己，才能在来日让知识成为自己的利器，让自己成为国家的栋梁。

如果感到此时的自己很辛苦，请告诉自己：容易走的都是下坡路！每个人都应该心怀梦想，因为它是现实的前身，有了梦想并执着于它，你才会走到现实中来。

国庆观礼志愿活动是人生中一次重要的旅程，让我守住初心，迎难而上，用坚韧与信念克服困难，服务国家，用热情让每一个观礼嘉宾有序入场。天安门前，长安街上，一次次的引导，一个又一个的微笑，就是我眼中的壮丽。

70周年，彩车人员背后的服务者

彩车志愿者 彩车中队 杨晨钰

前期·选热血青年 育爱国情怀

国庆70周年庆祝活动的准备工作，几个月前就开始紧锣密鼓地进行了，作为年轻的社会主义建设者，我积极响应党和国家的号召，报名参加10月重大活动的志愿者选拔。通过报名表筛选、面试、档案审查等多次严格的考验后，我接到了志愿者审核通过的通知。怀着对祖国的一片热爱，我先后参加学院、学校组织的爱国主题教育活动、志愿者知识培训活动等。

彩排·动全员力量 保万无一失

在正式活动之前彩车志愿者参与了两次彩排，在彩排过程中，作为彩车志愿者，我和大家一样，时刻关注彩车上人员的身体状况，为彩车上人员做好接待工作。签到、住宿、用餐、安检、退房每一个环节都有我们为彩车上人员保驾护航。我们协同工作人员做好一切保障措施，遵照各级领导的指示和要求，确保正式活动时万无一失。两次彩排都连夜进行，我看见了夜晚12点的月亮，看见了深夜2点的北京街头，也看到了凌晨4点的秀水广场，哪怕在深夜，每个人都仍然有十二分的精神和干劲。我接待的彩车人员比较特殊，他们是祖国未来的花朵，乘坐"扬帆起航"彩车，寓意着祖国的新希望正在扬帆起航。在40位小朋友的接待过程中我及时处理密集入住情况，协助工作人员为他们第一时间办理了入住，又耐心地和小朋友沟通，确定关键的时间点和地点，避免不必要的意外发生，把每一次彩排都当作正式活动对待。

庆典·驻彩车岗位 赞国之强大

2019年10月1日,我逆着光走过每辆彩车,光影中回忆起中国过去70年的发展瞬间,不经意间眼眶湿润。我们凌晨起床,按捺不住心中的激动,整理好志愿者的衣服,引导彩车上人员吃早餐,带领各个彩车人员有序安检,将他们送上彩车,看着他们精神饱满,志愿者脸上的笑容也就越发灿烂。我感叹英雄的伟绩,也敬佩榜样之坚守。正是因为有彩车上站着的这群人,才让我们今天的生活变得如此美好:他们象征着各个省市的特色,他们代表着各个行业的工作者,他们寓意着祖国的希望。庆典开始不久,我们便退出了场地,默默地回到了酒店等待代表归来。或许很多人看不到我们,也不曾知道我们的存在,但彩车上人员的笑脸就是我们最好的证明。

后期·忆祖国征途 勉自强不息

离开工作岗位后,我不止一次地回看国庆70周年庆祝大会录影,看着军姿挺拔,看着群众欢愉,看着红旗飘飘。这是我最亲爱的祖国啊!如今祖国繁荣昌盛,作为青年一代的我们更应该自强不息,在自己的领域内为祖国的明天而努力奋斗。志愿工作结束后我观看了电影《我和我的祖国》,祖国的发展瞬间再一次让我热泪盈眶,我为有这样一个强大的中国而骄傲,我为自己是中国人而骄傲。此时此刻,我竟不知用什么语句去表达我对祖国的挚爱,我只能做好自己的工作,努力在自己的领域发光发热,时刻准备着!

暮色之下　长安之上
——向十月重大活动所有奉献者致敬

外围志愿者　外围中队　张爽

一见长安街

2019年9月14日我怀着兴奋的心情出发，与各位志愿者们一起来到长城饭店，对接各彩车组长，再一路直抵核心区与彩车车长汇合。彩车车长与我的组长是老相识了，聊了很多。我印象最深的莫过于他指着两边地上或躺或靠在一起，全身上下一身齐刷刷黑衣服的小伙子们说："您看他们，都是公安大学的学生，训了一个暑假，您猜猜是干啥的？他们就坐在彩车两边，一旦彩车失去动力，需要他们全部下来推。每人配重两吨，在学校里头练了一个假期了，速度、力度都有严格要求。"车长还形象地做了推车和擦汗的动作。我看着他们或说或笑或席地而卧的身影，好像一时间忘了自己也是晚间集合、深夜抵达、凌晨返程的志愿者。跟他们一比，我们的辛苦微不足道。

"革命分工不同哦！"组长望着他们感叹着。车长听了笑笑："别说他们辛苦了，您看看我，我这是第三天没合眼了。从前天彩车在各区准备开往工体，一直到今天彩车开上长安街，我都是全程盯控。而且不光我，您看我们驾驶、副驾驶，一车工作人员都跟我一样。"

对接任务结束，我站在深夜1点仍灯火通明的长安街上，望着彩车与小伙子们的背影，仿佛第一次感受到"长安"背后的意义。

二见长安街

今年第二次遇见暮色里的长安街，是9月21日深夜的全要素预演。这一次我们早在20日一早就集合出发。整个彩车志愿者的队伍分为A、B两组，上一次A组深夜1点左右回到饭店的会议室，而B组则是在长安街上熬到4点彩排正式结束。有了之前的经验，这一次大家都准备好了十足的精神，迎接即将到来的工作。

我们的工作主要分为两部分，在饭店主要是引导帮助彩车上的代表，开展相关服务；在现场则是A组负责在长安街的一头将代表们送上彩车，做好保障工作直到彩车缓缓出发，B组则在长安街的另一头，辅助代表们及时疏散。

现在想来不论是站在大厅一干一下午的迎来送往，还是齐心协力的物资搬运，抑或是紧急练习5分钟穿好衣服下楼的突发应对，我们都从来不是一个人在战斗，更不是为了一个人而战斗。

21日，又是在黑夜里出发。再到长安街上，自己举着33号彩车的牌子，指引代表们登上彩车后又见到了那一群"无名英雄"。只不过这一次他们已经换上了跟我们相仿的志愿者服装。唯一的差别是我们是蓝色，他们是橘红色。他们为了完成志愿服务任务，顶着骄阳进行训练，挥汗如雨，恰似橘红色的青春与热情；而我们则更多需要换位思考，努力在各位代表需要帮助时，及时提供服务，恰似蓝色的深沉与温柔。

"革命分工不同哦"，这一天的夜里，我握着彩车的指示牌站在长安街上，望着安安静静而又庄严肃穆的一辆辆彩车、忙忙碌碌的志愿者、车长、驾驶员，以及早早上了彩车分好站位的各位代表，脑海里浮现出组长上一次在这里的那句话。是的，在长安街之外还有紧急救护的大夫、协助封路的交警、安检点的武警以及指挥部的工作人员等。"据说今晚的全要素预演长安街上有10万人！"一个同行的志愿者伙伴跟我说。深夜2点，10万来自五湖四海各行各业的人自觉、自愿、毫无怨言，为了同一个目标聚集在长安街上，或许这就是"长安街"背后的秘密。

三见长安街

10月1日清晨，我们又来到了长安街。经历了全要素预演，这次的工作已经轻车熟路。大家都分外珍惜这最重要并且也是最后一同战斗的时光，不论是常规的引导、物资搬运、大厅服务，还是临时的"包雨衣"都做得有说有笑，津津有味。

"精精益求精，万万无一失"，一直到引着代表们走上长安街，我脑海里反复循环着指挥部文件上对整体活动部署的要求。

　　站在彩车旁，听着车长再次介绍了全体车组人员、行动方案以及应急预案，大家无不神经紧绷。车长特别介绍了身穿着橘红色志愿者服装的应急推车的小伙子们，当代表们掌声响起，小伙子们整齐划一向全体代表还礼的那一刹那，我想他们会感受到一切辛苦都是值得的。

　　目送着代表们全都顺利登上彩车，站在长安街的正中，向前方望着仿佛没有尽头的彩车长龙，我忽然想起之前第一次见车长时他说的话："十年之前我也负责彩车，那时候彩车就是大卡车简单一包装。现在可不一样了，这每辆车都搞了精密的设计和装修。"

　　种一棵树最好的时间是十年前，其次就是今天。十年前的今天我还是一个初中生，以"星星火炬"方阵游行群众的身份站在人群中等待队伍出发。十年之后我以另一个身份再一次站在十里长街上，就好像尽管十年之间彩车已经焕然一新，但他们仍与十年前一样，朝着同一个方向笔直向前。

　　对于每个人来说十年很长，对于这条"长安街"来说十年很短。70年来无数军人、学生、志愿者沿着同一个方向从这条街走过。我们走过了天安门，更走向了人生的下一个十年。

　　"不忘初心，砥砺前行"，一代又一代中国人都沿着同一个方向走下去。游行队伍中的人在变，方向没变。多少代人前赴后继，推着国家发展的巨轮滚滚向前。

　　长安街没有尽头，长治久安也没有终点。目送着彩车缓缓开动，我们这些志愿者也将朝着守护国家"长安"的方向，走入下一个十年。

　　那么十年后的今天我会在哪里？谁又会接过我手里彩车志愿者的引导牌？不论如何，我们都会注视着长安街，并在下一个十年用自己的方式守护中国的"长安"。

参加国庆一二事

群众游行志愿者 第二十六中队 张健

今年我有幸参加了中华人民共和国成立70周年庆典的群众游行，我做梦都没想到我也能有机会走上曾经只能在电视上看到的地方，能有机会作为曾经羡慕的方阵中的一员走过天安门城楼。

我现在还记得大约是十年前在电视上看的阅兵仪式，我已经忘了是哪一年，但并不妨碍我记得当时天空中翱翔的飞机，那年昂首挺胸的军人的飒爽英姿。那年我还年少，也曾梦想过穿一身军装，站在国旗下向祖国报到。

也许参加群众游行是我来北京以后做的最正确的选择，也算是圆了多年以前的一场梦吧，虽说没有一身军装，但爱国情不会比年少时少一分一毫，我想不只是那些书里面说的兄弟情、朋友情像烈酒一样，随着时间的发酵越发浓厚，爱国情更是如此。从一开始只是对祖国的热爱，到今天愿意为祖国付出，愿意参与祖国建设，我想这就是成长。

我还记得6月底开始招人的时候，身边的朋友都是想着家，出去旅游，想着聚餐，想着娱乐，同学舍友基本都走的走，回的回，不知道是什么支持着我留下来，我想也许是为了这仅有一次的70年庆典吧。那段时间其实没有什么事情可以说让人刻骨铭心，只是总有一些东西会留在自己的记忆里。我们经过了3个多月的时间去准备，经历的不多，但是记住的很多很多……

我记得那天烈日炎炎，阳光照到身上，衣服变得滚烫，裸露在外的皮肤也有刺痛的感觉，我记得那天指挥员发火的声音，我也记得身边同一中队的队员在喊累，但是他们都没有放弃，都愿意在阳光下多训练一会儿。只要再多一会儿，我们庆典时候的表现就会更好一点，那天好像是30多摄氏度的高温，在训练中唯一能给我们带来欢乐的，也就只是那一根根冰棍吧。

我记得那日大雨倾盆，我们在雨棚下等着，也不回学校，等雨稍稍小了一些，又开始进行队形的训练、动作的训练，眼镜被雨水模糊了，没事，摘掉继续训练；雨衣破了衣服全部湿了，没事，夏天湿了也不冷继续训练；鞋子里面全是水，脚都泡皱了，没事，回去休息休息就好了继续训练……我记得在回去的车上，全身上下都是湿的，却又想起每个炎热的日子，衣服被汗水湿透，衣服都一样是湿的，但又是不一样的湿。我们在湿透的衣服里睡着了，那天学校食堂准备的姜汤，很烫，很温暖。

　　我记得那几个凌晨出发的夜晚，在车上迷迷糊糊地睡去，就像那几十个清晨一样，又迷迷糊糊地醒来，睡眼惺忪中看着几百辆车轰鸣路上，心中一片震撼；我记得去长安街的那几个夜晚，坐在公交车的小马扎上，因为太困睡着了倒在车上；我记得那几个在长安街的夜晚有些寒冷，又冷又困的我们躺倒在马路上，望着天空中那一丝星光；我记得训练中认识的朋友说我靠着墙睡着的姿势有些丑，但我知道他们睡觉的样子肯定和我很像。

　　我记得我们在天安门前欢呼雀跃的样子，就像有人民的目光在我们身上；我记得那段时间有一个故事：几十年前的阅兵，飞机数量不够，周总理说那就飞两趟。如今这盛世已如您所愿，您却再也不能看一眼，长安街的夜空，有您看我们训练的目光。

　　我记得国庆那天，一辆辆载着宾客的彩车上，举着周总理照片的是他的侄女。他的一切，都留在了中国的大好河山上；我记得当我们走过天安门城楼的那一刻，身旁的同学们眼中充满光芒，激动地、有些沙哑地发出"祖国万岁""祖国生日快乐"的声响；我记得结束以后，心中有些激动还有些失落，3个月的训练时光在今天给祖国检阅。结束了，留下的不仅是晒黑的皮肤，还有无上的荣光。

我在北林向祖国报到

群众游行志愿者 第二十六中队 孙梦雅

十月一日的群众游行已经过去十二天了，回想起来，仿佛还在昨天。长安街边热情的志愿者，天安门前欢愉的群众，广场上飘扬的歌声……我似乎一直留在了那里。那一条街承载了太多，天安门前发自肺腑的欢呼和祝福，不由自主的跳跃，停不下来的挥手，这些都无法传达出我内心的雀跃和自豪。我多想再留一点什么在那里，或许已经留了吧，每当我再走过长安街，再经过天安门城楼，我都会想起那天，都会感受到自己那颗向祖国报到的赤诚之心在跳动。

三个月的训练时光，一个月的后勤保障员，两个月的中队长，这其中有很多的酸甜苦辣，有过苦累，有过委屈，也有过欢笑和感动，现在细细想来，其实过去的每一个点滴，我都视若珍宝。遥记最开始知道自己有机会参与群众游行时的惊喜，在学院报名和学生组织报名这边我选择了学生组织报名，我深知自己是一名学生干部，需要承担起骨干的责任，积极奉献服务同学，我也很庆幸自己是一名学生干部，这样我就有机会尽自己的力量多做一点事情，充实我那颗向祖国报到的赤诚之心。最开始后勤组开会的时候，负责的学姐在感叹，为什么后勤组有这么多女生，但是慢慢地工作起来，一切都很顺利，我发现我可以自己搬一桶水在操场上穿梭，我们可以两个女生搬一个帐篷，我们似乎比平常的自己都更有力量，我觉得这是信念的支撑，当你做一件喜欢的事情的时候，再累都是开心的。

还记得最初在交通组开会的时候知道自己成为新中队的中队长时的震惊和紧张，我知道这是一个光荣而艰巨的任务，在接下里的两个月里，我要做好中队里四十多名队员的所有训练保障工作，我要保证所有的队员都可以以最好的姿态在天安门前向祖国报到，我在心里和自己说，我一定会完成这个任务，不辜负大家，更不辜负自己！在这期间，我经历了很多的困难，从最初同学们的不怎么配合，每次发放保障物资都需要一个个电话催促，到后来大家一起齐心协力做好中队的保障工作。我仍然记得有一次休息时，一名队员问我"你们中队长是不是可以拿到更多的补助呀"时，我差点泪崩，感觉自己特别地委屈，感觉自己丝毫没有被理解，我当时和她说，我做这么多是为了大家，为了我们方阵能以最好的姿态走过天安门城楼，我不知道她有没有真的理解，但是十月一号从天安门城楼前走过之后，我知道一切都值得。

　　十月一号的一切都那么美好，现在想来还是久久不能平复激动的内心。一生一次，一生荣耀！能够参与到"绿水青山"方阵是我这一生都引以为豪的事情。"绿水青山就是金山银山"，不仅是金句，更是中国最接地气的绿色发展理念，作为北京林业大学水土保持学院的学子，"替山河装成锦绣，把国土绘成丹青"是我们毕生的追求，我们把北林精神带进训练里，带到天安门前。十月一日，我们北林学子在"绿水青山"方阵向祖国报到，今后我们将会在生态环保、水土保持等各个领域为祖国贡献绿水青山！真心地祝愿我们的祖国无山不绿、有水皆清！

永恒的记忆

群众联欢志愿者 六班 李怡菲

当听到天安门城楼上传来的那一声"联欢晚会到此结束"时，我才意识到为期三个月的训练终于画上了圆满的句号，我终于实现了亲身为祖国母亲庆祝生日的愿望。这，是我的荣光！能够亲眼见证祖国的繁荣富强和人民的力量是我一生难忘的经历；最近距离看到"70"和"人民万岁"的烟花时，我瞬间热泪盈眶；当看到习近平总书记在天安门城楼上朝我们挥手的那一刻，我觉得三个月的所有汗水和拼搏都是值得的。

三个月里，我既担任着小队长的角色，也承担着后勤保障的工作，有着比普通同学更多的责任，但也是五百个人里普普通通的一员。我坚守着全勤训练的决心，和大家一起度过难忘的日子：我们睡过长安街，啃过大面包，大口大口灌过水；晒过炙热的太阳，淋过阅兵村的雨水，也熬过无尽的黑夜。

还记得第一次长安街全要素合练时，大家把透明道具包都放置在身后指定区域，深夜结束训练后大家一窝蜂涌去找包，由于没有做标记，难以辨认，导致效率极低。我就加入带队老师之中帮助大家寻找自己的道具包。半个小时过去了，一个小时过去了，无人认领的包越来越少，大家也慢慢找回了自己的道具包。那时的我长舒一口气，准备离开放包的区域，却突然意识到自己的道具包还没找到，正准备弯下身子寻找自己的包时，隐约听到不远处有人在叫我。抬头一看，是我们班的同学，她们高举着我的包大喊道："李怡菲，找到啦！"那瞬间，鼻子一酸，眼泪就夺眶而出。我刻意地绕了个弯，趁别人不注意擦掉了脸上的泪，笑嘻嘻地朝她们跑去。事后我想起这件事时，总是觉得很温暖，自己担起责任为所有人服务时，也有朋友在为自己担忧着，她们体谅我的辛苦，照顾我的情绪，这一份份温暖点亮了黑夜的天空。这听起来微不足道的小事，却足以撑起我的整个世界。作为后勤保障组的一员，我慢慢可以扛起大桶的桶装水，可以从西区拉小推车一遍遍运箱子拿物资，这力量来自身边同学朋友的支持，来自对祖国深深的爱，来自心中的光荣感和使命感。

三个月的熬夜和硬扛都是值得的，训练正逢大三升大四的重要时刻，扛着保研考试的压力，中间掺杂着各种考试、面试，还记得无数次深夜合练回来，还要搬着电脑到走廊里改PPT，练习答辩，复习考试，黑眼圈越来越深，在宿舍待的时间越来越短，压力也越来越大。还好身边的老师和朋友给了我莫大的帮助和支持，无数次濒临崩溃，紧接着又是一点点站起来，这个过程让我成长了太多。

直至今日，我还是怀念那些每天辛苦训练，却总是充满着欢声笑语的日子，怀念大家为了一个目标单纯地拼搏和付出的日子，遇到瓶颈期大家主动要求加练，受到鼓舞后大家的训练气氛更加热烈。训练是辛苦的，同学中经常有生病、受伤等情况出现；训练也是幸福的，因为我们经常能看见大家坚持的身影和不断自我超越的精神力量。我们早已成了一个不可分割的整体，一支强大的青年队伍！

渺小微光亦能汇聚成灿烂星河

群众游行志愿者 第十四中队 岳宇慧

经历风霜雨雪,历经苦难坎坷,在历史的长河中,我们的祖国母亲,一路走来。一路风雨兼程,一路走过峥嵘岁月,从1949年的积贫积弱到2019年的伟大富强,这一路上,她甩开了臂膀,挺直了胸膛,大步前行为我们赢得了今日的幸福生活。今天的我们,要以最崇敬的心情和最庄严的方式,向新中国70华诞献礼。

3个月前,我还依然坚守在祖国扶贫攻坚的最前线,在河北省阜平县职业技术教育中心,以一名支教老师的身份为祖国的教育事业奉献着自己的美好青春和爱。得知学校正在组织志愿者报名参加庆祝新中国70华诞游行消息的时候,正是为期一年的支教任务即将结束的时候,虽然已经半年没有回家陪伴父母了,但是想到能有机会在新中国70岁生日的时候亲身在天安门广场送上自己的祝福,我毅然决然报名,成了一名70周年国庆游行志愿者。作为支教团的一员,肩上的光荣使命告诉我必须时刻不忘初心,砥砺奋进,发扬支教精神。

支教精神是一种奉献,也是一种责任。在支援贫困地区教育事业的路上,我深刻感受到这种责任,青年大学生就是要踊跃投身国家建设,走到国家最需要的地方,以激情飞扬的青春活力为祖国事业奉献自己,以坚韧不拔的拼搏精神为祖国建设添砖加瓦。

7月1日这天,是离开支教地的最后一天,我们依然坚守在自己的岗位上,为自己的学生上完了最后一堂课,从开始到结束一晃而过,对支教的学生和对祖国扶贫事业的不舍,化作一直的坚持。回到学校之后,我们又一刻不耽搁地投入大型活动的后勤保障工作当中,前期在学校操场训练,器材的准备、同学们水和能量的供给、物资的分发都由我们来负责。在炎热的下午，我们总是提前一个小时到达训练场地，奔波在烈日下的操场为同学们把水、药品等物资准备齐全。由于参与训练的多达1400人，每次在发放服装之前，各中队人员的衣服尺码表都要提前做好，这些通常都是利用紧张又疲惫的训练之后的休息时间来做，每次都是在寂静的深夜结束工作。除了这些工作，同学们的餐饮的发放也是我们负责安排，排练大都深夜出发，给同学们的餐饮保障也在深夜发放，我们要提前将物资安排好，一个不差地给各个中队分发，很多时候队伍还没出发，支教团成员就已经满头大汗，但是同内心的快乐比起来我们不觉得辛苦，甚至深夜12点得知方阵的雨衣等物资送到时，我们都积极申请，主动要求去接收物资。

炎炎烈日下，我们一遍一遍地为同学们的动作进行指导，似火骄阳下，我们扯着嗓子为同学们喊着口号。日复一日的训练，高强度又昼夜颠倒的日程安排让我们的身体出了一点小状况，有的时候虽然嗓子疼得厉害，但是为了团队的荣誉，我们不曾放弃，训练组里喊得最大声的是我们，练习最刻苦的也是我们。无数个夜晚在操场进行加练，汗水一次次湿透衣衫，但是一点都不能消减我们的爱国热情，因为我们相信，今天多努力一分，明天队伍就更整齐一分；明天队伍整齐一分，我们向祖国母亲献礼的心就更虔诚一分。我们在星光灿烂下倾听时代的钟声，我们在漫漫长夜中等待黎明的曙光，多少次，我们心潮难平，多少次，我们辗转难眠。我们都是为了这不同寻常的一天——新中国70年华诞！当这一天终于到来时，当我们围着花车走过天安门时，当第一句"祖国万岁"喊出口时，我眼里滚烫的泪水夺眶而出，心潮澎湃，久久不能平静。当我大笑着、哽咽着喊出"祖国生日快乐，祖国万岁，我爱你祖国"的时候，我第一次如此深切地体会到，我们伟大的祖国强大起来了，东方巨龙腾飞起来了！

相比3个月的训练时间，走过天安门广场只用了短短的2分46秒，我还清晰地记得那时的感受，浓烈的敬意和爱意在那一刻汹涌而出，淹没了渺小的我。今后的日子里为了美丽祖国，我们必将竭尽全力，为华夏永远的闪耀留下奋斗的足迹！作为北京林业大学的一名研究生，我必将秉承北京林业大学"知山知水，树木树人"的校训，担负起"替山河装成锦绣，把国土绘成丹青"的使命，我深知，每一个渺小的你我散发微光，最后都会汇聚成祖国的灿烂星河。祝福祖国山河无恙，国泰民安。

强国有我，不负青春

观礼志愿者 观礼中队 闫帅廷

70载砥砺奋进，70年波澜壮阔。身为华夏人，又身处北京，毫无疑问我早已期盼祖国的生日。从接到报名通知那一刻起，我是兴奋又忐忑的，兴奋于在新中国成立70周年我可以身在其中向祖国报到、在世界瞩目的舞台上展现中国青年的朝气与风采，忐忑于我未曾参加过如此大型的志愿活动缺乏相关经验。经过层层政审，我很幸运进入了最终名单，暗下决心要全面提升我的志愿水平，虽培训处于假期，可我的认真程度不亚于学习专业课程。

第一次探勘，虽建设未完成无法实践，但我们志愿者团队一同走到了人民英雄纪念碑下宣誓践行"奉献　友爱　互助　进步"的志愿精神，再宣誓入团誓词、入党誓词。在短短的宣誓词里，我脑海中萦绕回顾了我的童年、青年历程。我仿佛回到了小学时代，在课堂外的走廊上焦急地等待父亲送来我忘带的红领巾，终于我等到了他。父亲弯下身子帮我细细系好红领巾，又摸了摸我的头笑着说："儿子，加油吧！"是的，我没有停下脚步，学习上不曾言弃，精神上受着党员父亲的耳濡目染慢慢成长。懵懂的小学生加入少年队带着鲜艳的红领巾，遇到长辈都要高高举起右臂敬少先队礼；中学时代加入共青团，穿校服都要把团徽佩在最显眼的位置；大学时代积极向党组织靠拢，增强理论学习、思想素养。此刻，我站在人民英雄纪念碑下，想到一代代艰苦奋斗的中华儿女，我知道作为早晨八九点的太阳，我所站立的地方正是我的祖国！

第一次全要素演练，踏在天安门广场上，周围的一切都显得那么有趣又有序，早到的演练人员早已开始忙碌，我们也向岗位上进发。可是由于演练观众较少，我们的岗位只有其他工作人员上岗。正稍有些失落，指导老师讲到核心区由于人流压力过大需要更多的志愿者参与引导。我当仁不让地主动请缨，前往核心区实现为人民服务的意愿。虽已凌晨，演练观众热情不减，当然也造成了主路压力过大，原岗位志愿者十分忙碌，我们更是积极投入工作，虽没有配置引导物资仍承担了引导工作，随后又协助武警队检票、引流。随着演练开始，志愿工作也告一段落。临时调动来得匆忙，此时才发现连马扎都忘记携带，便席地而坐观赏国之盛宴。撤岗后大家在东单地铁站门口等待首班地铁，大家坐在楼梯上片刻休息，纵使很累但夜很美，伴着不太冷的秋风安然小憩。

终于盼来了70周年大会，紧张有序的服务后也可观赏完整的阅兵方阵，虽然我不一定认得每一样国之重器，但我知道我们的背后站着钢铁军队，这不仅让我们站起来，还能让我们腰杆挺直、大步向前！身为中华儿女的骄傲此刻已流淌在我的血液里。返校路途中激动的心情依然久久不能平复，事业尚未完成，同学仍需努力，我将在日后的学习生活中宁可一思进，莫在一思停，为民族复兴贡献自己的微薄之力！

恰逢其会，不负少年

群众游行志愿者 第三中队 王璐瑶

还是想说，一切都是最好的安排。

恰好的十八岁，恰好的北京，恰好的心念一动选择了参与，才有了这一场难忘的回忆，更值得庆幸的是，这不只是一份珍贵荣耀的回忆，还有更多故事依旧延续。

暑假的训练并不振奋，也不动人，日复一日的走、停、回去、休息，闷热的天气和枯燥的重复挑动着渴望回家和自由过假期的心。不过也有许多推动坚持下去的动力，例如，动员大会充满庄重仪式感，千人手里的五星红旗摇动化作红色波浪，在田家炳《我和我的祖国》的歌声里汹涌翻腾，"向祖国报到"的层层声浪，响彻场馆，更是直击每个人内心；例如，隔三岔五便送来补给慰问，从吃到穿到用，从宿舍水电到洗澡时间，学校尽全力给我们最好的保障和最佳的便利；例如，每天夜里的操场白色灯光打得大亮，大家一起在励志的歌曲声中奔跑在跑道上，让汗水流过脸颊、打湿衣衫，却仍在追逐超越中感受到青春飞扬的快乐。

八月的天，更热了，训练的要求，也更高了。

天还黑着便洗漱起床，在熹微的晨光中整理好着装出发。第一次发模拟道具时新奇地摆弄，发冰袖、帽子、鞋子、书包、水杯等时惊呼感叹，烈日下擦汗补防晒，齐整地走过主席台获得指挥员的表扬后高兴欢呼，偶然飞上云霄的飞机表演编队引着大家纷纷仰头目送，休息间歇吐槽还是雏形的大型道具，又在升级版道具闪亮登场时大呼精致可爱，带着一身疲惫回到学校对着食堂的丰盛午餐大快朵颐，分指合练站在毫不挡雨的挡雨棚下披着雨衣等待检查……点点滴滴的碎片串联起夏日无数闪着光的记忆。回想起来，那场盛夏有荫凉，有微风，有欢声还有笑语。

进入九月，因着这盛大的节日，夏天逗留着不肯走，太阳高挂在天空，尽心尽力地散发光热。

而我们也走向了总指合练。第一个夜晚正好是农历的十六，月亮高挂在天空，正正摆在北京站的上面，皎洁的月光和北京站清冷的淡蓝色琉璃瓦般的房顶映衬着。我们聊着天、玩着成语接龙，等到北京站的大钟表指向子时，看着月亮从东边跑到西边。夜色渐浓，困意渐起，许多同学席地便睡下了，或枕着矿泉水瓶，或垫着手臂，政协路上坐卧着的大家显现出人世百态的微妙气场，却又凝着一种万众一心的肃穆精神，这幅场景看着实有些狼狈，却露着温馨。

十月一日的凌晨，晨光为受阅部队披上金甲，从前只在夜里见过的武器在白日里尽显锋芒，好不漂亮。我们目送着沉稳雄健、气势磅礴的武器方队有序向前，看着空中编队在蓝天里拉出的彩虹拖尾惊喜、欢呼、赞叹不已，我们就站在这些默默护卫着国家和人民的武器和军人的咫尺之外，超近距离地听着头顶上空战机的轰鸣，这一刻，心中激荡万分、喜悦非常，为祖国而骄傲，为身在其中而自豪。三辆象征着绿水青山的彩车向我们驶来，紧促有序地包夹，静候指挥前进，我们一步步向着我们的舞台走去。几个月的刻苦训练，三次的认真彩排，使得这一日的表演没有极为特殊的心理波动。脚下的每一步走得格外坚稳，手中翻腾的道具也精准地卡拍，心中有自豪有自信。而欢愉爆发时却是前所未有的激动，我眼见着天安门城楼上习近平主席身姿挺拔，冲我们招手致意，这份荣耀与心潮澎湃难以言表，大家向着主席、向着天安门的观众、向着各个方位的镜头热情欢呼，激情蹦跳。这是发自内心的欢愉，发自内心为祖国的繁荣昌盛而骄傲自豪，为自己有幸亲身共襄盛举而欢欣鼓舞。

这是难得的经历，更是难忘的回忆。身为国庆群众游行方阵第30号"绿水青山"方阵中的一员，我感到无比的光荣和骄傲，对祖国的热爱和身为中国人的自豪更胜以往。在天安门前接受了国家领导人的检阅，接受了世界人民的检阅，这份经历将永远提醒我——作为青年大学生要不忘初心、牢记使命，将祖国繁荣复兴的时代任务谨记于心，担在肩头，为我国的社会主义事业现代化，为中国梦的实现与腾飞奉献自我。

生逢其时有幸少年，恰逢其会不负青春！

在奋斗中唱响新时代的青春之歌

外围志愿者 外围中队 范新卓

在漫漫的历史长河中，70年不过是短暂一瞬，但对于中国、对于中国人民来说，新中国成立这70年以来的不平凡历程，充满奇迹，充满辉煌。

伴随着整个国家前进的步伐，每一代人有着自己的独特记忆。作为"00后"，我一直向往着能亲身感受祖国的发展。

接到学校团委招募大型活动志愿者的号召，我第一时间报名参加了面试。经过层层选拔，我很幸运地成了一名国庆活动保障志愿者。

越来越临近国庆，我的心情愈加激动。我们小队被分配到的岗位是远端集结志愿者，即负责引导演职人员经过安检乘坐地铁到达天安门附近。

为了熟悉岗位，在九月份，我们参加了两次演练。演练其实并不轻松。演练时间大多在傍晚，而集结地点又处于交通干道处。交通极易混乱，我们小组处在安检集结口，为了安全和保密，我们需要引导路人绕行并且引导演职人员进入安检口。有时遇到赶时间或者冲动的路人想快速穿过队伍，我们还需要阻拦。面对拍照的行人，我们要进行劝阻，并时刻保持警惕，防止意外发生。

伴随着汽车的喇叭声、交警同志的哨声、志愿者的引导声，我们度过了短暂的三个小时。

随着时间的推进，关于国庆庆祝大会的报道越来越多，北京的街道上也布满了彩灯和庆祝标语，国庆的氛围越来越浓了。

在出征前，学校以快闪的形式组织了动员大会，王书记为我们加油打气。这或许是北林参加国庆庆祝大会各个部分的成员第一次全体亮相。东区的下沉广场上五彩斑斓，我们用高亢的歌声为自己加油。"青春为祖国奉献"是什么？或许就是这样一份责任与参与，我们不必去做一些惊天动地的大事，在出征前的一个月里,我们放弃休息的时间参加理论学习;结束岗位的工作后,由于地铁站封闭,我们步行两三公里返回学校,但我们觉得无怨无悔。

正式的任务即将来临,根据指挥部的安排,我们在9月30日凌晨一点集合,一点半出发,一路上,我在车上看着69岁最后一天的祖国,即使车道上的车寥寥无几,但是我们的大巴依旧以指挥部规定的速度缓缓行驶。不少司机也对我们投来了好奇的眼光。

我们准时到了作为集结点的惠新西街北口地铁站,在场的警察同志、志愿服务领队,已等候我们多时。他们给我们一一分发了餐包。即使之前已经经历了多次培训、两次演练,但是在凌晨进行实操还是首次。因此只有这一次的圆满才是真正的圆满。

记得志愿者指挥部的一位姐姐负责协调各个车队的集结,她非常年轻娇小,但是十分有魅力。每次在集结点,我们都能看到她的身影,拿着对讲机与名单不断地指挥着现场的工作。从年龄上来看,她并没有比我们大多少,但是她却肩负着整个集结点的责任。我想这就是青春的力量吧。习主席说,奋斗是青春最亮丽的底色。在这次志愿活动中,无论是演职人员、警察安保人员,还是志愿者指挥人员都不乏青春面孔,有的甚至还是主力。青春为祖国奉献,我们始终在一起。

经过一夜的奋战,突然路面一黑,路灯都熄灭了,我才发现已经到清晨了。太阳缓缓从东边升起,我们共同迎来了祖国的70周岁。涓涓细流汇成滔滔江河,一个人的无私奉献带来个体价值的提升,千千万万人默默付出,汇聚的是国家发展进步的磅礴力量。有怎样的选择,就能诠释怎样的追求;有怎样的坚守,就能书写怎样的人生。

在这一个月的幕后工作中,我看到了学校各个单位对我们的支持,看到了社会各界的积极参与,看到了一个小小集结点里各个单位工作人员的相互配合。这种发自内心的奉献参与精神是我国强大的软实力,是中华民族走向复兴的巨大精神动力。

我很荣幸能见证祖国的成长,很荣幸能参与民族的复兴。我和我亲爱的祖国,一刻也不能分离。在青春征程中奉献自我,我们必将在奋斗中唱响新时代的青春之歌。

赴盛世之约，庆七十华诞

群众联欢志愿者 五班 王发辉

小我融入大我，青春献给祖国。北林学子赴盛世之约，共庆祖国七十华诞。十里长安街，万人大联欢，我一生难忘，我对祖国最深沉的爱随同那璀璨的烟花在那晚一同燃烧，将最美好的青春点燃绽放给祖国！

十月一日晚上八点音乐响起时，长安街上一片沸腾，举国欢庆祖国的七十岁生日。我很荣幸能够成为长安街上欢乐海洋里的一滴水珠，用两个月辛苦排练的舞蹈为祖国母亲献礼。当联欢达到高潮，所有人在天安门快闪的时候，我们欢呼着、奔跑着，忘记了周围还有谁，我只知道我们都是中国人。我，我们，都为我们的祖国骄傲和自豪；我，我们，都深爱我们的祖国。当我向天安门城楼仰望习近平总书记时，心中的激动之情溢于言表，我为自己能为这场联欢庆典尽一份自己的力量而骄傲，更为自己能生在这伟大的中国而骄傲！

这两个多月的训练时光，过得特别不一般，非常有意义，值得我骄傲一辈子。在整个北林联欢舞蹈团队中女生占了大多数，我们男生比较少，还都集中在左后方，所以我们男生整体学习起来速度就比较慢，有时还跟不上编导老师的节奏。后来，编导老师为了提高男生的积极性，就提出让男生单独跳，女生坐在旁边看。这一下我们男生都慌了，接下来休息时间就有好多男生在拼命复习之前学过的舞蹈动作，相互指点，相互学习。有的老师请来跳得好的女生，一群男生围着这个女生学习舞蹈动作，大家进步飞快。当然，最后我们男生的"独舞"赢得了老师和女生们的肯定。既然当初报名参加了国庆联欢活动，我们就做好了心理准备，再苦再累也不会拖集体后腿！不忘初心，牢记使命，我们每个人都时刻保持着积极的心态，对舞蹈动作和各个细节精雕细琢、精益求精，在十月一日当晚向祖国交上一份满意的答卷，把最好的姿态展现给祖国和人民！

　　优秀的团队离不开优秀的后勤保障，虽然我不是后勤保障组的成员，但作为一名预备党员，我自觉加入了后勤保障工作中。记得有一天下午，我们第二天外出合练彩排的餐包到了，后勤组的好多同学都有课去不了，只有我和另外一名同学去了，我们俩把五百多份餐包从地下停车场搬到了四层排练厅，上下往返了几十次，身上的衣服在不知不觉中被汗水浸湿了。其实，后勤保障组的同学是最辛苦的，他们要在每次出发前提前搬运餐包、分发道具，在结束后还要回收、清点相关物资，再搬运回指定地点，给默默奉献的他们点赞！

　　当初报名参加重大活动时，我的初心就是想为中华人民共和国七十周年大庆贡献一份自己的力量，发光发热，同时也给自己的人生画上浓墨重彩的一笔。就凭着这一腔热血，虽然没有舞蹈基础，但勤能补拙，我也跟上了编导老师的步伐；虽然每次彩排都要熬到深夜，但当音乐响起，我便充满了力量。就是这样的信念，就是这一腔热血，支持着我走到了长安街的大舞台上。

　　习近平总书记讲，一代人有一代人的长征，一代人有一代人的担当。作为北林学子，应立鸿鹄志，做奋斗者，知山知水，树木树人。青春为祖国贡献，人生方精彩无限！

置身盛会，无言感动

群众游行志愿者 第十四中队 裴渌

10月1日，当云彩渐渐散开，阳光打在脸上，我们高呼着"祖国万岁"走过了天安门广场。耳边机械轰鸣，头顶飞机盘旋，四周呼喊声环绕，我们置身这无与伦比的盛会之中，无言感动。

我是中华人民共和国70周年大型庆祝活动中群众游行方阵的普通一员，我为我的身份感到骄傲。从6月筹备，到10月正式演练，每一个像我一样的游行群众都经历了很多个炎炎烈日当空的白天、汗水打湿衣裳的夜晚，每个人都有自己想诉说的故事，都有想要表达的激动与喜悦。

我们感受过初秋日出前彻骨的寒冷，也感受了夏末太阳高升的酷热；我们体会过长时间跑步走路没有水喝的煎熬，也体会了拿着一整瓶水无处安置的尴尬；我们睡过马扎、睡过大巴、睡过冰冷的飞机跑道，站着睡过、坐着睡过、靠在小伙伴怀里睡过。包括我在内的所有中队长，因为没有手机和其他通讯方式，只能时时刻刻听好手中的对讲，以便接收指令、传达消息。在所有应该进入梦乡的时刻，我们都清醒着。

这次活动我感受最深的应该是游行方阵的彩车，把中华人民共和国成立70年来的发展与成就浓缩在色彩斑斓的彩车上，是一种很有创意，也非常直观的表现形式，在现场看也会非常壮观，能够很直观地感受到我们祖国越来越繁荣的景象。

让我印象最深刻的是我们中队的道具保障员，其实我们每次去长安街的时候是不让携带任何物品的，但是每次下发道具的时候会同时下发一个很大的装道具的袋子，很不方便携带，他就会把袋子叠成长条，绑在腰上走。还有第一次去良乡机场合练的时候，刚下车我们中队有一个女孩子摔倒了，胳膊上和腿上都蹭伤了，我叫她回去休息，她坚持要训练，只拿水冲了冲伤口就跑着追大部队去了。

中队生病的人一直都不少，但是令我感动的是，大家"轻伤不下阵"，病员们对我说的最多的一句话就是"中队长，我能坚持！"8月合练的时候有一周我得了重感冒，喊不出口号，吃了感冒药也容易犯困，我的队员们一直在帮助我做一些他们力所能及的事情。还有就是我们中队的4位男生和5位小队长，当然还有每一位成员，每个人都在训练过程中付出了很多，也都很积极地互相帮助，让我感觉我们是一个非常温暖的中队，在训练很累的时候能够坚持下来也是靠大家给予的温暖互相支持的。

到了9月30号凌晨，我们怀着喜悦激动的心情出发了。像往常一样，坐车、换乘地铁、安检、到达休息区、发餐、坐着睡觉，到了第二天早上70周年国庆阅兵正式开始，我才真正感受到，我们已经在参与这个全球关注的庆典了。看着习近平总书记坐车从我们面前经过，看着一队一队的中国军人从我们面前走过，看着一辆辆载着国之重器的装载车从我面前驶过，我为我的祖国感到骄傲，为我身上流淌着中华民族的血液感到自豪。

这次活动的经历肯定是我一生难忘、一生荣耀的，我也希望能把这份热情带到今后的学习生活中，通过不断地学习更深地意识到自己作为青年身上应该担负的使命与责任，为新时代中国特色社会主义建设添砖加瓦。

也感谢各位同学，还有各位为我们提供后勤保障的老师们，因为有你们，我们向祖国报到的任务才能圆满完成。

壮丽70年，奋斗新时代。参加70周年国庆的游行方阵，是我之前从未想过的荣耀，比起激动和自豪，我们更应该把这种艰难困苦玉汝于成的精神，带到实际的学习生活中，同祖国共成长，紧跟时代的步伐，做好我们的本职工作，承担起青年一代的使命，为实现中华民族的伟大复兴不懈奋斗！

以青春之我　为祖国献礼

外围志愿者　外围中队　裴子琦

一次参与，一生荣耀。

新中国70华诞，我有幸以一名志愿者的身份参与此次大型活动，为祖国母亲的生日奉献自己的一份力量，以青春之我，为祖国献礼。在最开始选拔和报名的时候，我就坚定地告诉自己，我想成为其中一员，想要亲身经历、亲自感受。

对于我来说，最最煎熬的莫过于等待，看着其他同学早早地开始训练体能，我就更加期待了，想要早早地加入其中。终于在新学期开学初，我们迎来了第一次培训，紧接着就是第一次、第二次的演练，一切准备就绪，只为迎接那最光荣、最盛大的时刻。

时光渐渐流逝，但那一夜仍令我记忆犹新。凌晨一点，我们整装待发，为了那一份光荣而艰巨的使命，为了游行群众快速安全地通过安检，为了用自己的实际行动向伟大的祖国告白。志愿者虽然与方阵群众不同，没有高强度的训练，不需要日夜奔波，但历时一个月的培训以及多次演练让我明白了自己肩负的责任。对于我们来说，远端集结虽然不像核心区域一样紧张，但想要让几千人的队伍在短短十几分钟内快速而有序地通过，也需要我们明确的引导和疏散，我深知作为一名志愿者，应该坚守在自己的岗位，做好本职工作，为需要的人提供服务。这一夜我们做到了！初生的朝阳渐渐升起，想象着天安门城楼前的繁华盛世，我早就忘记了困意忘记了疼痛。这一刻我的心与祖国紧紧联系在一起，心中无比的骄傲与自豪。

看着4个方阵的队伍顺利通过，我的内心是喜悦的、骄傲的。登上返程的地铁，一位老人家对我们竖起大拇指说："你们辛苦了"，那一刻我热泪盈眶，这算是对志愿者们默默坚守的肯定与鼓励。

过后的几天，我关注到几大平台的公众号纷纷发出推送，其中"你注意到国庆这支16万人的方阵了吗？"让我心潮澎湃，对于我们志愿者来说，这是一个月之后的正式集体亮相，也许大家都是通过这些文字报道才了解到我们。而对于我来说，也是通过这篇文章才真正认识到自己多么渺小，原来有这么多人都在为之努力，我不敢想象他们付出了多少、牺牲了多少，心中敬佩之情油然而生。

浏览到文末，我看到了评论区大家纷纷留言，其中一条长长的表白吸引了我。通过文字来看，应该是当天凌晨得到我们服务的一名游行群众。他清晰地回忆了当天的细节，我们说的每一句话、每一个动作，他都记忆犹新。看到这里我又一次热泪盈眶，我从没想过自己完成好本职工作能给别人带来这样的方便，自己的无心之举能让大家如此感动。这大概就是志愿者工作的意义吧，我们都是自愿加入这个队伍的，愿意为之付出，愿意承担这份责任，能够真正帮助到大家，这才是我从中收获的最大的感动。

我只是小小的一个我，只是16万志愿者中的一员，我们带着对祖国的热爱与感恩，为了同一个目标聚集在这里，以青春之名，为祖国献礼！

不负青春，不负祖国

广场合唱志愿者 男高音中队 冯卓

转眼间，庆祝中华人民共和国成立七十周年活动已过去两周有余，我非常有幸成为这次庆祝活动的一员。当日的盛况与所有人喜悦激动的脸庞仍在我脑海中久久不能消散，往日辛苦训练时的一幕幕欢笑与泪水渐渐清晰。我想我总该静下心来写点什么了，不为完成一个任务，也不为炫耀求夸赞，只为永远铭记那些心底的感动与热血的青春。

初见

我得知有机会参加七十周年国庆活动，是在半年前的四月份，当时各大学生组织、学生社团、基层班级都发放了通知，但通知中只说是十月份的重大活动，并没有具体说明，可大家心中都隐隐觉得这次活动非同一般，也都默默地将其与中华人民共和国成立七十周年联系到一起。我知道这样的机会是万分光荣而又十分难得的，许多人梦寐以求却因地域、年龄等各种限制而无法参加，我是这样的幸运，绝不能放弃这个机会。于是我结合自己对音乐的喜爱，通过校艺术团报名参加了合唱志愿者。报名后我难以压抑心中的激动，但到期末考试前也没有任何通知再发出，学习、工作、生活仍然继续，一切归于平静。直到暑假，一切才刚刚开始。

磨砺

七月初，期末考试刚刚结束，训练终于要正式开始，大家摩拳擦掌，热情高涨。但刚开始我们便面临了极大的挑战，从大会开始一直到结束，一共十八首歌曲要求合唱志愿者全程站立并全部脱谱演唱,这对我们的记忆力与体能都要求极高。整个七月,我们在学校日复一日地学习并记忆这十八首歌曲,同时每天还要进行高强度的体能训练,而那时我又正好在准备 ACCA 考试,每日只能挤着时间复习备考,常常晚上九点结束训练,还要看书到凌晨一二点。但这过程中有很多让人感动的故事,让我记忆深刻的一次,是在学习完前十七首歌曲后,要学习最后一首《歌唱祖国》时,老师说:"这首歌大家应该都会唱吧。"于是我们没有经过学习便直接将这首歌曲唱了下来。当时大家都十分激动,在唱到"我们战胜了多少苦难,才得到今天的解放"时我流下了眼泪。值得高兴的是,我们把歌曲完美无误地记住了,而我的考试也通过了。这也让我更加坚信:努力不放弃,一定会有收获!

之后的八月、九月,我们辗转各地进行合练。由于训练的保密性,以及为了不打扰社会正常工作秩序,这些合练大多都是在凌晨或半夜进行的,每天我们拖着沉重的身体,揉着惺忪的睡眼,赶赴各个地点训练,经历风吹日晒雨淋,但没有一个人叫苦喊累,大家都在为着我们的同一个目标不断奋进。一个人可以走得很快,但一群人可以走得更远。中华民族自古以来团结一心,奋勇向前,完成了许多人类历史上的奇迹,而现在的我们,正继承着中华民族的优良传统,继续奋勇向前。

最终章

经过了三个月的辛苦排练,终于,迎来了国庆七十周年大会,我们照常凌晨出发,经过严格的三次安检,向天安门广场进发。我们昂扬地走在天安门广场上,意气风发;祖国坚定地走在复兴路上,始终向前。每个人都充满力量与喜悦,用饱满的热情为祖国庆生。从始至终,千人合唱团完美地完成了任务,一切辛苦都是值得的,大家都流下了幸福的泪水,之前认为合唱团没有用处的疑虑全部烟消云散。

威武雄壮的口号声仿佛仍回荡在耳边,激动幸福的眼泪依然浸润着心田,无数个披星戴月的日子永远难忘。犹记得,天安门广场上的我们,精神抖擞,斗志昂扬,仿佛走在中华民族伟大复兴路上的祖国,一往无前。衷心祝愿,伟大的祖国永远繁荣昌盛;热烈期盼,中华民族的伟大复兴早日实现!生逢其时,勇担重任,不负祖国,不负青春!

一次受阅，终身荣耀

观礼志愿者 观礼中队 王奕丹

庄严隆重的阅兵仪式，热闹非凡的群众游行，惊艳无比的联欢晚会，2019年10月1日，新中国70周年庆祝盛典注定被铭记。

从来没想过自己有一天能在如此庄严的一天参与庆祝活动，于是得到招募通知后，第一时间召开了支部大会，动员支部党员为祖国母亲庆生，于是支部共有3名同学一同参加了这场盛会，分别作为观礼台志愿者、集结疏散志愿者、联欢晚会表演者。我自己也毫不犹豫递交了报名申请，经过层层筛选十分幸运地成功入选为观礼台志愿者，以北京林业大学研究生之名，小我融入大我，用青春献礼祖国大庆。

六月招募，八月培训，九月彩排。在时间跨度近4个月的时间里，面对老友周年聚会邀请舍弃过，对于科研方面的外业安排纠结过，也有因想缩短外业时间及时返校参与培训在林场工作到深夜而疲惫过，却从没后悔过。太多的时候保密原则克制住了自己的表达，不理解的质疑也时有发生。

一切困难都会过去，我终在祖国母亲生日这天用自己最饱满的热情向祖国报到。作为一名观礼台志愿者，我主要负责入场与退场时观礼台嘉宾的引导与疏散，角色虽小却直接影响到嘉宾们的安全与观礼体验。

借由深夜彩排，我欣赏到了平时见不到的凌晨北林与长安街的景色，静谧却又充斥着心潮澎湃的喧嚣。我目睹了一轮轮明月从天安门上空右移最终消失在大亮的天空，体验了与其他志愿者一起跨越长安街伴随成语接龙的暴走，在地铁站门口有秩序地席地而坐等候首班列车。

盼望的那一天终于来临，披戴着月色全员集结，到达集结点，井然有序地过安检，领取物资，见到的每张青春的脸上都洋溢着澎湃与激动。上岗后即使任务还没来临也站得笔直，礼貌地协助检查观礼嘉宾邀请函，积极地解答观礼嘉宾提出的每一个问题，直到我所负责的大会堂北邻2区5台全员安全且高效落座。

伴随着70发轰隆在耳边的礼炮声响，大会的序幕揭开。声声入耳，声声振心，慷慨激昂的国歌奏响，无数嘉宾内心的澎湃夹带泪水涌出。习主席身后空载的阅兵车，观礼车上革命先烈头像，白发英雄用颤抖的手回馈的军礼，都告慰着所有为祖国牺牲的英雄一辈，我们的新中国70岁了，盛世如你们所愿。呼啸的战机在天空拉下五彩，最显眼莫不过中心一抹中国红，现代化的军队与先进的武器无不彰显当代中国的强大与自豪。当学校游行方阵"绿水青山"走过观礼台时，北林志愿者与游行的同学心心相通，用声嘶力竭的"知山知水，树木树人"是相互之间的加油助威，更是北林对庆祝大会的献礼！

那一刻，长安街上的我恍惚不知今夕是何年，仿佛梦回1997年，1岁的我在举国欢庆的时候并不明白香港回归祖国怀抱的意义；仿佛梦回2008年，盛夏电视机前的晚8时奥运之约；仿佛梦回2017年，朱日和沙场点兵得雄壮。但此刻就是此刻，14亿人民为祖国的明天共同奋斗，祖国也一直在给人民带来惊喜！

太多的感动与敬意沸腾着我的热血。正是一代代人的努力付出才实现了当前的盛世，构成了我们的生逢其时！作为当代青年，时代重任我们需要接过来承担，正如校长在毕业典礼上的致辞中所说：将小我融入大我，青春奉献祖国！作为新时代林业人，更要坚定以立德树人为根本，以强农兴农为己任，扎根中国大地了解国情民情，在田间密林中增长智慧才干，在艰苦奋斗中锤炼意志品质，在亿万人民为实现中国梦而进行的伟大奋斗中实现人生价值，用青春书写知山知水，用品德践行树木树人，做无愧于时代、无愧于历史的新时代新青年！

遇见一群可爱的人　三生有幸

群众联欢志愿者　五班　张丽政

回首过去的3个月,"满天星""台头小学""阅兵村""荧光棒""编导老师"那些熟悉的场景和可爱的人瞬间将我拉回灯火辉煌的长安街,那一声声响彻云霄的"祖国万岁",那一面面迎风飘扬的国旗,那一刻我们与祖国紧紧地联系在一起。

正式排练一开始,我们迎来了几位特别可爱的编导老师,编导老师们耐心地、一遍一遍地教我们动作,指导我们变换队形。同学们积极性也特别高,大家都迫不及待地想学完舞蹈动作。但是我们编排不是一成不变的,随时都有新的变化、新的考验,队形变化开始复杂多样,歌曲也在不停地剪辑变化,同学们面对日复一日的排练和修改,慢慢有些疲乏和厌倦。作为五班的班长,观察到大家情绪上有些懈怠,我看在眼里急在心里。一次晚上训练结束后,我主动找到我们班的小队长黎洁一起商讨。我们两人在校园里边走边聊,聊的过程中,我们茅塞顿开,其实大家出现疲惫是正常的,我们每个人不可能每天都精力旺盛,但是疲惫的情绪会传染,一个人有懈怠情绪就会带动身边的人也不想训练,这时候队伍里就需要有一个或者更多的正能量使者,用他们的言行举止来影响一个人进而影响一群人。我们寻找到分散在我们队伍不同位置的正能量使者来带动身边的人,大家的状态也逐渐调整成备战状态。距离10月1日越来越近,我们的任务也越来越艰巨,频繁的外出合练,每次外出都是一次考验,同学们不管有多累都要把手中的荧光棒高高地举着,跟着节奏摇摆,只是为了让海淀区块永远都在发亮。那一刻,我们明白经历了3个月的辛苦训练,早已将我们凝聚在一起。聚是一团火,散是满天星!

除了训练,还有很多在队伍中默默奉献的工作人员。我自己除了在队伍里作为老师关注同学们的状态,帮助同学们解决困难,还要作为集散交通组的负责人，负责组织每次的外出训练。一开始我没有料到外出合练的工作会如此繁杂和琐碎，很多细节没有提前预想到，比如"我们是一个整体，所以每辆车都不能掉队，尤其10号车要押尾，但是我们车队被红绿灯拦截分开了怎么办""到达训练目的地后如何快速组织大家一边集结一边前进""整队带回时有同学去洗手间还没有回来怎么办"等不可控的因素如雨后春笋般冒出，导致外出时小状况频发。第一次外出合练，我和10位小车长们手忙脚乱地算是顺利完成任务，但是我心里总是有点失落，坐在返校的大巴车上，看着车窗外星星点点的灯光，同学们都已经坐在车上疲惫地睡着，手里的手机一直不停地提醒着，还有一群人也没有休息，10位小车长们在微信群里实时报告车辆行驶情况，"7号车超过了5号车""10号车通过收费站"。那一刻，我瞬间振作起来，有她们在我已经感觉不到一丝疲惫，我是多么幸运能遇到这样一群可爱的人，他们默默付出，永远都是等车上所有人拿到餐包，提醒完同学们要注意的事项，才能坐到自己的位置上一边吃着餐包，一边在群里随时汇报车况……感谢能让我遇见超级可爱的小车长们，她们用热情温暖身边每个人。我明白只有我把工作梳理清楚了，把方方面面都考虑细致了，车长们才能有条不紊地做好，于是我开始对每一项工作进行总结，从运送物资，到发放物资，再到引导同学们排队、疏散等。经过对第一次外出合练工作的认真梳理，之后的外出训练也越来越好。

　　三生有幸，可以参加到国庆70周年的群众联欢，我们在长安街欢呼、放声歌唱，我们一路小跑奔向天安门城楼，那一晚终身难忘，难忘这个夏天的精彩，难忘遇见一群可爱的人，难忘长安街上我们和其他方阵挥手告别，大声呐喊"十年之后我们再见"！

以青春奉献之我，献礼最爱的国

观礼志愿者 观礼中队 张梓朔

2019年中国举办了多个盛大的活动，在上半年的"一带一路"高峰合作论坛、亚洲文明对话大会中，我非常幸运地成了一名志愿者，参与了会议的服务保障工作。在这次新中国70周年华诞庆祝活动中，我非常有幸能够作为一名观礼台志愿者，为庆祝活动服务。有了两次会议的志愿服务经验，我更加清楚作为一名志愿者的重要性和肩负的责任，我们代表的是广大志愿者的形象，彰显了首都大学生志愿服务的热情。在新中国成立70周年这个举国欢庆的日子，能为祖国贡献自己的一份力量，我倍感荣幸与荣耀！

作为学校的观礼台志愿者小队长、志愿者物资保障管理员，我明白自己不仅仅是服务国庆活动的志愿者，更是一名志愿者骨干，服务志愿者的志愿者。除了暑假期间参加各种培训、会议之外，还要更多了解志愿者的身体、心理状态和需求保障，为志愿者提供应有的物资保障，要确保每一位志愿者都能够以积极饱满的热情做好志愿服务工作。虽然每次的物资配送都在半夜，物资接收工作工作量大、时间晚，但是能够做好志愿者的保障工作，这点辛苦也算不了什么。的确自己可能比普通志愿者的工作更多，但这也是一种不同的志愿服务工作，让我更加深刻地理解了"奉献、友爱、互助、进步"的志愿精神。

最让我难忘的是每个配送物资的夜晚，因为要求物资统一送入库房，数量较多，也都是晚上休息的时间，各个小队的队长牺牲自己的休息时间，主动来帮我一起搬运物资，不辞辛苦，在寒冷的夜晚默默地为国庆志愿者们奉献着自己。非常感谢这些志愿者骨干们，正是你们给予的很多帮助与配合，我才能万无一失地顺利完成物资保障工作；也正是你们身上的无私，我深刻体会到了志愿者的责任，为新中国70华诞献礼，是我们一生的荣耀。

经历了现场踩点和培训工作，大家对志愿服务的岗位都有了一定的了解，但是我们南广组的岗位比较特殊，虽然知道服务的区域，但是具体工作内容却一直都处在保密阶段。

随着时间的推移，离国庆庆祝大会的日子越来越近，我们南广组也越来越紧张和着急，看着身边的志愿者伙伴们参加了一次又一次的演练，辛苦却又快乐着，我的内心多少有些失落，甚至担心岗位可能会被取消。但是我们南广组的志愿者们并没有因为迟迟得不到通知而放松精神，大家齐心协力配合好其他志愿者的工作，一同在背后默默地支持着整个国庆志愿服务工作。好在功夫不负有心人，我们终于等到了自己的岗位和任务，我们南广组负责观礼台气氛营造和应急安全保障的工作，非常幸运地能够跟观礼嘉宾一同观看庆祝大会。

没有参加过演练的我怀着激动又紧张的心情，坐在天安门前的观礼台上，曾经一个又一个夜晚收发物资的疲惫，一个又一个工作部署会议的辛苦，都显得那么微不足道，留给我的只有作为志愿者的责任与为国庆服务保障的荣耀。当广场上响起熟悉的旋律，我们带动嘉宾挥动手中的国旗，合唱经典歌曲，汇聚成爱国奋斗的时代最强音；看着各个方队从我面前整齐地经过，看着国防军事力量的日益壮大，我无比澎湃激动，热血沸腾。

作为一名大学生，不单要完成学业任务，还要趁年轻在实践中成才，抓住锻炼自己的机会。感谢这次国庆志愿活动，让我再一次体验到参与志愿服务的快乐和志愿活动的非凡意义。

我骄傲，我是一名后勤保障员

群众游行志愿者 第十一中队 聂帅

我是来自北京林业大学水土保持学院水保16-3班的学生，群众游行方阵中的一名成员聂帅，很荣幸能够参与国庆70周年游行方阵，接受世界人民的检阅。

一次检阅，一生光荣。2019年是一个振奋人心的年份，对于我来说更是意义非凡。这一年，我顺利通过重重考验，成了一名预备党员。能够在庆祝新中国70华诞之时加入中国共产党，并且加入群众游行方阵，我感到万分荣幸。在生活中，我时刻牢记自己党员的第一身份，努力做到为同学们服务，希望能够通过做点什么，更好地服务身边的同学。抱着这样的心态，我加入了此次活动的后勤保障组，希望能够在这里发挥作用，真正地体现党员的服务意识。

后勤保障组是一个专门为给大家提供各项物资保障而设立的工作组，在这个团体中，我的主要任务是为大家发放物资并做好登记。后勤工作看似简单乏味，实际上是对我们能力的一项重大考验。为了保证物资发放的有序进行，所有后勤保障员和各中队在最短时间内培养默契，统一行动，相互帮助。在工作中我们发现，后勤工作涉及的物资之多已经远远超出了我们的想象。我们曾三次连续工作到凌晨四点多，前前后后制作了七次服装表、十多份物资发放表，发放物资用品已经超过了五万件，衣服两万多件。合理有效地安排饮食是完成高强度训练的前提，保障方阵人员的餐饮是我们的一项重要任务。我们挑选搭配了十余种餐包组合，经过一遍又一遍的审核商量，将有限的资源得到了最大化利用。不仅如此，为了慰藉同学们的思乡之情，学校为大家准备了印有北林校徽的中秋月饼，看着同学们领到月饼后兴奋激动的神情，作为这份情的传递者，欣慰与感动油然而生。除此之外，我们也将学校领导写给全体参训人员的一封内部信传递到了每位同学的手中。作为一名后勤保障员，早出晚归已经不足为奇。提前半小时到达训练场地、提前半小时到达物资发放处、提前半小时抵达食堂是我们逐渐建立的约定；晚走半小时收拾场地、晚走半小时清点物资、晚走半小时整理材料是我们慢慢养成的习惯。在校训练期间，我们迎着朝阳敲开训练场的大门，披着星辰关掉办公室里的灯。最先一批起床出发的是我们，最后一批回寝休息的还是我们，后勤的工作尽管辛苦，但却充实。

很欣慰我们的付出得到了大家的认可。在前往门头沟开展后勤工作的过程中，我们的秩序得到了门头沟后勤人员的称赞，我们的效率得到了门头沟人的惊叹。我们的能力时刻接受同学们的评判，我们的工作一直有着领导与老师的陪伴，这让我常常暗自庆幸自己是一名北林学生骨干。作为一名学生党员和学生干部，要通过各种活动时刻淬炼自己，让大家看到我们的同学"坐下能写、站着能说、出去能干"，现在把我们的能力展现给大家，将来把我们的精力奉献给国家。

能够参加"绿水青山"方阵，对于我来说还有着特殊的意义。我是来自水木保持专业的一名学生，也是未来进行生态文明建设、绿水青山建设的一分子。我曾两次前往宁夏盐池毛乌素沙地生态研究定位观测站进行实习，亲眼看见沙区人民的生活情况。曾经这里还是风沙满天、植被稀疏的无人区，但是经过一年又一年的治理、一次又一次的投入，短短十年已经基本实现了"赤地变青山"的美好愿望。在这里，一群又一群生态建设者为沙地留下了一片片生机勃勃的绿地，是他们用自己的付出为我们打造了这个"绿水青山"方阵。作为水保专业的学生，我时时刻刻都能感受到前辈们的无限力量，我渴望将这无限的力量借助"绿水青山"方阵在世界人民面前展示出来，让这份力量鼓励着我不断前行。同时，我意识到自己未来肩负的使命之重，责任之大，也时刻提醒自己，要在大学期间，通过不断地学习，掌握专业领域的技能，提升自己的综合能力，为以后步入社会、服务国家做好准备。打造绿水青山、建设生态文明的伟大事业需要我们不懈奋斗；"黄河流碧水，赤地变青山"的美好愿望时刻督促着我们加倍努力。

国庆当天，随着庆祝的钟声传遍神州大地，方阵全体人员的辛劳与汗水获得了丰硕的成果。伴随着老师同学们的欢笑、后勤保障成员的坚守，北林全体参训人员的风采在世界面前绽放！这是我们一生的骄傲，也是我们一生的自豪。

见证蓄意锐发的朝阳

外围志愿者 外围中队 贾庚霖

2019年是中华人民共和国成立七十周年，国庆节当天天安门广场举行了盛大的阅兵及群众游行仪式，我作为一名光荣的国庆志愿者，很荣幸参加了这次壮观而又意义重大的活动，能为祖国母亲献出自己的一份绵薄之力，能向祖国母亲送上一份虔诚的生日祝福，我感到无比自豪。回想那不远的几天前，所有的场景仍历历在目，所有的欢呼都萦绕耳边，我不禁感叹，十里长安，装不下国人的赤子之心，万丈高空，盖不了国人的呼声漫天！

作为一名惠新西街北口地铁站外围志愿者，我主要帮助参与游行的志愿者快速进入地铁。为了能在国庆节当天上午准时进行游行仪式，我们所有外围志愿者都要在凌晨到达地铁口，着装整齐，等待游行群众的到来。我记得，那天的大巴车里，十分安静，没有嬉闹聊天的声音，只能听见轻微的呼吸声，每个人都在为几个小时后的工作养精蓄锐，不敢放弃一点休息时间；我还记得，那天的凌晨不算太冷，老师指导完工作后，我们便坐在四周，食用分发给我们的餐包，有的狼吞虎咽，有的细嚼慢咽，但所有的人都在认真地为身体补充能量。食物冷热与否，好吃与否，在那一刻，都不在乎了；我仍记得，那天的人来得很快很多，大巴车一辆接着一辆，各种着装的人们或匆忙，或沉着地涌向安检口。我们站成一列，像一道栅栏，把人们引导在不同处。我们的目光坚定执着，声音高亢洪亮，呼唤人们以最快的速度通过安检口，进入地铁站。三四个小时的站立疏导，双腿逐渐麻木；因流汗而被浸湿的衣服贴身包裹，伴着微凉的晨风，身体忽冷忽热，这一切的一切，都被满腔的爱国情和神圣的责任感淹没，无暇理会。

时间一点一点地过去，太阳一点一点地升起，金黄色的阳光伴随着温热倾洒下来，笼罩在那个地铁口，笼罩在我们每一个志愿者的身上，我回头望向太阳，虽然有些刺眼，但仍想睁大眼睛望去，因为那是希望、是喜悦的光芒，是充满着鲜活生命力的灿烂的朝阳！我微微踮起脚，心想，离太阳更近一点吧。

工作结束了，回校，看直播，心中那一丝无法亲临现场的遗憾也随着任务的圆满完成而逐渐消散。我能看见，国庆那天，天空真的很蓝，太阳真的很暖……

七十载峥嵘岁月，九百六十万平方广袤大地，十四亿炎黄子孙，如今的中国，欣欣向荣，蒸蒸日上，像一头威风凛凛的雄狮，以高昂的姿态屹立在世界的东方。唯有凌云多壮志，敢教日月换新天，如今的中国青年，斗志昂扬，奋发向上，以勃发之姿、扛鼎之力肩负起实现中华民族伟大复兴的光荣使命，创造出令世界瞩目的不朽传奇！

几天之前，我们见证了繁荣富强的祖国；几年之后，请祖国见证青年学子托举的勃发东升的太阳！

奉献青春为祖国

群众游行志愿者 第一中队 弓玥宁

小时候看到国庆节的天安门锣鼓喧天、红旗招展的热闹景象，年幼的我不免羡慕参与者们可以亲身经历如此盛事。幸运的是，在新中国七十岁生日之际，在北京读书的我有幸作为一名群众志愿者，参与了"绿水青山"方阵的游行。训练的三个月时间，尽管只是我二十年生命中很短的一个片段，却再也找不出哪三个月，能像这段时间一样，让我身心都获得巨大的成长。

这次活动，可以说给了我许许多多难忘的第一次：第一次熬夜通宵；第一次坐上国庆的地铁专列；第一次可以亲自用我的双脚踏步在长安街；第一次和许许多多的十四亿分之一一起，不再仅仅为了自己的利益，而是为了国家的荣耀而奋斗，作为一名中国人向全世界发出我们的声音。战机从空中飞过，装甲的声音在耳边轰响，我们接受着千千万万的目光注视，这一切都是此生最难忘的回忆，更是我们的祖国母亲带给她的儿女的无上光荣。

然而，"台上一分钟，台下十年功"，鲜花与掌声背后，必然有人洒下过汗水。从前以为游行训练是十分轻松愉快的，事实上，它是对队伍中每个人体力与意志的双重考验，背后更是有无数人默默地奉献，牺牲自己的休息时间。

因为训练的出发时间很早，食堂体贴地给参训同学准备了丰富的早餐。每天清晨照亮黑暗的不仅仅是阳光，还有饭堂里包子的香气。食堂阿姨大叔笑盈盈地端来盛满食物的餐盘，还不忘贴心叮嘱"不够再来加"。然而后来我才知道，为了让我们拥有充足体力精神百倍地参训，他们每天深夜2点多就要起床，蒸包子，煮粥、玉米和鸡蛋，还要额外准备玉米、鸡蛋、牛奶给我们带走。忙完了我们的早餐，休息两三个小时又要开始一整天三餐劳累的工作。可以说，我们能够成功完成任务，功劳也有食堂叔叔阿姨的一半。有时深夜出发,有不少同学主动牺牲休息时间,提前去食堂替大家领取餐包。早早到达集合地点,而且公交调度的工作人员早已就位,为大家乘坐公交车出行做了充足的准备。

训练开始时正赶上放暑假,由于风景园林专业课业繁重,放假了,我们依旧有图纸需要上交。于是我每天上午先换好训练服装在二教画图,到了中午吃过午饭便去体育场参加训练,晚上结束后穿着汗水浸湿的衣服提着马扎、水杯慢慢走回二教继续画图。然而多次训练结束至凌晨回到学校,也曾在萧瑟的凉风中怀疑过,坚持这一切究竟有什么意义。然而有一种信念支撑着大家,那是对祖国母亲深深的敬爱与感激之情,更是为了身后默默奉献的工作人员和老师同学们,我们的肩上承载着太多人的希望和努力,怎能就这样放弃?

在三个月的训练中,也曾为了训练放弃回家享受悠闲,也曾因为时间被占用,体力消耗耽误学习进度,压力极大。每一次在街上的通宵训练,身体都几乎到了疲惫的极限。幸好还有许多有趣的小伙伴们,大家坐在水泥地上,聊天说笑,彼此依偎看着天色一点点变浅,霞光出现在地平线。始终难忘凌晨黑暗中一辆车都没有的长安街——取代车流的,是一望无际的游行队伍。天安门在夜色中显得朦胧,我们每个人都为了一个同样的目标——成功完成阅兵任务,而互相打气。

这就是我,一个普通又不普通的中国青年。这就是我的祖国,一片充满了希望的土地,五千岁的年迈长者,我心中永远的依托。如今我骄傲又幸福地认识到,奉献青春为祖国,是我们,是无数默默为我们提供物质保障的后勤工作者,更是千千万万在各自岗位上不辞辛苦,为了国家的明天默默保驾护航的人们。"中国人"三个字,我会带着它赋予我的光荣使命,不忘初心,继续前行。

长安十二时辰

——长安街志愿者日记

观礼志愿者 观礼中队 韩茹雨

2019年10月1日，阴，但在我心中，它是2019年最明亮的一天，也许在很多国人心中都是。这一天里的每一小时，每一分钟，每一秒，都发生着值得被铭记一生的事，每一个画面都值得被惊叹和细细回味。

9月30日，12：30，新食堂会议室

在今年的7月，我很荣幸成为70周年国庆活动志愿者的一员，可以做这举国欢庆的盛大节日的参与者，而不只是旁观者。3个月以来，我们进行了数次培训和演练，已经为10月1日的正式活动做好了充足的准备。

9月30日，20：00，宿舍

非常荣幸，我和舍友们都是70周年国庆活动志愿者，被分布在不同的岗位上参与这一盛事。这一天的晚上，我们早早地收拾好了第二天的行装，将志愿者服装整齐地挂在床头，努力地睡着，为凌晨出发做好准备。

10月1日，3：30，校园

虽然是在凌晨2：30起床，但我却兴奋到丝毫没有困意，从化妆开始，用最好的状态迎接一天的志愿活动。在去上车点的路上，遇到了很多同行的志愿者，我们穿着统一的服装，怀着同样的期待，大步走向上车点。

10月1日，5：00，集结点

运送志愿者的大巴车，一路畅通无阻，不一样的街道，都装扮着一样的中国红。很快，我们就到达了长安街外的集结点，北京各个高校的志愿者在这里短暂地会面了，大家就像一家人一样，有着自然而然的亲近感。从这里，我们就要正式进入庆典的核心区域了，我们离长安街越来越近了。

10月1日，6：00，天安门广场

在核心区工作人员的带领下，我们以最快的速度步行前往天安门广场，途中所路过之处，所有的设备、物资、人员都已准备就绪，每一样进入眼帘的人员或物品，都是以列或行的形式整齐出现，卫兵、礼炮、鲜花、车辆、椅子、气球等，大家或站在自己的岗位上，或不慌不乱地进行着工作，虽然是彩排时就已经见识过的中国速度，依旧禁不住为高效的工作点赞。

10月1日，6：30，长安街

整片天空已经露出了鱼肚白，我们上岗了，我们的任务是在南侧观礼台负责观众的引导和疏散。我们竖起引路牌，站在观礼台侧，3个半小时后，这里将会进行新中国成立70年以来最为盛大的庆祝仪式。

10月1日，9：00，观礼台

在志愿者们的共同引导下，所有观众按序入座，在看台上和同样盛装出席的天安门合影，留下和祖国最美的一刻。有趣的是，在我身旁出现了一位身着北林2019年毕业纪念衫的男生，想必和祖国一样，北林也是他的骄傲。

10月1日，10：00，观礼台

庆祝大会正式开始，我们的工作暂告一段落，撤退到一旁等待活动结束再次上岗。我们感受着庆祝大会现场浓烈的气氛，车牌为1949的空车，军人们整齐划一的动作，先进的武器装备，努力敬礼的老兵，让我们心潮澎湃，无比自豪。

10月1日，13：00，长安街

庆祝大会结束，疏散完所有的观众后，我们的工作也到此结束了。整个会场依旧是井然有序地将数以万计的人员和物资撤离，我们将乘坐地铁专列回到学校。

10月1日，15：00，学校

到这一刻为止，属于我们的"十月大型活动"志愿者工作就正式结束了，但我们的生活才刚刚开始。我们亲身接触了祖国最真实的繁荣富强，不是书上写的、电影里看到的，而是亲眼所见，亲身所感。近乎完美且不失浪漫的欢庆盛典，每一个细节都是祖国强盛的力量的展现。能够生活在如此盛世，我感到安心和幸福。

年轻一代有理想有担当，国家就有前途，民族就有希望。希望我们可以不负重托，以执着的信念、优良的品德、丰富的知识、过硬的本领，同全国各族人民一道，担负起历史重任，为祖国奉献自己的青春力量。

用热爱，奔向祖国

群众联欢志愿者 六班 赵兴强

2019年7月的一个下午，我接到任务，作为学院带队老师参加十月重大志愿活动。此前，我曾参与了本学院志愿者的招募和政治初审，明白活动使命重大，任务艰巨。作为一名老师既要完成个人任务，还要带好队伍，重要！重要！很重要！意想不到的是，它带给我一次次震撼心灵的洗礼，让我一生荣耀，一生回忆。

似火的7月，有热情洋溢的眼神。舞蹈类（当时还叫作D类）500名志愿者欢聚食堂四楼多功能厅，从前排向后看去，青春的气息洋溢在脸上，稚嫩又朝气蓬勃，仿佛能看到每个人眼睛里都闪着期待的光芒，像是阳光照耀下的江水，泛着粼粼的波光，炽热又饱含热情。刚开始训练时，所有的同学老师一起认真地学习，不厌其烦地重复每一个动作，挥汗如雨。得益于良好的后期保障，我们一直在室内排练，免去了高温酷暑。但每天近6个半小时的排练，也让不少的同学身体吃不消了。记得在训练开始第3天，一位同学在训练间隙，突然晕倒，我立即与几名同学一起将其送往校医院，经过医生处理才慢慢恢复，可惜的是最终因为身体原因他无法继续参加排练。在我们的排练中，有许多动作需要反复地蹲起，甚至是单膝跪地，为了更好地完成预定效果，训练强度一直有增无减，对于一年前膝盖接受了手术的我，确实能感觉到动作完成的难度和膝盖里隐隐的疼痛，甚至有几次我感觉自己坚持不下去了，但当我看到我周围同学脸上坚毅的表情，我知道我能坚持下去。

炙热的8月，有汗水打湿衣衫的背影。经过了20天的排练，我们基本完成了导演组预定的舞蹈内容，按照既定训练日程，我们要开始认真梳理每一个动作，以达到整齐划一和特色鲜明的要求。然而，事情总是不会按照预定的线路发展。上级指挥部最新指示，表演要突出"自由、生动、欢愉、活泼"。这意味着我们的舞蹈动作要进行大范围的调整，三分之二的动作要进行删改，伴随而来的是学习新动作和阵型变换。训练中期，进行这样的大调整，我们还能按照预定要求按时完成所有舞蹈学习吗？本就有些倦怠的同学能接受这种调整吗？我的心中充满了疑惑。直到有一天，第4章的舞蹈中，我注意到我右前方汗水打湿衣衫的背影，他动作"浮夸"，每一个动作都表演到位，态度认真。我突然觉得自己羞愧难当，面临舞蹈调整，正是需要老师带好头的时候，我居然对此心存怀疑，甚至训练时偶尔偷懒。我应该向这个背影学习，学习他的精神，学习他的态度。

　　丰盛的9月，有风雨里的台头小学和通火通明的阅兵村。9月，训练进入了最后的冲刺阶段，我们需要在夜间前往台头小学进行区块合练，有一次训练后突然下起大雨，雨点像子弹一样落在训练场上沙沙作响，同学们统一穿上指挥部准备的雨衣，雨水打湿了脸庞，顺着雨衣浸入裤腿和鞋子，即使这样我们依然坚定地等待指令有序离场，这高度的纪律性体现的正是北林学子的良好素质，这夜的风雨更是新时代青年未来承担民族复兴使命最有力的见证。随着"期末考试"临近，我们的合练转移到了阅兵村，从下午落日余晖的"行军"到了月上枝头的"彩排"，我们迎来总指挥对我们的第一次检验，当所有的志愿者穿上各式演出服，当《歌唱祖国》这首熟悉的歌曲再次唱响时，我看见整条街道闪烁起来，浩瀚的灯光海洋，激情的舞蹈震撼了我。突然我的泪水涌向了眼眶，曾经最熟悉的歌曲不敢唱出声音，害怕发出的声音会哽咽，这一刻我为自己是中国人而感动自豪。

　　经历了3个月的训练，10月1日晚上，我们迎来了最后的演出，当绚烂的礼花照亮天安门，当背景音乐响起，我和同学们用最热烈、最真挚的感情，舞出一个孩子对母亲最真挚的生日祝福。当顺利完成了2小时的舞蹈动作，我们欢呼着，跳跃着奔向天安门的方向，这一刻，我感觉到母亲的心跳，她召唤着我们，和我们的脉搏一起奔涌，和我们的血液一起流淌，流向滔滔奔流长江黄河，流向蜿蜒盘旋的万里长城，流向浩瀚无垠的广袤夜空。

我们的力量

广场合唱志愿者 女低音中队 戴旻

我想不只是我，没有多少人能够想象，自己有一天能够站在天安门广场、站在亿万观众面前歌唱。在国庆活动那几个凌晨起床训练、通宵彩排的日子里，我总会想，是什么样的力量，让我们能够站在那样一个地方，感受祖国的心跳？

我们保密训练了3个月，最亲的亲属也不知道我们究竟要唱什么。也有不少人怀疑过，我们是否真的能接到如此核心而重要的任务。然而，我们真的完成了18首歌曲背唱，一丝不苟，情感丰盈，骄傲地用专业的歌喉向全世界展示新时代中国青年的青春之声。哪怕我们总是第一个到达广场，最后一个离开；哪怕我们已经通宵等候了10个小时；哪怕我们已经在上午的烈日下，坚守了4个小时有余。这就是我们的力量，坚持的力量。

国庆当天，平常车水马龙的十里长街，回荡着解放军们嘹亮的口号，游行群众激昂的呐喊，观礼观众兴奋的欢呼。而我们却能够在如此嘈杂的环境中，唱出已经烂熟于心的首首歌曲。体质弱、体能差的同学用军人的标准严格要求自己，纠正站姿，努力提高体能。歌唱基础薄弱的同学用专业院校的标准要求自己，提高水平，不断练习。结束白天的学习，凌晨出发，通宵达旦，但总是保持着最好的歌唱状态。这就是我们的力量，超越自己的力量。

在我们的队伍里，有的人感冒严重，活动前一天拉着那位让她休息的随队医生的手说："不行啊医生！我还要去天安门唱歌呢！还有没有别的办法？"还有人，白天学习压力繁重，而凌晨出发搬运物资中却总有他的身影；还有人明明结束了考研顺利完成了毕业，在这个假期却一天都没有回过家乡；带队的老师刚刚新婚燕尔，却总是在一个又一个凌晨默默离开家……我们为这一次任务而付出，我们光荣且幸福，我们希望站上那个舞台，挥洒自己对祖国最美好的依恋。这就是我们的力量，渴望为祖国奉献的力量。

　　开始排练以来，学校的澡堂开放时间延长了；食堂的营业时间，永远以我们归来的时间为准；统一发放的训练衣物，舒服透气；宿舍楼里公用的吹风机，仅仅因为长头发的女孩子一句"要是吹风机也能延长使用时间就好了"，也根据我们训练的时间做出了调整；在假期长时间的离家，家人总是理解地说"好好训练，我们在家，在电视上看着你"；训练归来的路途上，总有停下脚步的行人冲我们兴奋地招手。这也是我们的力量，是我们身后所有为圆满完成此次任务而支持我们的人给予我们的力量。最终站在广场高歌的只有我们几人，但我们身后，有来自学校、亲人、朋友甚至是陌生人的无尽能量！

　　只有真正站在天安门前，面对着国家最高领导人、面对着现场和电视机前万千人民的那一刻，才能真真切切地感受到我们身上这些力量的集中爆发。演唱庆祝大会的最后一首歌曲《歌唱祖国》时，已经是我们体力的极限。训练时总是唱不完整的我们，在十一当天却自发地高唱了一遍又一遍，好像有用不完的力气。"歌唱我们亲爱的祖国，从今走向繁荣富强！"3000名广场合唱志愿者和身后千千万万人的力量，最终在这里融合、汇聚，汇成了对祖国母亲无尽的爱。

　　10月1日，万众瞩目的长安街上，战斗机呼啸着划过天空，坦克震颤着开过大地，重型武器威武地向世人展示中国的强大。百面鲜红的战旗伴着军乐团雄壮的《钢铁洪流进行曲》向世界骄傲地伸展开来。正是有一代又一代的青年前赴后继，将青春奉献祖国，才有了如今新时代滚滚向前的洪流。习近平总书记曾说："一代人有一代人的使命，一代人有一代人的担当。"我们能在短短的3个月时间中，坚持做好同一件事，勇于突破自我极限，凝聚万千力量，也定能在未来的人生路途中，投身于国家建设的伟大实践中，不负我们这一代青年的光荣使命！

　　我们唱响的，是新中国成立70年之际永不消逝的青春之歌，是一代青年对伟大祖国、对未来最忠诚的诺言！

此生无悔入华夏

观礼志愿者 观礼中队 李星洁

我很荣幸作为一名观礼台志愿者参与本次新中国成立七十周年庆典活动，十一假期虽已过去但那天的盛景令人难以忘却。

记得当初招募志愿者的一切都是秘密的，大家都不知道我们这类志愿者具体是做什么工作，在学院招募时，我没有过多地考虑自己的时间问题，就毅然向学院报名，因为我迫切地想加入其中，为国庆庆典贡献出自己的一份力量。这不仅仅是我作为一名预备党员应有的素养，更是对青年服务社会号召的强烈响应。

报名过后的我就陷入深深的喜悦与激动中，还盼望着能够近距离看到阅兵仪式。可经过一次培训后我知晓到我的岗位是在高高的观礼台背后，这使我心中产生了落差，心中难免有一些失望，但是我明白我们的工作虽然微不足道但是不可或缺的一部分。记得当天凌晨我们乘着双闪大巴，一路畅通直达前门。一路上我看到彻夜执勤的警察和部分已经就位的远端红色衣服的志愿者，他们也何尝不是在远端默默地为此次活动的圆满完成提供有力保障？我想我们都是不可或缺的！

记得那天的我们都神采奕奕，安检过后，按照既定任务我们井然有序地领取物资，迅速进入我们志愿者的角色进行西区观礼台饮水点的布置工作。与此同时，天安门广场上的布置工作也已经就绪，拂晓中阅兵队伍也都集结完毕，喊着响亮的口号在进行最后的练习。在现场工作的还有各位媒体负责人员、安保人员、保洁人员和工人叔叔们，还有那些劳累一晚倚靠着栏杆小憩着的技术工人们。

在明确的工作任务分配下，我们配合得相当默契，各司其职迎来了一波又一波的观众们。在水站服务的轮岗期间我们还承担了观礼台方位的指引工作，一见到那些拿着邀请函脸上布满迷茫神情的观众，就立即主动上前进行指引。服务的同时我们收获了满满的成就感。我们的水杯摆放整齐，就像那些阅兵方阵一样，不管从哪个位置看都是一条直线，由此引来了群众们的称赞和拍照，其间我们水站服务组的同学还有幸受到付国豪记者的采访。

  透过高高的观礼台缝隙，我们可以依稀看到行走的方阵，听着整齐、铿锵有力而又震撼人心的脚步声，看到起身为受阅官兵、老兵花车鼓掌欢呼的观众们。虽然不能看到全貌，但我们都被这激动人心的氛围所激励鼓舞，让我们瞬时褪去了熬夜准备以及搬物资的疲惫。

  在高高的观礼台背后的我们并没有像方阵、广场联欢志愿者那样担当重任，但我们也在平凡的岗位上，做了些力所能及的事情。虽然我们在长时间的站立与工作下很累，但每当看到脸上洋溢着笑容向我们道谢的观众、医务人员、媒体工作人员以及辛劳工作的技术工人们，我们的疲倦就会消去，因为我们的工作得到了大家的认可，我们的价值也得以体现。

  归功于祖国这些年来在经济、军事、文化等领域中取得的突飞猛进的发展，人民生活水平才得以大幅提高。我们这一代人更是被称为含着金汤匙长大的一代，祖国为我们创造了良好的学习、生活环境，能为国庆活动贡献自己一点绵薄之力，我感到十分荣幸，一生一次，一世光荣！此生无悔入华夏，强国路上我们在！

记国庆活动，强民族精神

群众游行志愿者 第四中队 黄若婷

"第三十方阵，前进！""一！二！三！四！"那一刻，有多少人泪目，又有多少人为确保表演顺利神经紧绷着。"祖国万岁！""祖国！""万岁！"那一声声歇斯底里的呐喊是我们从心中迸发的喜悦与感动。我们欢愉着，蹦跳着向全国人民分享我们的幸福与荣耀。60厘米的每一步，60秒的每一秒，我们一生铭记。

70年斗转星移，70载大江东去，中国实现了从站起来，到富起来，再到强起来。这70年的砥砺奋进是中华民族共同书写的奋斗史诗。我们是新时代的青年，用激昂青春坚定远大理想，一同见证中华民族的伟大复兴。我们是新时代的青年，用青春力量展现青年担当，一起成为祖国未来的先锋力量。昂首阔步，坚定走出中华民族复兴的足印。感恩时代，让我们一同用歌声，唱响祖国万岁，向祖国报到。我们在如画北林里热血沸腾地歌唱祖国，我们在出征战鼓声中庄严宣誓！我们都是一个个满腔爱国情怀的热血青年，为展现北林学子优秀的风貌加油鼓劲！

阅兵村，令人印象深刻的是训练场地上画着的一条条75厘米的等距线。它让我明白阅兵场上中国人民解放军的气势从何而来，也激励着我努力认真地完成我们的任务。时间越来越近，心情也不由自主地激动着，咬紧牙关的坚持早就变成了努力完成任务的使命。

良乡机场凌晨的跑道上红的黄的双闪有节奏地闪烁着，似那夜空中的群星，将疲惫一扫而光。当我看到太阳升起的时候，看了看身边的同学老师，我想到毛主席曾经说过："年轻人朝气蓬勃，正在兴旺时期，好像早晨八九点钟的太阳。希望寄托在你们身上！"我们一起经历了很多次的训练，不断磨合克服困难，如今我们也是一起看过良乡机场美丽日出的一群伙伴了。放弃不难，但坚持一定很酷。

  大合练，那一生可能再也不会到达的地方也留下了令我难以忘怀的回忆。那天经历过无数阳光日晒的我们迎来了第一次倾盆暴雨，大而密的雨滴打在薄薄的雨衣上，很快我们雨衣破的破，漏的漏，我们的心也随着雨越来越躁动。直到听到第二十九方阵在雨中呐喊的声音，我们才渐渐安稳下来，升起了一股不甘居于下风的热情。于是，彩车的工作人员们冒着大雨互帮互助组装着彩车，摄影组的同学也不惧大雨为我们记录下训练的一幕幕。都说在难处才见真情，我看到一个个北林的同学从避雨的棚子里走出去，走到雨里去，去帮着组装彩车；我看到老师把自己的雨衣给同学穿着，自己只带了一顶帽子在雨里工作；我看到行进路上一步步毫不犹豫踏进水坑里的步伐，听到愈喊愈烈的口号。第三十方阵的所有人都永不言弃地努力着！

  每一个合练的清晨，保障人员的辛勤，保证学习工作的早餐、单词、运动打卡，每日的天气提醒、箴言、贴心小提示，都体现着老师和同学们的用心，1000多人一起为了同一个目标去努力真的很棒。

  第一次合练，集合路上的日出与祖国的大好河山，让身为北林学子的我更加坚定好好训练的决心。第一次见到门头沟群众的精神力量使我深受震撼，第一次感受到第三十方阵团结的力量。第一次的磨合也十分不容易，我们在一起为同一个目标努力。

  暴雨倾盆，骄阳似火，凌晨夜幕，清晨曙光，见证着我们的汗水与奋斗，见证着我们深深的情意，更见证着中国的飞速发展。70年辉煌对中国近代历史而言是一个感叹号，对民族复兴伟业而言则是一个逗号。鲁迅先生说过："我们从古以来就有埋头苦干的人，有拼命硬干的人，有为民请命的人，有舍身求法的人——这就是中国的脊梁。"当代中国一路跋山涉水的历史，就是一部中国人民的英雄史、精神史。

  今后路上，我相信见过70华诞曙光的北林学子将带着这荣耀，担起绿水青山的使命，走出我们大有可为的新时代。

我们将为祖国的未来而奋斗

广场合唱志愿者 男低音中队 常嘉琦

"今天是你的生日,我的中国。"

随着天安门广场上响起的那一声稚嫩的童音,庆祝中华人民共和国成立70周年群众联欢游行开始了……

我对国庆阅兵仪式最早的记忆要追溯到2009年,那年我和家人一起来到了北京,伴着循环播放的《爱我中华》,我兴奋地问妈妈,什么时候我也能来参加一次国庆呀!妈妈说,长大了等下一次你就来啦!或许在那时祖国便在我的人生道路上种下了一颗神奇的种子,当年游玩光顾过的餐厅,竟是北林南门外的小馆子,而我也最终来到了曾经"来到"过的北林。

第一次听到关于70周年国庆阅兵的消息,是在2019年上半年的一次合唱团团训后,当时老团长阿拉萨说这是10月份的一次重大活动,希望我们踊跃参加。当时得知这个消息之后,我也没有想太多,便直接报了名。而在之后一次次的参与确认以及对参与人员的严格筛选后,我才意识到,我真正地参与到国庆阅兵这个重大的活动中来了,这并不是一次简单的志愿活动,而是一项必须要做到、做好的任务。在活动过程中,我们经历了暑假的排练和合练以及指挥下校指导训练。第一次,我发现放下手机的时光也能过得如此之快,第一次,我发现身边的每一个人,都是那么的友善与温暖。现在回想起来,可能这便是让我们互相了解,让我们感受身边的美好与温暖的时刻。

记得在中国传媒大学合练的那一天,天气并不晴朗,在排练了几首歌之后,突然下起了雨。歌才唱至半程,我本以为场面会非常混乱,然而出乎我的意料,每个人都十分有默契地继续唱下去,在唱完那首歌以后,大家也没有一窝蜂地冲向休息区,而是继续按照指挥挨个学校撤离。那一刻,我们几十所学校的几千名同学的心,才真正熔铸为一个整体,一起为这重要的场面做着自己的努力。

　　训练的后半程，其实早已没有了太多技术上的要求，对合唱团的同学来说，更多的是对精力体力的考验。每天不仅要上课，还有其他活动的安排，而外出的合练也都是半夜出发，次日下午才能返校。可令人惊叹的是，并没有人因此而抱怨，更没有人因此而选择退出。每个人都有不同的事情要处理，可当这些事情与国庆的演练冲突时，大家都会安排好其他事情为排练让路。这或许就是人们常说的，没有做不到，只有想做与不想做。你难以想象几万人在空间并不大的阅兵村能有序地进行彩排，更难以想象这些人能每一次都以高亢的热情去完成自己部分的表演，我们的国家在困难面前也是这样一次一次地勇往直前，不断强大起来。活动当天的盛况是排练时所不能达到的，我对祖国母亲的爱也越来越深。一个民族，一个国家兴旺发达，或许就要靠一代又一代人对其深深的认同与热爱。而我们这些能够有幸为全国人民、乃至世界人民唱响中华之音的大学生们，更是肩负重任，也定会为祖国的未来而奋斗！

国庆阅兵，我是志愿者

观礼志愿者 观礼中队 李梓仪

凌晨3点，从床上爬起来，看了看宿舍，早已空无一人——方阵的同学早已在几个小时之前出发了。慢慢地走去洗漱，看到了那熟悉的蓝色服装。当然，熟悉的不仅是服装，还有略显疲惫却又充满期待的眼神。确认过眼神，我们都是70周年阅兵活动的志愿者。

冷风吹过，不由得穿上外套，定睛细看，天安门广场上那些之前被脚手架围起的建筑露出真身，每个人都在忙碌着，却又有条不紊。天安门广场比平时寂静了许多，只有窸窸窣窣的脚步声和无线电台里快速的指令，这一切都表明着一场盛会将在几小时之后呈现，而我将有幸亲身经历，现场感受，并付出自己的一点努力。我加快脚步跟上队伍。

领取指引牌和物资，走到工作区域准备上岗，这一切都和之前演练过的一样，唯一不同的是，随着时间的临近，心情更加激动。我的工作是站在观礼台口，举引导牌引导观礼嘉宾及时正确地走上观礼台。工作并不复杂，但亲身参与新中国成立70周年庆祝大会这件事本身使得这份工作变得神圣起来。当然现场除我们之外，还有很多志愿者，他们分布在饮水点、厕所、观礼台等各个区域，还有的在远端的地铁站等地方坚守自己的岗位，为祖国母亲庆生。

10点到，56门礼炮鸣放70响炮声，国旗护卫队护送国旗缓缓升起，70周年阅兵正式开始。看着由三军仪仗队打头阵走来的徒步方阵和满是国之重器的装备方阵，心情不由得激动起来，70年的不懈努力，几代人的艰苦奋斗，使中国重新回到世界前列。一阵轰鸣，抬头望去，空中编队从长安街上空飞过，歼20、直20、新一代预警机等装备相继亮相，随之起飞的还有每个中国人激动的心。

离场之时，我们志愿者重新上岗，指引观礼嘉宾撤场，可以清晰地看到每个人的脸上都满是自豪和激动。志愿工作结束，我们要赶到东单地铁站乘志愿者专列返回学校。在途中看到天安门广场的临时建筑和观礼台等在迅速地被拆除清理。

诚然，志愿者工作虽然没有方阵训练同学那么辛苦，但连续4个多小时的站立引导，凌晨奔赴现场彩排、准备等，我们也在这次活动过中留下了自己的努力。我曾在长安街的路边昏昏睡去，我也曾在东单地铁站的楼梯上等待着首班车运行。但最重要的是，我感受到了不断强大的中国，感受到了中华民族伟大复兴的大业正在一步步地实现，当然，这也使我更加钦佩一辈辈建设者的努力与坚持。

70年来，我们跨越各种艰难险阻，一步步向前，造就了如今的盛世。诚然，我们还有许多方面需要继续追赶，但我相信一切都不会太远，中华民族的伟大复兴就在前方。

我和我的祖国

群众游行志愿者 第二十九中队 司天宇

"我和我的祖国，一刻也不能分割，无论我走到哪里，都留下一首赞歌……"熟悉的旋律在耳边回响，难忘的记忆将永远铭记。自参加国庆70周年大型志愿活动已经有些日子，现在回想起来，我还清晰地记得走过天安门时的兴奋、荣幸和自豪。这是我一生中做过最正确的事情——在年轻的时候，作为新时代青年，向祖国报到。

正值七月酷暑，朝气蓬勃的北林学子汇聚在操场上，带着满腔热血和对祖国的热忱开启了向祖国报到的征程。我作为千万爱国学子之一，也积极投入伟大祖国的建设中。百天如一日，即便骄阳烈日下挥洒汗水，我们也没有退缩和放弃。

列队行进是枯燥的。摆臂，对正，集合，包夹，再加上道具动作，想要走得整齐是一项艰难的任务。为了让同学们更好地掌握行进速度，从而有整齐划一的队伍，齐步走的基础训练是每日必不可少的。烈日下，一群青年人在操场上喊着口号："一二一，一二一……"向祖国报到。

每个晚上的5公里体能训练，是我印象中较为深刻的事情。1圈2圈3圈，一直到12圈，漫长的跑道磨练我的意志。在汗流浃背的夏日的夜晚，每当我想要放弃，停下来走一走时，都能听到耳畔激昂的音乐在呼唤我向前。渐渐地，我的脚步变得轻盈起来，意志坚定起来。向祖国报到，必先强大自己的内心，坚定斗志，不认输不放弃。在长跑中，我磨练了自己的意志。当激动地跑过长安街时，那些奔跑的夜晚变成了我对祖国的爱意和感激。

训练中常有些令人感动的事。记得有一次感冒了，我难受地窝在床上，昏昏沉沉地睡去，深夜又猛然从床上爬起来，看到车长在群里发的通知："所有人00：20准时集合，不许迟到，不等人！"我脑袋昏沉，眼皮沉重地近乎睁不开。心里一直在作斗争：去还是不去？不然请假吧。我躺在床上翻来覆去。"再等等吧。"我心想。23：45，车长在群里发通知叫大家起床，手机一连串清脆的消息提示音，我拿起点开，只见群里一连串的"已起床"。我心头顿时一震，仿佛一股力量从心中涌来。这份奋斗和坚守紧紧包裹着我，我一咬牙，去！我从床上一跃而起，着装走向夜色下的车光。

青春为祖国奉献，青年勇于担当。训练时间一般在凌晨，夜间温度较低，休息时同学们相互依偎着睡在街头。看到大家蜷缩着七横八歪地睡在马路上，我想起了那些在恶劣环境下，依然坚守岗位的人。心里想，这不正是当代青年的使命和担当吗，我们不忘初心，等待着祖国的召唤。

公交车驶向长安街，一路灯火通明，身后有警车为我们护航。每个街道路口，都有警察和志愿者在坚守，他们提醒我们："紧跟队伍，注意安全。"有一次，某地铁口的灯坏了，在昏暗的月光下看不清台阶，一名志愿者一直举着手机给我们照明，嘴里还不停地说道："小心脚下！"也不知道他举了多久，也不知道是谁。那些志愿者、司机、环卫工人和警察，还有无数不知姓名的人，他们在自己的岗位默默坚守，在祖国需要的地方默默奉献。

训练的这些日夜里，坚硬起来的不仅仅是内心，还有理想和信念，以及对祖国和人民的感情。

听闻食堂叔叔阿姨深夜2点为我们准备热乎乎的早饭，看到宿管阿姨深夜还在等我们回来，国庆当天同学们热情高涨地呼喊着我爱你中国，看到国旗国徽驶过的那一刻我泪流满面。我那颗激动澎湃的爱国心早就按捺不住了。我爱我的祖国，我和我的祖国不能分割。青春为祖国奉献，无论风雨，我定会勇敢前行，道路艰难，我也绝不退缩。

两个月的训练虽然辛苦但是值得。我们走过天安门，与万万人民群众聚集在这里共同见证中国最辉煌的时刻。感谢来之不易的生活，感谢所有默默付出的人。

向祖国报到，为祖国献礼，把青春奉献给祖国，这将是我一生的荣耀，是我做过最有价值和意义的选择。我虽渺小，但我会尽自己的努力，做自己能做的事。我虽渺小，但我和我的祖国，一刻也不能分割。

国庆游行的那一刻是短暂的，但记忆是永恒的。《我和我的祖国》将一直伴随我前行，我和我的祖国，一刻也不能分割。我心坚定，我梦永存，努力奋斗，振我中华！

与国同庆，七十念安

群众联欢志愿者 一班 李佳航

> 从炎炎7月到凉爽初秋，一百多天的努力在长安街绽放。汗水化作力量，我们用尽力气在天安门前尽情舞蹈。自由、活泼、生动、欢愉，一张张笑脸、一声声欢呼我将永远记得！我站在长安街上，看着满天的烟火，不禁热泪盈眶……
> ——题记

直到今天，我回想起10月1日晚的长安街，心脏依然跳动得特别快。我正站在天安门脚下，我就站在长安街上，我的心跳与祖国紧紧相连！当烟花绽开的那一秒，我知道，我和这个有着几千年历史的泱泱大国，是紧紧联系着的。在这里，想将这次重大活动的感受分享给大家，以此纪念我们为祖国舞动的身影。活动开展至今，以小队长的身份参与其中，我有很多话想要讲。

记得院内活动报名刚刚开始的时候，我激动地填好了申请，怀着期待的心情交上了报名表。我从没想过，自己平日里的兴趣爱好，竟也有机会在这么重要的一天能够为祖国做些什么。后来，学院的老师推举我成为此次活动的小队长，我更下定决心要做到最好。

在走进排练厅的那一刻，我内心的不确定终于烟消云散。我知道，这里是美妙"旅程"开始的地方。看着训练厅上悬挂的横幅，训练厅门口摆放的国庆活动宣传易拉宝，我知道，自己参与的不仅仅是一次活动，更是一场战斗。它必将艰苦，必将劳累。但是，一生光荣在这里，我们积极训练，我们挥洒汗水，我们奉献青春。

果不其然，训练的过程是艰苦的。对于我来说，最难的并不是记不住动作，而是要带领好自己区域同学。由于站在第一排，我有责任要保证自己动作的准确度与标准度。大多数同学都是零基础的，因此在训练中，我不敢出一丝一毫的差错。因为一旦错了一个动作，会误导其他同学。但是我明白，这份辛苦是值得的。

我也知道，学习动作只是一个开始，不断地修改完善整个节目才是我们三个多月训练与合练的主要任务。在合练开始后，整个联欢队伍的修改愈加频繁。队形的变换与荧光棒色彩的变化是最大的难题。而我也渐渐发现同学们逐渐掌握了记忆的技巧。在队伍中，可以偶尔听见一声"变圆！""回满天星！""绿色绿色！"类似这样的信号。我很欣慰，我感受到了大家的用心和努力，感受到了我们北林学子用自己微小但不微弱的力量，在努力为祖国做些什么。

记忆最深刻的是一次校内排练，也是我们第一次拿到自己的道具——荧光棒。那次排练每位同学的状态都特别棒。有那么一瞬间我甚至真的以为自己已经站到长安街上表演！大家放声歌唱，用尽力气挥舞着荧光棒，回过神的时候已然泪流满面。最后的时刻，大家竟不约而同地将手中的荧光棒调成了绿色。我恍然明白，这是大家在悄悄诉说着对北林的热爱，对这所绿色高校、对自己学习着的绿色事业的热爱。同学们常说：与中国红相匹配的一定少不了北林绿。每一个人都将祖国与个人今后的发展紧密相连，我感受到的是绿色学子对祖国美好未来的祝福与期盼。自此，北林区块的代表颜色正式定为绿色。

当我真的站在长安街，听到"中华人民共和国成立70周年庆祝活动现在开始"时；当我看见五星红旗升起时；当我高唱着"我和我的祖国，一刻也不能分割""五星红旗迎风飘扬，胜利歌声多么响亮"时；当我看着漫天星火，高喊着"祖国万岁"时；当我完成最后一个舞蹈动作，欢呼雀跃时，我知道我定铭记一生，我必永生难忘。我一定将2019年10月1日的感动与激情铭记于心，在未来的学习生活中，不忘初心，勇敢前行！怀揣着对祖国的热爱，努力为祖国奋斗到八十岁！以青春的名义向祖国献礼，用欢快的舞姿为祖国庆生！我将永远热爱我的祖国！与国同庆，七十念安！

追梦寻光,不负祖国大好河山

群众游行志愿者 第二十五中队 汪文怡

山峦叠嶂,蓝海翻涌,长安街上,一幅绿水青山的画卷正徐徐展开。踏着《看山看水看中国》的板胡声,我们昂首挺胸,难抑激动的欢笑,欢呼雀跃,挥动着我们的双臂,尽情共享祖国华诞的喜悦!黄绿蓝,是我们的三原色;朱鹮、白鳍豚和蝴蝶,是绿水青山的礼物。我们的欢声笑语,观众的欢呼欣喜,在那个阳光拨开云雾的上午,随着军乐声,逐渐融为一体……

想起自己从天安门前走过的情景,仿佛还很近很近,近到轻轻一触,便能回到三十号方阵,二十五中队,我的队列中去。

炎炎7月,正值酷暑,还在参加暑假小学期的我们开始了第一次训练。从排列队形、排布点位,到踩点前进、标齐排面,一遍一遍的重复,一分一秒的灼烧,没有人轻言放弃。从训练到考核,绝大多数人没有请一次假,没有缺一次训练。白天,在操场上练习队列,夜晚,在跑道上挥洒汗水。我们的每一步,都是我们用自己的脚踏出的,我们的选择,就是我们内心的写照。

还记得良乡机场的集训,空旷的机场上,各种各样的色彩涌动,那是我们第一次见到其他方阵的人员。一夜未睡的我们,激动又兴奋,拿起十足的精神和干劲,争取在合练验收时达到满意的效果。一万步,两万步……我们的表现,不负众望,不负自己,果然一举取得了验收第三名的好成绩!由于椭圆形方阵和手部动作的连续性及特殊性,我们方阵训练的难度加大,无法拆分单独排练,从一开始就必须合练。身为北林学子的我们,和绿水青山门头沟的各界群众们齐心协力,本着一条心,每个人都尽自己最大的努力,用自己的行动为祖国献礼。

日晒雨淋,通宵达旦,嘴上说着辛苦,心里还是甜甜的滋味。合练那次记忆犹新的大雨,也没有浇灭我们的信念。"一遍过,不回头"的士气,振奋鼓舞着每个人。回到学校后，看到食堂为我们准备的祛寒的姜汤还冒着腾腾的热气，内心既感动又欣慰，感叹此行不负追梦者，我辈仍是赶路人。

阅兵村的合练，更是让我们对国庆盛典充满期待。一直到真正走上长安街的九月彩排，我们才提前切身感受到举国欢庆的氛围。脚上的血泡，不足以阻挡前行的路。累了，就席地而坐；醒了，就起身看看月亮，看看日出。每一分每一秒被等待无限放大的同时，也被我们珍藏进了各自的记忆。

一个又一个熟悉的笑脸，似曾相识的欢笑，我们的欢呼声，我们的跳动，都是一分一秒的积累与三个月努力的爆发！七十盛典，永生难忘！

"当当当……"音乐声响起，我们三个月的努力，成了一生的记忆。我们的齐心协力，为世界献上了绿水青山的美丽画卷。同心才能共筑中国梦，此时此刻，每一个北林学子，都在用自己的方式，追梦寻光，向着绿水青山的愿景出发，向着美好生活的中国梦前进！我和我的祖国，一刻也不能分割！我们永远深爱着祖国，爱着这片土地，爱着这万千绿水青山！

绿水青山追梦路　不负韶华青年行

群众游行志愿者　第十四中队　刘昊

我是北京林业大学一名大三的本科生，同时也是第三十方阵的一名队员。

在国庆庆祝活动中，我全身心地投入每一次训练中，积极参与，享受和同学们一起流汗、一起达成目标的喜悦，这样的经历让我的这个夏天倍感充实。而除此之外，我还有着另一份让我备感自豪的责任——负责统筹协调方阵宣传组的整体工作。

如何把整个训练过程翔实地拍摄下来，如何记录同学们的成长、发现有温度的故事，如何展现出同学们的训练成果、不遗漏任何一处精彩……这是在接到任务后，我每天思索的事情。每天早起整理设备，携带近10斤重的设备往返训练场；实时调度每台机器的位置，为组员们提供拍摄技术、内容上的指导；在活动拍摄时为了不影响观众的视线，举着相机半蹲在太阳下，咬着牙坚持下来，即使双腿因为发麻而颤抖也还能保证双手纹丝不动——大家戏称我是"人形三脚架"……我绝对不是训练场上最辛苦的，我只希望多努力一些，做到让大家满意、放心。

"相机不离手，问题不过夜。"这是我告诉宣传组每一位成员的话，同时也是我对自己的要求。为了给所有参与训练的同学们留下一份纪念，我所带领的宣传组决定为每一位同学拍摄两张照片——一张"正经"的全身照和一张"活泼"的半身照。拍两张照片，这事听上去简单，但实际操作起来却困难重重。首先是时间问题。为了不影响训练，宣传组把拍摄时间放在了休息时段。一千多人就要拍摄两千多张照片，只设置一个拍照点是远远不够的。通过无数次对比、试验，宣传组最终设置了三个拍照点同时工作，并培训了数名工作人员，确保每一张照片呈现出来的光影、取景效果一模一样。其次，人员的安排也很有讲究。不能遗漏任何一名同学，无论是正式队员还是替补队员；也不能占用同学们太多的休息时间。在这种情况下，我和宣传组成员们是一上午训练、拍摄连轴转，尽可能地不喝水，以免上厕所的时间耽误了拍摄进度。最终通过我们的不断研究、努力，把拍摄一张照片、转动一次镜头的时间精确到秒，在短短五天、不到十次的休息时段内，圆满完成了所有同学的留念照拍摄。

我知道我手里握着的，是这训练场上无数个青春洋溢的少男少女的闪光时刻——不管训练有多辛苦，一旦看到镜头，他们会立马呈现出热情洋溢的笑脸；他们会在拉歌唱到"我爱你中国"时就不自觉流下热泪；他们会在凌晨集结时，看着训练场远方的黎明互相激动拥抱……我至今难忘那次训练时的瓢泼大雨，为了保护机器，我要求所有宣传组成员先把自己的雨衣留给相机。沿途队列里的同学们看见宣传组成员淋湿的头发、衣衫，都纷纷拿出自己的雨衣、帽子送给我和宣传组的成员们。那时的我们，身体已被雨水浸透，内心却温暖，甚至炙热。因为我的左胸一直带着一枚党徽，我每时每刻都感觉他不只是在代表自己，我的肩上有着国家对我的期望，有着我对人民的担当。

除了方阵训练和现场工作，我还负责宣传资料的整理和保密工作。每天拍摄了大量素材，如果不能及时整理，就会为后期宣传造成障碍。还记得连续训练的那几周，我每天白天组织拍摄，下午一人守着电脑整理素材。整理素材的设备要断网，一下午在电脑前翻翻看看，仿佛在过电影一般。看到一张张精彩的照片、一幕幕振奋的画面，我的内心最初是激动，而后是温暖、留恋。

有一次，宣传组的一位同学在训练场上随机采访，正巧碰到了我。这位同学顺势问我——你心中的绿水青山是什么样的？我说，我心中的绿水青山，是"客路青山外，行舟绿水前"，是"桃花尽日随流水"，是"积雪浮云端"；它是无论城市还是乡村，眼前都一片透亮，空气都一片清新；它是生态文明的象征，是每个人心灵的寄托。

绿水青山追梦路，不负韶华青年行。我在国庆庆祝活动中，发挥党员的先锋模范作用，做好一名参与者、服务者、创作者、奉献者，并将这份热情带入以后的工作、学习、生活中，全力以赴为实现中国梦添砖加瓦，这就是我心中的"不负青春、不负时代"。

既幸生逢其时，必当躬逢其盛

观礼志愿者 观礼中队 张欣栾

在祖国成立70周年华诞的庆祝大会上，我非常荣幸可以作为志愿者参与其中，并且作为我校观礼台志愿者的副领队参与前期的招募、培训，承担团队的信息传达、收集和整理等任务。在大会现场，我没有固定的服务位点，但是需要随时走动来保证我校所有的岗位都可以按照上级要求实现万无一失。

正式活动当天，我们定的集合时间是凌晨3点40分，在这个困意最浓厚、深度好睡眠的时刻，能不能按时完成全部人员的集结便成了我们的一个考验。非常感动的是3点20分，集合处已经出现了大部分的志愿者，3点30分我们全部人员均已经上车，无一人掉队。志愿者们无论是出于崇高的集体荣誉感，还是对白天活动的热切期待，都令我感受到观礼台志愿者们团结在一起的凝聚力以及为我校服务新中国成立70周年庆祝大会任务交上一份完美答卷的决心。

我一共参加了两次庆祝大会演练，演练时间都在凌晨。凌晨的长安街非常冷，每一位志愿者都要在大会开始之前，忍受着寒冷与困意，连续站立三个半小时，引导观礼台的嘉宾就座。在大会开始之后，才可以稍微休息一会。但是当深夜0点30分，天安门广场准时奏响音乐时，在心中涌起的一股民族自豪感冲散了那个夜晚所有的不适，当晚没有解说，不知道那些武器装备有多厉害，只知道它源源不断地停满了整个东长安街。

从开始招募志愿者到正式上岗的几个月间，我们数不清参加过多少大会小会，分发过多少份物资，见过凌晨1点的天安门广场，睡过深夜2点的长安街，等待过凌晨五点的东单地铁站，经历过那些只有日月才知道的事，会怀疑会疲惫，但这些疲惫都在10月1日当天，万人广场上响起磅礴的国歌时，一扫而空。看着源源不断的装备方队从面前驶过，看到大家在老兵的彩车临近时自发地起立鼓掌,看到嘉宾控制不住自己的心情,在观礼台上振臂高呼"祖国万岁"以及大会结束后68个人都圆满地完成了自己的国庆70周年服务任务,才真切感受到每一环节的紧紧相扣,大家的共同努力使得今天的庆祝大会完美地呈现在世界各国人民面前。

  非常荣幸能够见证祖国的荣光时刻,我们这代青年人也在新中国成长历程中拥抱这片崭新的土地,对出生在这片和平的国土上,感到十分踏实与自豪。祖国在它艰难前行的路上永远没有放弃点滴的希望,我们这代青年人生逢其时,重任在肩,也必将在祖国变得更加强大美丽的路上贡献自己的青春力量。

一生一次，一生荣耀

群众游行志愿者 第十六中队 黄家晨

一个人的生命应当这样度过：回首往事时，不因虚度年华而悔恨，也不因碌碌无为而羞愧。如果青春能为祖国奉献，那一定是值得铭记终生的人生体验。最初得知国庆重大活动的时候，我纠结了好久，七月到九月整整三个月的时间都有可能用来训练，不仅失去了美好的暑假时光——实习机会，陪伴家人，考驾照的时间等，更有可能会耽误九月的大三课程。和父母聊过之后，我得到了他们的极大支持："陪我们可以再找时间，学习也可以自己补上，但是像七十周年这样的庆典错过就很难有下次了！"

我毫不犹豫地填写了报名表。活动的报名有志愿者，有走方阵，走方阵更苦更累且时间更长，但是我内心一直坚定着：我要从天安门前走过！从七月八号的开训仪式起，我就一天天期待着，憧憬着。训练很累是真的，白天烈日炎炎，一遍又一遍重复着齐步行进和手势动作，晚上大汗淋漓在北林的操场上跑了一圈又一圈，为了可以在庆典当天有更好的状态，几乎所有的体能训练，我都坚持了下来。曾经跑十圈对我来说简直是噩梦，但是现在我偶尔还会拿跑十圈来开开玩笑，因为训练带给我的，不止是一个健康的体魄，还有可以坚持到最后的耐心。

八月和九月都是难熬的，我的生物钟被打乱。已经记不清的深夜出发凌晨归来，又或是凌晨出发下午归来……从门头沟到良乡机场，从阅兵村到长安街，除了我们自己，没有人知道，那些本应该休息的时间里，我们付出了哪些努力——在雨里就算穿上雨衣也会全身湿透，在沙尘中就算无法睁眼仍然坚持行进，训练完毕后凌晨五点回到寝室因为太困太累倒头就睡，这些困难我们以前从未经历过，但全都坚持了下来。

在我们日常训练的背后，还有人比我们更加辛苦，比如每个中队的后勤保障人员以及中队长,他们每天都比我们休息时间少,而且管理着整个中队的签到和物资,在我们都集合完毕并且拿到食物和水之后,他们才开始吃饭。还有在背后默默付出的工作人员,食堂师傅们为了让我们吃好吃饱,凌晨三点就开始工作,把冰凉的餐包换成了温暖营养的热乎饭菜。有一次雨天训练,还为我们准备了温暖的姜汤。站在指挥台上的指导老师们也是全程参与我们的训练,不仅和我们一样站在烈日炎炎下挥洒汗水,在我们的休息时间,他们还经常开会商议我们的队形及动作,为的是让我们可以更快更好地理解和掌握动作要领。

也许我会永远记得,我们曾睡过长安街,走过长安街,甚至和大家坐在一起啃着肉饼、面包、榨菜和士力架,喝着酸奶和矿泉水。那一个个有点凉意的夜晚,就连平时不入眼的榨菜也变得格外美味。不能携带任何物品的我们,与外界失去联系的我们,只能和身边的小伙伴聊聊天、唱唱歌、抱团取暖。离正式演练越近,我们等待的时间就越长,因为参会人数众多,必须重重安检。我不后悔有一次因为躺在地面上而着凉了好久,因为,那可能是值得永远怀念的人生体验——一大群人,在吃饱喝足之后,就躺在大街上,枕着矿泉水瓶,盖着外套,矿泉水瓶被压得嘎吱作响,旁边是大家吃剩的餐包垃圾,还可以闻到榨菜透来的阵阵味道……

在临近庆典的时候,我还是一周的满课,就算是庆月三十日那天,白天还是得坚持听课,接着十月一日凌晨一点就集合出发了。还记得一个细节,标兵就位的时候,已经是上午九点左右,兵哥哥们已经陆陆续续上了车,我们也可以站到路旁迎接彩车,与我们隔街而望的车上的两名兵哥哥一直在互相整理对方的头盔和衣领,非常严谨细致,车子下面还有一名兵哥哥在看他们有没有整理,是不是整齐……

就算是需要熬过漫长的等待和寒凉的夜晚,在真正见到习总书记阅兵经过的时候,在经过重重镜头看到天安门的那一刻,所有内心的情感都以眼泪的方式迸发而出,所有的欢呼都是发自真诚的内心:"祖国万岁!""生日快乐!""祖国我爱你!"……当能近距离地目睹兵哥哥和新型武器,当祖国的强大和繁荣都展示在眼前,当演练结束之后无数的人们和我们招手击掌,我无比感谢之前的自己,这镌刻在我生命里的一百天,一切的一切都值得。此生无悔入华夏,来生愿在种花家!衷心祝愿祖国繁荣昌盛!一生一次,一生难忘!一生一次,一生荣耀!

青春在祖国的心脏闪耀

群众游行志愿者 第十二中队 高永康

我生逢其时，有幸能在20岁的年纪遇见70岁的祖国。作为一名大四的学生，6月份游行启动报名，在身边的同学都忙着考研、找工作的时候，我毅然地选择参加群众游行活动。我工作和学习可以用接下来的一生去进行，但是在祖国70周年这一天走过天安门的机会，一生就只有这一次。

在训练中，有很多难忘的片段！印象最深的，是在门头沟那次训练！训练之余，接受宣传工作人员的采访。在采访等待的时间，有一名训练的同学晕倒在了地上，嘴也磕破了！情况比较紧急，所以需要救护车直接送到医院。当时有团委老师跟着，而我作为一名男生中队长，跟在旁边自然义无反顾！训练即将结束，同学们马上就要返回北林，这是在这的最后一天，后续还有物资发放、回收等一系列的事情。在救护车上，我一只手扶着受伤同学的担架保持平稳，另一只手用手机联系我中队的辅导员和小队长安排后续工作。到门头沟医院后得知要转到北医三院，回学校匆匆吃了口午饭，拿到受伤同学的证件后便赶往医院。整个下午，忍着劳累和疲惫，从急诊到口腔科：挂号、抽血、检验、候诊、缴费等，调侃说"自己熟悉了北医三院所有的看病流程"。事后了解到，这位同学是来自信息学院的第十六中队的同学，而我来自经管学院第十二中队！原本没有交集的两个人，因为这次活动，我们有了交集，只是因为身份和责任。

训练是苦的，但回忆是甜的！在这过程中，作为中队长有许许多多温存的记忆。中队里男生不多，有女生会积极地跟着搬物资；有同学身体不舒服，我发现后也会跟我说没事儿，坚持训练；训练之余大家一起谈天说地，不顾形象地开怀大笑；凌晨集结的时候很冷很冷，大家会坐在一起抱团取暖；走在长安街上，兵哥哥兵姐姐向我们招手、竖大拇指；那些满载荣誉的老前辈们，就在我们的胡同里和我们亲切地打招呼；还认识了门头沟的同志们，从相识到熟络，一起谈天说地。而这一段亲身经历的感受，是我无论如何用言语也描述不出来的。

  我们在不同的地方训练，走过风雨和烈日，看过星空与朝阳，也经历过长安街的不眠夜和璀璨霓虹，到最后走过天安门，所有的言语都显得苍白无力：最大声的呼喊，最用力的起跳，激动自豪溢于言表。走过去，把欢笑留在那里，把回忆珍藏心底，一生一次，一生荣耀，一生难忘。

  于我而言，群众游行是一次荣耀更是一次深入人心的爱国主义教育。这是真正意义上的"我愿意"，这个过程确实很累，但也是我所向往的；我们新时代的青年就是要在奉献、在担当中实现自身的价值，使命在肩、奋斗有我！在今后的日子里，我们也会更加坚定理想信念，不忘初心，勇担使命，为实现中华民族的伟大复兴不懈奋斗。

  作为中国人，看祖国70年现世安稳、海晏河清，东方之龙未来可期！

  作为青年人，此生无悔入华夏，愿把时光留给热爱，青春献给祖国！

  作为北林人，定会坚守北林"把精彩论文写在祖国大地上"的初心，使命在肩，奋斗有我。

  感恩北林：知山知水知华夏，树木树人树英才。

  感恩祖国：山河犹在，国泰民安！

100天的力量

群众游行志愿者 第十中队 蒋高

至今还记得国庆重大活动动员大会上，听着一个又一个亲历者讲述他们的故事时，我们内心的激动与憧憬。这是北林国庆活动志愿者们心中力量的最初来源之一。2019年7月，有这么一群人开始在北林聚集，为了一个目标，做好了拼尽全力的准备。

夏天是这100天的第一个标签。训练持续了3个月，从不那么炎热的7月初启程，走过盛夏8月到夏末9月，除了烈日酷暑，还会有突如其来的夏日大雨。所有人的身上都留下了训练的特殊印记，一道道晒痕是我们所有人共有的青春勋章。哪怕中暑晕倒，第一反应也是和老师说我可以坚持；哪怕晕车反应剧烈，被人扶下车，依然坚守岗位为同学们提供强有力的后勤保障；哪怕大雨降临，雨衣完全失去作用，鞋底湿透，我们依然带着灿烂的笑容走完全程。这是属于北林国庆方阵志愿者的青春盛夏，所有人都在为国庆活动拼尽全力，尽情释放着我们的光和热。

数字是这100天的第二个标签。每步60厘米，1分钟116步，是所有北林学子铭记在心的标准。大家一遍又一遍地训练着，想尽各种办法，只为了训练达标。每天下午，1000多名北林学子聚集在操场上进行严格的队列训练，任务只有简简单单的一句话，却需要我们所有人的共同努力与配合。因为我们所有人都知道，最后我们必须做到在2分46秒之内通过天安门。8圈、10圈、12圈，是所有人都难忘的操场夜跑专属。原本空旷的操场上全是我们的身影，一圈又一圈。训练任务越来越重，但大家依然保持对自己的严格要求，还有许多同学主动加练，只为了更加完美地完成国庆任务。随着训练阶段的推进，场地也不再完全固定，我们常常需要凌晨4点多起床集合，早上5点左右统一乘车去往训练场。这些都是对我们身心的双重考验。

队列不齐，我们就一遍一遍地反复训练，一点一点想尽各种办法让队伍整齐。体能不够，我们就不断加强体能训练，跑到气喘吁吁、大汗淋漓也继续咬牙坚持，一次又一次突破自己的体能极限。属于青年人的较真在训练过程中得到了充分体现，这是属于青春最可爱的倔强。

幸运是这100天的第三个标签。与那些不得不中途退出的志愿者们相比，我们无疑是幸运的。在整个训练过程中，有许多志愿者们因为各种各样的原因不得不退出方阵。看着他们流泪满面的伤心模样，我也非常难过。因为我们共同经历了那么多的训练，我太能理解他们心里的想法了。所有人都有着最单纯的念想。那就是，我们想要在国庆这天，为祖国70岁盛典献礼。我们付出汗水、努力，只为了这一个目标。

至今难忘第一次全要素彩排真正走在长安街上的感觉。黑夜中还隐藏着真实面目的武器装备，一旁训练有素的军人，已然显示出大国底气。而一个又一个花车驶过眼前时，看着花车上显示的一个又一个祖国取得的成就，自豪感油然而生，心里满满的是对国庆盛典的期待。

庆典当天的经历是这100天最美好的回报。第三十号方阵比较靠后，相对应的等候区离天安门也有较远的距离。所以我们必须仔细听，才能听得到一些从广场传来的声音。庆典开始时，远远听到国歌响起，所有人默默站起来往广场方向望去。而当载着革命先辈的花车缓缓驶过眼前，看着车上一个个白发苍苍的老人，许多人的眼泪不禁夺眶而出。看到他们望着这片土地深厚浓重的眼神，我仿佛对爱国有了更深的理解。这个国家是经历了无数苦难延绵至今的东方古国，她用她的坚韧和刻苦奋斗，在新生后的70年历程中取得了令世界惊奇的成就。我如何能不爱这个国家，不爱这片美丽的土地。

100天，所有训练的艰苦都被我们抛之脑后，我们尽力地呐喊，想要把满腔的祝福都告诉祖国母亲。终于，绿水青山方阵完美地走过了天安门前，向世界展示了中国绿色生态建设的理念。我们用我们的青春力量给祖国70周年庆典添上了浓墨重彩中独特的一笔绿色。

望着天空中一个又一个空中梯队的惊艳登场，绚丽的彩色烟带不断往远处延伸，仿佛把我们带向了更加美好的未来。我期待着80年、90年、100年……许许多多盛会时祖国母亲更加美丽强大的样子。100天的力量被完全释放，但它在我们的心中永远地留下了一颗绿色的种子，将发挥更多个100天的力量，绽放我们的青春梦想！

青春献祖国，永远爱中华

群众联欢志愿者 七班 李晓茜

不久前，网上盛传着这样一句话："世界还是那个世界，但中国已经不是那个中国……"历史总是在变革中迸发出前进的速度和力量，"中国故事"正在讲给更多人听，"中国成就"正在让更多人了解，不断赶超的"中国速度"，折射出中国勇往直前的奋进姿态。面向未来，一个开放包容、自信自强的中国，必将在深化改革开放中书写新的"中国速度"，向着伟大复兴的彼岸砥砺前行。

作为舞蹈联欢方阵中的一员，3个月以来，在242个小时的集中训练中，我做过了许多从来没做过的，甚至想都不敢想的事情。训练厅里举着荧光棒的高声合唱、跳舞时默默换成的绿色的光、围成圆时默契的欢呼跺脚、躺在小学操场看过的星空、阅兵村听到的张艺谋导演沙哑的嗓音、坐在长安街补充体力时面对的夕阳、凯迪拉克中心放的电影，这些能令我兴奋激动的回忆，用语言却怎么都描述不出那种独特的感受。这3个月以来，我睡过了每一个训练场地，跳过了人数最多的舞蹈，看过了最盛大的烟花，也在长安街上举着荧光棒欢呼、奔跑、落泪。

虽然我们不用像队列同学们一样风吹日晒，也不用像合唱同学们一样一站就是近10个小时，但我们一起送走夕阳，迎接月光；我们要在无数个相似的音乐节点记住不同的队形变换；我们也因为要一边做舞蹈动作一边进行万人大合唱而加练，只为学会唱那些歌曲。我们从第一次见面的生疏、兴奋，到放假前的欢乐，小长假后不断调整的抱怨、烦躁，再到站到天安门前的尖叫、泪水，这些种种不同的心情，现在回想起，只觉得用这个假期换这样一生难忘的经历，值了！

记得刚开学时，正在为高密度的课程安排和训练要求冲突而烦恼的我，竟然重感冒了。好在及时吃药，感冒来得快走得也快，咳嗽却一个多月都不见好转。我本想让医生给我打一针，这样也许我能快点好起来，但医生拒绝了我。我最终也没能好好解决训练与课程的冲突，我喝光了4瓶枇杷露，吃了一大堆药，都没能成功赶走咳嗽。直到表演结束回到家，才慢慢有所好转。

训练期间我有幸作为集散交通组的成员，成为车长，这就意味着我们需要比其他同学提前集合，在后勤保障同学的帮助下整理搬运物资，要提前找好车辆并放置车牌以便其他同学找到自己所在车的位置。外出训练集合都以车为单位，我们要确保车上所有同学都到齐后再出发或返程，要在途中收发同学们的手机，并且在车队行进过程中随时汇报情况。因此，我们在途中需要随时关注群内老师的通知消息，不能睡觉，还要克服偶尔出现的身体不适、晕车情况。"车长"这个特殊的身份，让我快速地认识了除我所在班外更多同样热爱祖国的、暖心又可爱的同学们。在途中收发手机，有时需要叫醒正在睡觉的同学，他们迷迷糊糊地递过手机时，一句句"谢谢""辛苦啦"，冲散了我的疲惫；车辆行进中很容易因为加减速或颠簸站不稳，这时候同学们伸出的或从后拉或从前挡住我的手，以及一声声"小心""慢点"，都让我的心头温暖无比。

我们的脸上洋溢着笑容，眼中闪烁着希望的光芒；我们的动作整齐划一，心中怀着骄傲与自豪；我们走在祖国大地上，用青春装点美丽的中国。

随着我们的长大，中国变得越来越强大，一件件大小事情，都拨动着我们爱国的心弦，一首首红色歌曲，都成为我们独特的爱国记忆。这短短的3个月，提升了我们的集体荣誉感，激发了我们更强的爱国热情。我们见证了祖国的日新月异，从强走向更强，今后，祖国一定会在我们这一代人的努力下，继续前进，最终实现伟大复兴的中国梦。

伟大的爱国者陶行知先生说过："国家是大家的，爱国是每个人的本分。"爱国，不只靠嘴上说说，我们正在用实际行动，证明我们对祖国的深沉热爱。

时刻准备向祖国报到

观礼志愿者 观礼中队 曹天俏

很少再写出这样的文字，当自己成长了，那些真情流露似乎随着稚嫩一起消散，那些随心所欲，也变成古板的刻章。但这一次，我却无论如何也抑制不住内心的情感，我要把我的所思所想，变成文字写在纸上。

我有幸，在最好的年代遇到了最爱的国，在最好的年华见证了盛大庆典。

中华人民共和国成立七十周年庆祝大会，已经深深地印在了脑海。作为观礼台志愿者班长，从八月的踏勘，到九月的演练，再到"十一"的正式上岗，这个过程充满了期待、激动、谨慎与紧张。就自己而言，我知道八月踏勘与实习冲突时取舍的艰难，也依稀记得第一次演练结束后，坐在东单地铁站台阶上入睡的确幸。就班里的志愿者而言，男生们演练结束后，困倦不堪却坚持给女生让座；女生们长久站立后低血糖，短暂休息仍坚持上岗。他们的付出与努力让人难忘。但是，我们甘于奉献，享受过程。

我有幸，在祖国母亲七十岁生日的那天，在曦光下默默守护着。那一天，我计算着时间，当远处天安门上国旗升起的时候，当钢铁洪流滚滚向前的时候，当战机撒下的彩烟飘落下来的时候，我仰望着天空，不记得脖颈和双腿的酸痛，感受着盛世中华，如今多么强大。

方阵走来时，我们挥动小旗；游行者踏过时，我们欢呼奔腾！我是渺小的，在这十四万万人之中，我的声音容易被吹散，但这又有什么关系呢？我深爱着，我相信，我之渺小，在十四亿人身后，就是震耳的呐喊与欢声。

当代青年，是乘着改革春风成长的一代，我们享受着祖国的滋养，也理应报答祖国。我们是中国未来的代名词，是值得祖国信赖的力量，只要祖国需要，我们随时向祖国报到！

我爱你，我的国。

百日斗志昂扬，百日记忆闪光

群众游行志愿者 第八中队 张颖

10月1日的那一天，1000多名北林学子走过天安门，唱着"五星红旗你是我的骄傲，五星红旗我为你自豪……你的名字比我生命更重要"，欢呼过后尽是感动的泪水，100多个日日夜夜在此刻涌上心头。

我与训练场

当我的足迹从校园操场到门头沟，从机场到阅兵村，再到长安街，最后返校，我的荣耀之旅圆满结束了，一生一次，一生荣耀，一生难忘。

休整了十几天，训练场转战到了门头沟，我从第二联队十四中队的一名普通队员变成了北林第八中队的中队长，每天要提前发餐券，要安排同学拿物资，要照顾好晕车和其他身体不适的同学，从第一次尴尬地问"你是第八中队的同学吗"，到后来也慢慢地叫出所有人的名字，还能记住他们是不是党员，住在学校哪栋楼，忽然觉得在脑海中建立了一个八中队成员的数据库，三个月的训练让我的数据库不断完善，成就了现在的自己。

如果说在门头沟的训练伴着五点钟的朝霞，那么后来到良乡机场才算是真正地见识了日出。凌晨十二点半出发，早上四五点才能下车，一排排整齐的黄色伴着初升的太阳，那是最美的风景线。

那次外出合练，下了大雨，大家穿着五彩斑斓的雨衣，头发被雨水打湿，鞋子也进了水，看着队员们一张张被雨水拍打的笑脸，我内心不由为他们竖起了大拇指。之后，一次加练去了黄沙漫天的训练场，中暑的同学喝了一支藿香正气之后毅然扛起了他的大道具参加了训练，汗珠从他的衣袖间滴落，上百数千人喊着"一二三四"，那是声音也是能量，在山谷中不断回响。

我与队员

　　刚开始，我和大家不熟悉，第一次见面从不太熟练的点名开始。从下午刚到门头沟找场地时的手忙脚乱，到带着男生跑着去领衣服领鞋子，那天下午的一切都是那么手足无措。那件很多人都不合适的白T恤使我第一次开始自责和内疚，到后来发衣服发物资看到大家每个人都领到物资，总有一种幸福感油然而生，也为那些陪我一起排队拿物资的男孩子和帮我分发物资的小队长点赞。三个月的时间让我认识了中队的每一个队员，是他们的存在让无数枯燥的夜晚变得生动有趣。

我与老师

　　三个月，我认识了一群认真有趣的老师，感谢温柔的姚老师每次都体谅队员的身体情况，感谢帅气的陆老师每次都提醒注意安全，感谢永远奔波的慧莹姐为大家解决物资，感谢可爱的思洋姐每日的训练提醒，还有为三十号方阵不停奔波劳碌的各位指挥长、训练老师和其他为大家默默奉献的人，没有老师们每次协调各项事宜，也不会有10月1日天安门前最美的三十号方阵！

我与祖国

　　还记得在誓师大会上我看着歌词蹩脚地唱着《我和我的祖国》，到后来慢慢变得烂熟于心；从前总觉得训练好枯燥，到后来却愈发珍惜训练的日子；从七月初到十月。从酷暑到初秋，我深爱这段肩负着光荣使命，被汗水与激情浸润的岁月。

　　七十载披荆斩棘，七十载风雨兼程。在祖国七十华诞的这天，用这场气势恢宏的盛典向祖国献礼，是我们艰巨而光荣的使命。我们听从指挥，遵守纪律，播撒热情，全力以赴，勇担使命，铭刻荣光，不负期望，风华绽放，以昂扬的姿态接受党和人民的检阅，以小我融入大我，用青春告白祖国！

　　100天的日子好像做梦一般，有遇阳光，有遇风雨，有些汗水，但很开心，北林第八中队，应到48人，实到48人，圆满完成任务，向祖国报到！

我与祖国共成长

群众联欢志愿者 七班 金思诺

我20岁的夏天,献给了祖国母亲的70周年。一生难忘,一生荣耀。

大二的学期末,在报名重大活动截止时间的最后一天,我终于下定了决心,参与到联欢活动的舞蹈节目中。参加了训练,就意味着假期学车、出门旅行和社会实践的计划都要推迟或是取消。但是在那一天,有一股很强的声音告诉我,一定要参与这次活动,不然我会后悔一辈子。实践也证明了这一想法的正确性,我参与了,付出了,努力了,经历了,也收获了那镌刻进我生命里的100天。

训练初期,每天高强度的5小时训练和大量需要记忆的动作,令我们的身心疲惫不堪。但是导演组的鼓舞,老师们的激励,使得500人的大团队默契愈发强烈,我们记忆动作迅速,听从指挥,受到了导演组的表扬,成为海淀的模范区块。进入8月之后,我们穿戴整齐,和海淀区块的其他小伙伴一同合练,从台头小学到阅兵村和最后的天安门。北林学子从一开始变队形时的慌乱、无序,因为路途遥远的疲惫,训练效率下降,到后来能准确记忆十几个队形、荧光棒的变化,离场时热情地与小伙伴们告别。我们随时待命,随时排练,随时做好修改动作的准备,随时拿出最好的姿态向祖国报到。我们是最优秀的北林人,我们都是为祖国奉献青春的北林学子。当我们的课程与训练冲突的时候,为了给祖国庆祝,我们选择了牺牲自己的休息时间,克服困难,坚守在用青春为祖国奉献的第一线。

为了让深夜里训练结束的我们洗上一个热水澡,管控热水的后勤人员,需要提前几个小时加班加点地提供热水,打扫卫生的阿姨也同样需要将工作时间延长到更晚。食堂里为了让我们吃饱饭的厨师们、阿姨们,需要凌晨就起床,准备食材。而在准备好我们的饭菜后还需要"连轴转"地保证学校食堂的正常经营。学校里上上下下的老师、后勤人员，都在为了训练的我们做保障。几百人到几千人、几万人，我们共同努力去做好一件事情，困难也就变得没有那么大。

深夜里灯火通明的长安街，在我们眼前绽放的最壮美的烟花，夜晚为我们开启的地铁专列，都是我在北京见过最美的风景。这是一段永生难忘的经历，能亲自参与曾经在电视上才能看到的盛大活动，使我亲身体会到我们国家强大的力量，这股力量源泉也会一直支持着我，成为我在未来努力学习、生活、工作的动力，遇到困难时强大的信仰。

正逢新学期，由于参加重大活动，我更加坚定了向党组织靠拢的决心，递交了入党申请书，也将继续一步一步学习党的章程，明确党的基本理论，在未来的学习生活中以一名中共党员的身份严格要求自己，学习马克思主义和毛泽东思想，将理论与实践结合起来，争取早日成为一名积极向上、充满正能量的优秀青年党员，用我青春最好的姿态，向祖国报到。

深爱

群众游行志愿者 第十二中队 杨姿

七月,是夜晚不停奔跑的我们,是午后烈日炎炎的炙烤。八月,是日出时漫天的霞光,是团结的集体力量。九月,是长安街上凌晨的灯光,是十万人心底共同的期待。十月一日,是嘹亮动情的千人合唱,是天安门前激动难抑的万人欢愉。

三个月的训练里,我们一起看过日出,一起淋过大雨,一起跑过五六公里,一起在初升的朝阳下整装待发,一起在沉静的夜里赏过皓月。我们抬头看过长安街一隅的点点星光,也亲眼见证过长安街十里的流光溢彩。这个夏天,十几万人有了共同的目标,十几万人有了共同的秘密。

对参与群众游行活动的我们而言,最大的考验是自身体力和远距离快步行进的抗衡。为了能够快速适应高体能的远距离行进,我们每晚在操场跑圈,三圈、五圈、八圈、十二圈,现在看起来似乎只是简简单单的数字,却填满了我们的回忆。但我们也从来都不是自己在战斗,我们的身后有每天早上两点为我们准备早餐的食堂师傅,有着凌晨待命的司机师傅,有负责清点物资的后勤人员,有时时刻刻关心我们的领导和老师。还记得暑假在学校训练的时候,学校每天都为我们准备淡盐水和绿豆汤,时不时还会有冰镇酸奶惊喜出现,小扇子、花露水、帽子、小马扎……不论是我们想得到的还是想不到的,学校都为我们考虑周到了。每一分每一秒,我们都能感受到,我们不是一个人在努力,我们是一个团体,是一群有着共同梦想的人,为着一个目标努力着。

还记得长安街彩排每次都是晚上八九点出发,凌晨四五点回来。坐在长安街的小胡同里,啃着面包,喝着酸奶,困了只能坐着和小伙伴依偎在一起。等待的时间是很漫长的,我们靠在一起哼着方阵的歌曲,明明歌词都记不全,却还是觉得好开心。我和同行的伙伴说，大概不管过多少年，都会记得这段和小伙伴们一起啃着咸咸的牛肉、鸡肉，配着面包和榨菜的日子。它们的味道是咸咸的，可是回忆起来，却是甜的。我们风尘仆仆地从长安街疲惫归来，却还是能笑着调侃："我们也是睡过长安街的人了！"

  披星戴月，饱经磨练。一腔热忱，倾情奉献。

  十月朔日，七十华诞。长安街上，万众瞩目。我们身负使命，以满腔的热情向祖国报到。

  我们离天安门那么近，飞机就从我们头顶飞过，花车在我们前方缓缓前行。显示屏上不停变换的祖国大好河山，万顷的蓝天，群众的欢呼，喜悦的笑颜，就连空气中都跳动着名为幸福的因子，这一切的一切，共同组成了这场盛大的献礼。

  走过天安门的时候，所有的语言都显得那么苍白。大家呐喊着，欢呼着，只想把对祖国满腔的爱都喊出来。"我爱中国！""祖国万岁！""生日快乐！"……每个人嘴里的祝福语都不同，但我们的心却是相同的。我们都深爱着脚底下的这片土地，都深爱着这个国家。我们的方阵走过天安门后，大家还是抑制不住内心的激动之情。方阵里不断有同学在呐喊着"我爱中国"。我和身边的小伙伴相视一笑，我说："我好想哭啊！"她说："我也是。"耳边响起了歌唱祖国的旋律，我们和着音乐走着，不自觉地跟着一起唱起来。

  ——"歌唱我们亲爱的祖国，从今走向繁荣富强。"

  我深爱着这个肩负着光荣使命，被汗水与激情浸润的夏天。

  我也深爱着，这个国家。

我和我的祖国，一刻也不能分割

群众游行志愿者 第十六中队 冯伊涵

国庆活动已经结束，我们也回到了日常的学习和生活当中，但每当我回想起十月一日那天，回想起我从天安门广场走过的时刻，我还是抑制不住地激动，中国军人整齐的踏步声，装甲车从面前驶过的轰鸣声，同伴们的欢娱声都仿佛还回荡在耳边。作为中国人，有幸能够参与庆祝中华人民共和国成立70周年大会的群众游行，一生难忘，一生荣耀！

旅程的开始

现在回想训练的那段日子，每一天都是闪耀的。还记得学院团委发了通知，招募10月重大活动志愿者，大家都很激动，纷纷猜测会不会是国庆活动。接着消息落实，而且不仅仅是志愿者，还是"群众游行志愿者"，这就意味着我们能够作为真正的参与者，多么令人惊喜！但与之相对应的，我们需要付出一定的时间训练，比如暑假大部分时间就要留在学校了。说实话我也小小地犹豫了一些，毕竟谁不想暑假好好在家休息，于是我向父母征求意见，没想到我的父母毫不犹豫对我说，报名，假期多得是，但是能够参加国庆庆典的机会可十分难得。得到了父母的支持，我提交了报名表，我的训练旅程也就由此开始啦！

《我和我的祖国》是这个夏天的主旋律

7月8日，我们召开了动员大会，在这次大会上，我们第一次聚集在一起，一起挥动五星红旗，齐声合唱《我和我的祖国》。这是第一次大合唱，我还对这首歌相对陌生,是看着歌词才跟上的,随着歌声在田家炳操场回荡,我开始畅想,10月1日,我们就要从天安门广场走过,那时候还觉得一切都不真实。

之后的每一天,不夸张地说,我们都伴随着《我和我的祖国》这一旋律,我和我的朋友们相视一笑,就默契地开始合唱!从此之后,训练时会哼这首歌,走在路上会哼这首歌,洗漱时会哼,食堂排队也会哼……毫无疑问,《我和我的祖国》就是这个夏天最流行的歌曲,就是我们青春的主旋律!

青春的跑道,向祖国报到

训练中我们的体能训练也是很重要的一部分。说到体能训练,跑步是逃不掉的,平时体育课的800米都让我闻风丧胆了,可没想到,这里的要求竟然是10公里!因为活动当天参与人员相当之多,我们乘坐的交通工具不可能靠近,那么剩下的这段距离就要靠我们自己走过去。3圈、5圈、8圈、12圈……距离逐渐增加,我也逐渐从跑步中体会到了乐趣!跑完步后大汗淋漓,竟有一种前所未有的畅快,我的快乐不仅仅来自运动,更来自向祖国报到的使命感、责任感和自豪感!

一起看最美的日出

按照上级要求,我们整个的训练过程都要早出晚归,在别人看不见的地方、不知道的时间进行。参与人数众多,集合起来需要较长时间,所以我们经常处于等待的状态。从军用机场、阅兵村到长安街,我们都是凌晨到达,集合后就在自己的点位上等待。也正是在这里,我们一起看了一次又一次的日出。我们肩并肩在一起,都只是因为一片赤诚的心,就像那眼前升起的太阳,热烈又温暖。

七十年风雨兼程,七十年披荆斩棘,我们迎来了如今盛世!这次亲历庆祝中华人民共和国成立70周年大会,当看到中国军人和我国先进的武器从面前经过,我被深深地震撼了,我突然意识到,祖国的强大,就是我们中华儿女的底气所在!一直以来在祖国母亲的保护下我们成长,今后,让我们用我们的一切来回报祖国!我为身为中国人而感到自豪!我们的中国古老而伟大,我们的中国壮丽而永生!

做祖国最坚定的螺丝钉

外围志愿者 外围中队 高翔

10月1日，我经历了此生都难以忘怀的时刻。

不是作为方阵，走过长安街，与"绿水青山彩车"一起接受天安门的检阅；也不是作为观礼志愿者，伴侍于观礼台，同人民英雄们共同阅览祖国雄师百万；而是作为"16万人的方阵"的一员，为长安街阅兵的顺利进行钉下了一根牢固的"螺丝钉"。

深夜2点，万家灯火沉寂。而我们作为北林志愿者的"排头兵"，彻夜未眠，踏上了为祖国献礼的征程，我们必须比任何人起床要早，因为我们这"16万人的方阵"承接着把祖国10万群众、70组彩车组成的36个方阵输送到长安街的任务。我更是彻夜未眠，凌晨12点就位，2点出发，从3点到7点，来自北林的45名志愿者，集结疏导了3个方阵，把将近万人成功送入长安街。一个又一个小时过去，志愿者们站累了脚，喊哑了嗓子，困意也不断地涌来，但仍坚定不移地站着，无论多累，因为有自豪感和荣誉感支撑，我们永远不会倒下。

尽管未亲眼见证祖国母亲的铁甲雄师，甚至因为太过疲惫，回来后倒头就睡着了，醒过来时长安街已经烟花漫天，直播都没来得及看到。但每当看到关于方阵的报道，都仿佛看到我们每个志愿者都融入其中一般。我们只是最渺小的一分子，然而我们团结起来的16万人却撑起了为祖国献礼的根基。结束后，我偶然在一篇文章下面翻到对我们的评论，感谢我们这一批默默付出的志愿者，这一刻我是欣喜而又感动的，我们的坚守得到了认可。

比起其他的志愿者，我还有一层小组长的身份，与其他4位小组长共同肩负起协调45位志愿者的责任。期间我们多次参与会议，为了志愿者的证件、餐包在北京城内往返多次，不惜占用休息时间准备、统筹，我更体会到了"螺丝钉"这三个字的深刻含义：我们全体志愿者是祖国母亲的螺丝钉，我们4人是北林45位集结疏散志愿者的螺丝钉。更有无数的基层工作者们，或是为方阵研发彩车，或是为训练赶制衣物，或是为志愿者的安排布置奔波忙碌，他们在每个不为人知的地方发光发热，做好自己岗位的螺丝钉，而正是有了这一个个螺丝钉，国庆阅兵才能如此顺利地开始与结束。这正是社会的反映，偌大的中国，正是因为各行各业的基层工作者们坚定不移又默默无闻的付出，才能在70年的风雨兼程中走出了一条属于中国的道路，让世界人民称赞的伟大道路。这些基层工作者们，才是最平凡而最不凡、最渺小而最伟大的人，他们是祖国最坚定的螺丝钉！

有人笑称我们是"守望者"，此话千真万确，我们正是守望者，守望着将近一万人的方阵的集结疏散，也守望着祖国的河山万里，从绵延千里的未来到源远流长的过去。我们作为一颗颗螺丝钉，将永远捍卫祖国的每一寸土地，我和我的祖国，一刻也不能分割。

02

|青春·成长|

我们与祖国共成长

群众联欢志愿者 二班 马樱宁

2019年10月1日,举世瞩目的中华人民共和国成立70周年庆祝活动隆重举行。这是盛世的聚会,更是国人的骄傲。作为一名教育工作者,能在60周年大庆后再次参与70周年大庆,深感荣耀与自豪。这份荣耀与自豪,不光来自国之强盛、民族振兴,还来自对新时代中国青年勇担时代重任的赞叹与感动。这是一种青春搏击的力量,更是一种自我超越的成长!

芳林新叶催陈叶,流水前波让后波

一代青年有一代青年的历史际遇。当今以"95后"独生子女为主的大学生群体,正面临着社会思潮、家庭环境、教育革新等多重考验。作为这次国庆活动的组织筹备者,我们一度对活动的人员招募、组织实施、舆情动态忧虑不安,但随着日复一日的训练,这些可爱的青年学生用实际行动诠释了他们对党的忠诚和对祖国的热爱。这里有攻坚克难、担当尽责的中队长,有连续奋战、甘于奉献的保障员,有严以律己、冲锋在前的学生党员,还有全力以赴、坚持不懈的普通同学。他们用最美的微笑,展现了最真的情怀和最崇高的理想追求。"坚持到底,绝不掉队""克服万难,不降标准""生逢其时,重任在肩",这些响亮的话语在每个青年学子的身上展现。长江后浪推前浪,一代更比一代强!在他们身上,我们看到了报效祖国、奉献社会的崇高追求,看到了砥砺奋斗、精益求精的意志品质,更看到了为实现中华民族伟大复兴中国梦接续奋斗的愿望!

风雨不动安如山，一往无前心不改

历史告诉我们，我们的国家、我们的民族从积贫积弱到国家富强，靠的就是一代代人咬定青山不放松的顽强拼搏。作为教育工作者，我们更要明白为党育人、为国育才的初心和使命。此次国庆活动不仅是一次爱国主义教育，更是坚持把"立德树人"作为中心环节，把思想教育贯穿育人全过程的生动实践。身为教师，我们要看到的不仅是台前的轰轰烈烈，更要看到幕后凝结的伟大力量。我们要持续教育、引导青年树立正确的世界观、人生观、价值观，永远热爱我们伟大的祖国，坚定地跟着中国共产党走。我们要充分用好国庆活动这本鲜活的教材，不断提升自身工作本领，从帮助青年人成长的角度去看待工作，让他们经受思想的淬炼、政治的历练、实践的锻炼，自觉将"小我"融入"大我"，用实际行动诠释爱国之心、强国之志、报国之情！

成长，启于思，贵于恒，成于行。国庆活动是生动的爱国主义实践课。这堂新中国的历史课，让青年的思想认识实现了从单一爱国到把人生理想融入国家和民族事业的转变；这堂爱国主义教育课，让青年的意志品质得到了极大提升，实现了从坚持训练到自我激励、快乐奉献的个人成长；这堂新时代的思政课，让言传身教的教育工作者与广大青年学生一道，用实际行动践行了"祖国荣誉高于一切"的铮铮誓言。

今天，我们正走在实现祖国伟大复兴的康庄大道上。今天，我们比以往任何时刻都更有信心、更有能力去实现这个目标。中国青年在哪里，中国的未来便在哪里，让我们与祖国共成长，与时代同奋进，让青春在为祖国、为人民、为民族的奉献中焕发出绚丽的光彩！

让转身成为另一种坚守

观礼志愿者 观礼中队 杨梦琪

记得刚被分配到观礼台志愿者岗位时，我简直开心地要飞起来了。想着观礼台志愿者肯定能在观礼台上，能亲眼看见万众瞩目的国之重器，也能看见威武雄壮的阅兵仪式，头顶上的镜头肯定能扫到我。

结果岗位培训的内容简直给了我当头一棒。我确实是在长安街上服务，只是背对着长安街，隔着高高的观礼台。别说镜头扫到我了，就是垫着脚尖，伸着脖子，也只能从重重背影的缝隙中依稀看到长安街。一瞬间，几乎每位志愿者脸上都露出无比遗憾的神情，但第一次演练改变了我们。

乘着打着双闪的大巴车，通过一道道核查身份的哨岗，到达安检口。受阅部队正在进行训练，我们听见从天安门广场上传来一声声嘹亮的口号："为人民服务！"也许在近500人的受阅方阵中，不是每一个人的脸都能被镜头捕捉到，但他们的声音仍然是响彻云霄的口号声中必不可少的几十分贝，他们的身影仍然是方队中必不可少的一抹色彩。就像志愿者，不是每一个岗位都在最显眼的位置，但仍然是庆祝大会成功举办必不可少的一个群体。我们被国家给予厚望，想到这里，我忽然感受到一股强烈的使命感：面向长安街，欢欣鼓舞是热爱；背对天安门，坚守岗位是责任。

终于到了给祖国母亲庆生的日子。

到达天安门时，晨光熹微，我们的任务是引导和疏散观礼嘉宾，身旁就是美丽空旷的长安街。3个半小时后，这里将会进行新中国成立70周年以来最为盛大的庆祝仪式。

现场的观礼嘉宾人数超乎想象地多，志愿者们自愿将轮岗班次全部取消，全员上岗，全力服务。我们分散在各个观礼台台口，看到神色迷茫的嘉宾，就主动上前询问："您好，您的邀请函可以给我看一下吗？您是一区一台，从左手边进。"临近大会开始,还未落座的观礼嘉宾心急如焚,我们立刻转变方式,像人形扩音器一样,用自己最大的音量重复高喊:"一区一台嘉宾请往左边走,二区三区往西一直走,大家不要着急。"在志愿者的有序引导下,观礼嘉宾们在上午8时50分全部按时落座,看着这番场景,我们长舒了一口气。

庆祝大会开始的那一秒,就是我们要退到观礼台后隐藏起来的信号。明明早已经说服了自己不要感到失落,可当这一秒真正来临的时候仍心头一酸,十年一遇的国家盛会近在咫尺,谁不想多看一眼呢?可我们也就是恋恋不舍地回头望了一眼这宏伟的天安门,然后迅速转过身,毅然走向观礼台后,投入职责之中。那一刻,有近16万名志愿者,与我一同转身。

彩车服务志愿者,坚守岗位3天,目送着34辆彩车缓缓驶向天安门,转身离开,把背影留给长安街;远端集结志愿者,分成31个集结点,目送着10万游行群众通过安检,转身离开,把背影留给长安街。

一个人的背影是渺小的,但16万志愿者的背影中凝聚的是新时代青年对祖国的热爱。这份热爱,让我们甘居幕后,让转身成为另一种坚守。

我听着背后浩荡铿锵的正步,想象着数千名军人劈波斩浪、阔步而来;我听着背后钢铁洪流滚滚向前,想象着100面鲜红的战旗迎风飘扬,气壮天地。当我们仰望着天空,看见歼—10战机撒下7道彩烟时,竟不记得脖颈和双腿的酸痛,由衷感叹:盛世中华,如今多么强大!

当我刚刚结束了持续10个小时的服务时,就接到了妈妈打来的电话,没等我开口,电话那头就是一连串的发问:"闺女,我在电视上找半天怎么都没看见你?现场看阅兵是不是特别帅!你累不累呀?"从始至终背对长安街的我鼻子一酸,说道:"妈,我不累,我特别开心,我在心里都看见了。"

有人说我们是"守望者",确实,经历近10场培训,熬夜奋战17小时,我们是平凡的守望者,守望着将近万人的观礼嘉宾集结疏散;数万名受阅官兵是英勇的守望者,他们守望着祖国的河山万里,从过去到未来;我们的国家也有千千万万个无名的守望者,在千千万万个平凡的岗位上,守望着祖国走进新时代。

此时此刻,澎湃之感还萦绕心头。这场盛会,点燃16万志愿者的斗志,也希望我们可以点燃大家的热情,一起以"功成不必在我,功成必定有我"的心态和昂扬向上的精神,在每一个祖国需要的角落,熠熠发亮。不负青春,与国同梦!

镜头里的绿水青山

群众游行志愿者 第一中队 仁宝

《千里江山图》是我们中国的十大传世名画之一，它绘制了一幅恢弘壮阔的青山绿水图。其实，在国庆群众游行的方阵中，也有一幅美轮美奂的"千里江山图"。它是唯一一个椭圆形的方阵队伍，由3辆山形彩车组成。北林学子和北京门头沟区人民共2300多人与彩车融为一体，湖光山色，碧波荡漾，这便是"绿水青山"方阵。

彩车采用不锈钢的镂空山体造型，虚实结合。一环绿水，依傍着一大两小三座青山，山水相依，生动地展现了一副美轮美奂的"千里江山图"。它既展示着国家生态文明建设的成果，也表明我们将绿色使命扛在肩上的决心，以及其背后蕴涵的以建设美丽中国为目标的新发展理念。

其实，绿色发展的理念，已经深深融入国庆游行的方方面面。在国庆游行的训练中，我们每一个"绿水青山"方阵的一员，都逐渐受到了"绿水青山"方阵精神的感染，在训练的过程中，不仅能走好每一步，更能当好"绿水青山"方阵的代言人！

我们方阵共有2300余人。几千人的训练就需要强大的后勤储备和巨大的物资消耗。为了节约环保，在校内训练时，我们统一供给的是桶装水。所有的同学都自发地带着自己的小水杯来接水。单单在训练前期，整个训练中队就消耗了500桶桶装水，我们至少节约了矿泉水瓶3万个。点滴之间的环保行为，深深扎根在每一个同学的心中。

后来，因为训练场地不在学校，我们不可避免地要发放瓶装水。所有的中队长都带着记号笔，所有同学拿到水的第一刻就要给自己的水瓶上做上记号。每次到长安街训练时，我们晚上9点到达长安街之后，要在长安街旁胡同里的马路上睡上3个小时，以保持体力。凌晨1：30老师会把同学们叫醒，同学们醒来之后做的第一件事情是揉着自己已经睡得非常僵硬的腰，半眯着眼，默默地收拾自己身旁的垃圾。没有人组织，没有人要求，方阵里同学们像是达成了一种默契和信任。我们经过的地方，定要做到"人走场清"；每个同学的心里，都有一份属于自己的绿水青山。

绿色环保的理念不仅在每个同学的行动中，更体现在了国庆游行的很多方面。在训练的时候，很多同学都以为我们会坐着空调大巴车，警车开路，风风光光地向天安门广场集合。可实际上为了节约环保，最大化地利用公共资源、避免浪费，我们的交通工具是公交车和地铁。公交车的座位不够，男生们就把座位让给女生坐，自己带着小马扎坐在公交车的过道上。每次夜间训练结束，都已经凌晨4点钟了，同学们睡眼惺忪，便坐在马扎上，手握着车里的铁杆睡，靠在身旁椅子上睡，什么也没有就把头向前一埋就睡。苦点累点，我们绝不抱怨半点。

为了最大限度减少城市交通的影响，我们每次都要多花2个小时出发先坐公交车到很远的地铁站，再坐地铁去长安街。虽然很累，但同学们都毫无怨言。因为我们知道，虽然我们每个人在路上多花2小时，但是广大市民就能因此少花几百万个小时，减少公共资源的浪费，减少拥堵，为大家节约时间。早点久点，只愿市民能回家早一点。

在举世瞩目的国庆大典中，体现绿色环保理念的细节无处不在。

阅兵庆典上所使用的24000平方米的红地毯，由再生涤纶、地毯专用纱线编织而成，共消耗掉40余万个废旧矿泉水瓶。大典上使用的礼炮炮弹进行了环保技术改造，鸣放近乎零污染，是科技元素和环保元素的完美结合。群众游行结束时，从南观礼台后方腾空而起的7万个气球是由天然乳胶制成的，环保可降解，就算落到地下也会慢慢分解，不会造成污染。放飞的7万只和平鸽都是从广大市民家里借的。晚上群众联欢大会上燃放的绚烂多姿、流光溢彩的烟花树，在制作时就遵循了绿色环保的理念，焰火药剂无重金属物质、低硫，将污染降至最低。还有群众游行方阵中的70组彩车，在游行结束后仍作为展览资源，供群众继续参观。这些都是"把绿水青山变成金山银山"发展理念的生动实践。作为新时代青年，我们会牢记"要像保护眼睛一样保护生态环境，像对待生命一样对待生态环境。环境就是民生，青山就是美丽，蓝天也是幸福"。我们会在建设美丽中国的伟大征程中，守好绿水青山，贡献我们青年学子的智慧与力量。

不忘初心 扬帆起航

广场合唱志愿者 男低音中队 裴泰宁

我和我的祖国，一刻也不能分割……

儿时起的国庆情结，就缘于国庆阅兵式。受阅军人的飒爽英姿是我内心崇拜的模样。渐渐懂得，其实那就是祖国的模样，是祖国成长的模样，她承载着华夏儿女的期盼，燃烧着炎黄子孙的激情，牵动亿万同胞的挚爱之心。每逢收看祖国华诞，都有按捺不住的热血沸腾，虽和现场只有一屏之隔，但在我心中曾是如此遥不可及。默默地，我开始憧憬置身现场的感觉，在脑海里浮想联翩。

青春韶华，遇见美好

在最好的年纪，我幸运地考入了北京林业大学；更幸运的是，我在我的大学遇见祖国70华诞；而更更幸运的是我获得了一个机会，将以"国庆合唱团成员"的身份在现场为祖国放声高歌。收到这个消息之后，我欣喜若狂，难以抑制内心的激动和喜悦，多年的憧憬和梦想近在眼前。同时我也的确满怀忧虑，在国庆大典上表演，需要经过专业的训练，而我能不能顺利过关呢？每想至此，内心都会有莫名的惆怅和紧张，但为盛世庆典做贡献的念头却始终清晰着。"梦想总是要有的，万一实现了呢。"我暗下着决心。

栉风沐雨，砥砺前行

实现梦想当然不是容易事，果不其然，暑假刚开始，我们就开始了艰苦而漫长的训练，经过简单声乐筛选，我进入了低声部，开启了第一次唱和声的故事。不能回家、随时待命、风雨无阻，都没什么，但初次教练的打击却让我措手不及，许多同学都能收放自如，而我却进步缓慢，还时常被主旋律带跑，我很是苦恼。我会不会就此被淘汰呢？那种失落和担忧在内心像打翻的五味瓶，也滋长着灰心和退缩。这是我的初心吗？蓦然自问中，脑海里忽然浮现曾经的憧憬："天安门广场国旗飘扬、歌声嘹亮，人群之中分明有一个熟悉的大男孩，闪着泪光却不是悲伤，而是自豪与感动。"我猛地回过神来。为祖国而歌唱，绝不轻言放弃！重燃斗志的我不断温习训练中的歌曲，即便是在休息或吃饭时间，大脑中也在循环播放，再加上声部长耐心指导，渐渐地，我似乎跟高手们的距离并没有那么远了……

风云集结，青春挥洒

合唱团规模宏大，所以在整体合练前，就近高校之间的小合练是必不可少的。青年学子的集结当然是风云的集结，也是青春的集结，即便只是整个大合唱团的一小部分，发出的歌声也是激昂与深情并存，活力和厚重同在，意蕴悠长。期间，各大音乐权威为我们提供专业指导，大家的歌唱水平不断提升，我们都欣喜于自己的进步。伴着这份欣喜，台上指挥们神采飞扬、挥洒自如，将歌唱的星光闪闪汇聚成璀璨；我们情不自禁融入其中，跟着指挥的节奏，与主旋律协调统一、浑然一体，形散神聚、琴瑟和鸣，忘记了疲惫，肆意释放着自己的热情，原本空旷的训练场，顿时一点也不空旷了，飞扬的歌声中，我们青年学子的心也在飞扬，那是挚爱祖国的点点星辉！

赤子之心，蓄势待发

整体合练是庆祝活动前的最后检验，所有高校志愿者终于集结在一起与军乐团合练。这样大型的训练必将是严格而又艰苦的，各大高校志愿者们从不同地区有序赶来，必须严格遵守时间和充分利用时间，有时需要风雨无阻甚至昼夜颠倒，于是我们曾经饱受风吹日晒，我们多次目睹凌晨的首都景象。但当听到歌声与伴奏完美地融合在一起，想到祖国的模样，每个人无不充满了力量，为祖国歌唱、与祖国同在的幸福感充满胸怀。当时学校还特地为我们发了生活品和补给品，也成了那段时期存于内心的一种别样温暖，感谢、感动、感怀，赤子之心，蓄势待发！

红日初升，其道大光

  有多努力，就有多幸运，我终于经受住了考验，得以自豪拥抱庆祝大会现场。穿上帅气的演唱服，此刻我真的站在了天安门前，看着一列列整齐的方队从眼前走过、一辆辆战车从身边驶过、一架架飞机从头上飞过，那种震撼的感觉无与伦比。当五星红旗升起，当千人合唱团同时放声高歌，情绪再也难以自控，泪水伴着歌声夺眶而出。训练时所有的辛苦，诸多的疲惫，在此刻都化为值得，升华为一幅幅磅礴的画面和一阵阵心潮澎湃，而我们伟大的祖国，经过5000年的涵蕴和积淀，历尽70年的扬弃和继承，终向世界展示了中国的坚毅和力量……这几个月，相对于漫漫人生并不长，却成为我人生的重要经历，我为这个不凡经历而荣幸、为祖国的强大而自豪，为生做中国人而骄傲！

  盛世庆典、我曾亲历，这一特殊际遇，必将成为我终生难忘的伟大时刻；不忘初心、扬帆起航，作为青年学子，愿与国旗共飞扬，愿与祖国共成长，永远年轻，永远热泪盈眶！

  我和我的祖国，一刻也不能分割……

奋进路上的永恒基调

群众游行志愿者 第四中队 刘佳妮

游行方阵的训练从7月5日开始到10月1日结束，一共88天，我将这段终身难忘的时间形容为一篇乐章，一篇将永远奏响在我心底的乐章。

最初的基调是来自故乡的C大调。我来自黑龙江省，家中的三代人都供职于国有制造业。还记得有一年国庆阅兵时我父亲把年纪还小的我抱到电视机前，无比自豪地指着屏幕上的直升机和我说："看，这是爸爸参与制作的飞机！"我想，祖辈、父辈所承担的工作不仅是一个谋生的手段，也是他们热爱的事业，更是他们为祖国强盛做出的实际努力。父母毫不犹豫地鼓励我参加游行，理由只有一个：你是工人的女儿，身上流淌着开拓者和建设者的热血，爸爸妈妈希望你带着这份热忱走到长安街上去，走到未来要走的每条路上。这种血脉传承力量如同C大调一样使我的心宁静而充满信念。

更让我难忘的是来自北林的A大调。一个人想做一件了不起的事很难，有的时候一群人想做到也很难，但是一群心怀理想、志向相同的人总能成就一番事业。这样的一群人总是能保守初心、相互鼓励、攻坚克难、不断前进。我所在的群体就是这样的。为了能够顺利地完成游行任务，我挑战了慢跑5公里这一对我而言很困难的任务。每当我精疲力竭开始减速的时候总能听到跑过同学的一声加油。在鼓励和努力下，我完成了在学校的训练项目，转战其他的训练场。还记得第一次奔赴长安街进行全要素彩排。时值深夜，同学们乘坐座位不够的公交车前往集结区，很多人坐在临时增设的小马扎上。当时大家兴奋得睡不着觉，不知是谁牵头唱起了歌。起初唱的是流行乐曲，后来唱的是同学们青年、童年时期听过的经典歌曲。夜更深时，我们一起唱响了最后一个曲子《我和我的祖国》。公交车飞驰在公路上，路灯的光断续地洒进车窗，歌声诚挚，我受到了极大的感染。一时间，泪水盈满了我的眼眶，这就是所谓的赤子之情吧。我与这些可爱的同伴一起顺利地完成了几十次训练。训练的过程也许很艰苦，但是我丝毫没有感觉，"战友"之间的情谊就好像 A 大调一样生机勃勃，如阳光一般闪耀，让人忍不住尽情地欢笑和奔跑。

最重要的是有信仰和情怀的 G 大调。我不仅是 3 万多北林学子的一员，还是 9000 多万共产党员的一分子，更是 14 亿中华儿女之一。本次活动极大程度地进一步激发了我爱国爱党的情怀，也给了我发挥党员作用的机会。在每一次训练中，我和党员同志们都冲在前面，积极训练、收发信息、搬运物资，承担工作和责任。还记得在训练时和一位学妹聊天，她已经是积极分子了，希望能早日加入党组织，和我们一样为大家工作。看着同志们的努力和学妹的向往，我对党员的身份有了全新的认识。党员是谁？是来得最早的人，是走得最晚的人，是奉献最多的人，是信念最坚定的人，是让人敬佩、向往的人。在训练场上，还有一个经历令人难忘。那是我在训练场上看到的正在彩排的直升机机群。我从辛苦的训练中、当空的烈日下闻声抬头，在日光和白云中寻找、等待飞机的出现。我可以轻易地分辨出今日头顶轰鸣的发动机声与昨日的不同。它们整齐、肃穆又庄严地飞过。我在渐淡的轰鸣声中产生了极大的民族自豪感和认同感。我并不单纯地因为机群的壮观而自豪，更让我自豪的是中国在中华儿女的团结奋斗下，在这短短的几十年里取得了如此伟大的成就。自己热爱的事业恰好是一个伟大的、有益于国家的事业是多么的幸福啊，我为自己也能拥有这种幸福而高兴。坚定无比的信仰力量和无法磨灭的家国情怀奏响了整篇乐章的主旋律。

在参加活动的全过程，我的脑海中都回荡着我在入党时对自己说的一番话："路漫而修远，不移白首心；求索也任重，不坠青云志。立心于天地，立命为人民，付有限于无穷，九死不悔。"现在，这番话与这篇乐章相辅相成。我想这将会成为我今后奋进路上不变的基调。

我是一个幸运的华夏儿女

群众联欢志愿者 七班 乌勒包生·阿不得沙拉木

有一天我也许会老去，但我会永远记得，2019年10月1号的晚上我与万千同胞在祖国母亲生日时，头顶绚烂烟花，手持五星红旗，心怀满腔热血，为我的祖国献礼！

我是来自新疆伊犁的一名柯尔克孜族姑娘，我叫乌勒包生，从内初班到内高班再到大学，我的学习之路背后的靠山便是祖国。我深刻体会到国家对我们少数民族的优惠政策，以及对边疆人民的照顾与关怀。

2017年，我怀着一颗赤子之心，来到北京求学，有幸在大学第三年作为一名联欢活动表演人员，参加了中华人民共和国成立70周年国庆大典。80多天的紧密排练带来的疲惫感，在10月1号的晚上，混着激动的泪水烟消云散，我很荣幸也很开心能以这种方式参与国庆大典。

参加此次活动唯一的遗憾便是没有全勤，参与之初，我抱着坚决不缺勤的决心参与排练，认真学习老师与导演们教给我们的动作，并努力记忆和消化。和方阵训练的同学相比，我认为我们联欢人员的训练强度还是比较温和的，体力与记忆力还有身体协调性带来的三重考验并没有打败我们，每一天的一个小小进步都会让我们欢呼雀跃，老师和导演们的声声称赞让我们开心得像被夸奖被宠爱的小孩。我想要深深记住这80多天，每次与舞蹈搭档的相视一笑，每一次导演组喊的节拍，每一个鼓点和每一个舞步，都是属于我们500余人的炽热回忆。整个训练过程，纵使中途包括我在内的同学们开始产生对训练的疲惫感，我们还是尽自己最大的努力去记住每个变换队形的节点，去互相提醒互相帮衬，努力克服种种困难。

在10月1号的晚上，我看到每个人都在用最努力的姿态去跳好每个动作，用最嘹亮的声音唱出对祖国的眷恋，将最饱满的感情注入这场联欢。为了跳好动作，纵使抑制不住的眼泪洒向肩头，大家也来不及去擦，因为那眼泪是充满幸福的眼泪。我们多幸运啊，能在祖国母亲的生日之际，站在长安街上，用这种令人难忘又令人无比留恋的方式，去表达爱国之情！我深深感谢所有为了这次国庆大典而努力付出的全体同胞：负责排演的老师和导演、学校食堂的叔叔阿姨、地铁站的安保人员、天安门的安保大哥、人群散去时还在收拾场地的保洁人员等还有更多默默无闻的人，你们辛苦了！我永远不会忘记这一次经历，它将被我放在心底最柔软的地方，深深珍藏。

我爱祖国不是在这两三天，从小我就深知，没有千千万万英雄先烈为我们负重前行，为我们遮风挡雨，就没有现在兴盛的大中国！所有为中国发展道路拼搏过的伟大先辈们，你们看到了吗？这是现在的中国，人民不愁吃穿安居乐业，国家强盛兴旺。谢谢你们，中国会越来越好！

作为新时代的年轻一代，我希望我能在这片安宁的土地生根发芽，把自己的青春梦融进伟大的中国梦，成为一名有用之才，积极向党组织靠近，为祖国献出自己的力量！作为一名中国人我感到无比自豪，对祖国的眷恋不是只言片语就能表达的，我希望我能有机会参加80周年、90周年、100周年祖国庆典。此生无悔入华夏，来世还做中国人，中国我爱你！

梦想为岸　奋斗为桨　青春相伴

群众游行志愿者　第一中队　杨舜垚

生逢其时，何其幸也。这是我对加入这支"向祖国报到"的队伍最深刻的感触。有幸成为中华人民共和国成立70周年庆典这一历史性时刻的见证者和参与者，我更加坚信"我们比历史上任何时期都更接近中华民族伟大复兴目标，比历史上任何时期都更有信心和能力实现这个目标"。在今后的日子里，更要坚守初心，勇担时代使命，以青春之我、奋斗之我，为民族复兴铺路架桥，为祖国建设添砖加瓦。

我和"绿水青山"

我是一名共产党员，中国共产党人的初心和使命就是"为中国人民谋幸福，为中华民族谋复兴"。我想，林业人的初心和使命的具体体现就是"让黄河流碧水、赤地变青山"，就是绿水青山，就是美丽中国。

得知我们的方阵叫"绿水青山"后，我感觉熟悉而亲切，"绿水青山"与我似乎早有渊源。在我上小学时，时任浙江省委书记的习近平总书记便提出"绿水青山就是金山银山"，阐释了经济发展和生态环境保护的关系。我清楚地记得，因为家的附近就是风景名胜区、自然保护区，在我回家的马路边便有巨大宣传板印着"绿水青山就是金山银山""既要绿水青山，又要金山银山"。

对"绿水青山"的理解，也随着我的成长不断改变，不断深刻。

我从小生长在雄奇险秀的江西庐山，绿水青山是我年轻记忆里的乡愁；上大学后，我曾到甘肃的黄土高原实践，也曾到太行山深处"九山半水半分田"的深度贫困县河北省阜平县支教，在这些地方我感受到绿水青山是贫困地区脱贫致富、振兴发展的希望，也是生活家园的美丽蜕变；回到北京，我感觉绿水青山是城市的肺，是生态屏障，是人民群众对美好生活的需要。

如今，我是北林绿色科研队伍里的一名研究生。对于我们林业人而言，"绿水青山"是我们的使命，"金山银山"为我们专业的未来发展开辟了广阔前景，也为我们的个人奋斗提供了历史机遇。

走在"绿水青山"方阵里，更坚定了我为绿水青山奋斗、投身绿色科研事业的决心。身处庞大的游行队伍中，我最直观感受到了集体的力量、人民的力量、国家的力量、中华民族的力量，也体会到祖国近年来的伟大成就和科技的巨大进步。我和身边的同学走过天安门的时候，感觉步步都满怀着爱国情，我们欢呼着"祖国万岁""祝祖国母亲生日快乐"，热血澎湃，深感自豪。虽然我们走过天安门只有短短的2分46秒，但是这2分46秒澎湃的激情、报国之志会延续到我生命中的每一分每一秒。

参加完国庆七十周年庆典已有一段日子，目前我正跟随导师研究林木优良性状的形成机理和植物抵抗逆境的机制，为林木分子育种提供理论支撑，以期让林木能成材更快、长势更好、产出更多，甚至能在干旱、严寒等恶劣环境中生长，为防护林建设、城市绿化、农林生产等提供帮助。

科研的道路是漫长而枯燥的，我将会保持住自己的初心和热情，耐得住寂寞、潜得下心，安排好自己每一分每一秒的时间，投入学习和科研当中。我希望能在学习科研的过程中练就扎实的专业本领，成长为生态文明的建设者，继而秉承北京林业大学"知山知水、树木树人"的校训，担负起"替山河装成锦绣、把国土绘成丹青"的使命，为建成美丽中国贡献自己的力量。

我和我的队员

6月30日结束支教服务从阜平返回后，我便立刻投入群众游行的训练任务和工作中，参与游行方阵的后勤保障工作，组织各中队后勤保障员和C类志愿者保障1000余名队员的日常饮水、协调物资发放。与门头沟区的合练开始后，我担任第一中队中队长，认识了我可爱的队员们，在这过程中也收获了更多的欢笑与感动。

团结互助，奉献为先。在我的微信置顶列表里，有两个特别的小群，一个叫"一中队战斗堡垒"，另一个叫"一中队中坚力量"，前者是我中队里的党员和预备党员，后者是中队的小队长们。这三个月里，他们的表现也绝对担得起这两个群的名字：有体力活时冲在最前，集合疏散时到得早、走得晚，发物资时先他人、后自己……他们的奉献在中队里树立了榜样，也带动了一批批优秀的同学，让团结、互助、友爱、欢乐的氛围在中队里蔚然成风。

星空相伴。第一次凌晨到良乡机场演练，下车落客前，我们打开了大巴的应急天窗通风，在推开顶盖的那一刻，同学们惊叹出了声——漫天繁星在我们眼前。很多同学说，很久很久没见过如此美丽的星空，尤其在北京，甚至有同学激动地想跳上车顶看看，不过因为安全原因被制止了。之后又有几次集结的时间在凌晨，在候场休息时，同学们爱上了看星星、认星座，甚至互相交流学习观星经验。

天当被，地当床，队友当枕头。有时训练候场周期或休息时间长，困倦的同学们就相互背靠背或者躺在地上打盹儿。队友们睡过良乡机场的跑道，睡过阅兵村的训练道，也睡过长安街沿线国家部委旁集结区，虽然辛苦，但也自豪，毕竟这是一种难忘的体验。

热情似火。在踏上长安街之前，我们还担心同学们精气神提不起来，展现不出最热烈的状态，但事实告诉我们，多虑了。同学们在看见阅兵方队列队时早已欢呼雀跃，热情奔放地向官兵致敬，有的女生甚至喊破了音、喊哑了嗓子，最终我们提醒队员的并不是打起精神，而是保持克制，留存体力。

最难忘的是雨中训练时，同学的笑脸。那一天雨很大，薄薄的雨衣根本挡不住；雨很凉，打在身上一度让我们怀疑是否置身盛夏。训练虽然辛苦，但经过同甘共苦、齐心协力的奋斗之后，我们同学，和门头沟的人民群众之间也结下了深深的革命情谊。更可贵的是，我的身边、我的队伍里已经有数名同学因这次庆典活动悄悄写下了入党申请书。这一切，都是这次庆典活动带给我们的宝贵精神财富。

如今，庆典活动已经结束，中队的同学们也继续投入了紧张的学习当中，但回忆起当时在一起的点点滴滴，翻看聊天记录里的一声声鼓励，还是会把我们的思绪牵引到操场、军庄、良乡机场、金盏训练场、阅兵村和长安街上。这段经历也定同我的一年支教一样，成为另一件终身难忘的事，让我青春的底色，更加多彩。

在为中国梦奋斗的道路上，我们以梦想为岸，以奋斗为浆，以青春作伴，我们都是追梦人。

小我融入大我，青春告白祖国

观礼志愿者 观礼中队 白冰

我是在重大活动期间被借调到观礼台服务指挥部的工作人员白冰，来自北京林业大学园林学院旅游管理专业研究生二年级，全职工作时间108天。我想用四个词来总结我的体会感受。

一是自豪。70年前，毛泽东向世界庄严宣告了中华人民共和国的成立，中国人民从此站起来了。而今天，中国巍然屹立在世界东方，没有任何力量能够撼动我们伟大的祖国。作为一个中国人参与到这样的祖国盛世中，我感受到国富兵强、山河无恙。热爱祖国是立身之本，成才之基。同时作为一个青年人，就像习近平总书记说的那样，青年的命运与国家紧密相连，这对我来说是一次很好的爱国主义教育，以小我融入大我，用青春告白祖国。作为在观礼台指挥部工作的北林唯一研究生参与国之大事，我更感到骄傲与自豪，在工作中我时刻牢记林业人都有的塞罕坝精神——踏实肯干，以优异的工作交上了满意的答卷。

二是极致。细致、精致、极致是我们的处事作风，所有的指挥部工作人员全部以最高的标准严格要求自己，在所有工作中，反复核查，仔细校对超过三万份相关信息。每位指挥部的工作人员在夜以继日的工作中都坚决贯彻中央"精精益求精，万万无一失"的要求，全力保障此次活动顺利进行，尽每个人最大的能力和努力为祖国庆生。深夜两点、三点、四点、五点的市府大楼与三次在天安门广场的通宵见证了我们极致的努力。

三是学习。学习是终身的事业，在指挥部的这段时间除了日常的公务知识、保密知识培训等学习之外，为了工作便利开展，还自学了一些特殊的表格公式等知识，提高了处理事务的专业性，开阔了自己的眼界。除了这些学习外，我们办公室有来自北京林业大学、北京邮电大学、中国地质大学、北京化工大学的十名学生努力地将自己所学与工作结合，运用专业知识，编程解决数据对比处理、CAD 画广场图纸等技能，首次建立观礼区域视觉、听觉、感官立体评价体系，让我们获得了广泛赞誉。

四是感恩。一切向前走，都不能忘记走过的路。感恩我们伟大的祖国，给予我们如此美好的幸福生活。感恩那些为了民族独立、人民解放和国家富强、人民幸福的无数先辈，他们筑起了坚不可摧的血肉长城，铸就了坚强不屈的民族脊梁，是我们党、国家和军队的功臣，永远值得人们尊敬、爱戴和敬仰。我永远会记得和祖国一起度过的这段时光。最后，感谢我自己，感谢自己的坚持与努力，和大家一起出色地完成了这项任务，获得了各级领导与观礼嘉宾的肯定。

在总结大会中，习近平总书记肯定这次庆祝活动是国之大典，气势恢弘、大度雍容、纲维有序、礼乐交融，充分展示了新中国成立70年来的辉煌成就，有力彰显了国威军威，极大振奋了民族精神，广泛激发了各方面力量。很自豪此次活动有我的贡献，很骄傲此次大会有北林的力量，很幸运此次有北林研究生的智慧。

现在的我离开了指挥部回到了学校，但对于国庆的记忆早已深深印在我的心里，"精精益求精，万万无一失"的精神仍会伴随着我，我将继续在未来的研究生学习和学生工作中为国家贡献自己微薄的力量。

不忘初心 向祖国报到

广场合唱志愿者 男低音中队 王翼钦

刚开始，对本次活动，我理解为这是国庆，是祖国的重要时刻，作为一名中共党员有义务为祖国而歌，就毫不犹豫地参加了。慢慢地，从第一次给大家带排练，学会一首首歌曲，到第一次合唱方阵整体训练与解放军军乐团配合，再到第一次去阅兵村、长安街的全要素演练，每一天对我来说都有新的考验，新的感受。

从起初与大家一起唱歌的快乐，到听见三千人合唱方阵与军乐团演奏时的震撼，再到看见整体合练各个方阵盛世欢腾的感动与自豪，这一幕幕都深刻地烙印在了我的心里。

还记得有段时间，大家唱歌感情不够，刚开始觉得是因为每天训练强度大，大家有些疲惫，所以那两天就尝试了很多种方法让训练更加丰富、活泼一些，但发现有效果，却不够持久，几遍之后又会恢复到原样。我想作为一名共产党员，不仅要提高自己的先进性，多为同学、团队做事，更要积极地去引导、去感染、去激发身边更多同学的爱国之情。我想可能是因为我们演唱的歌曲从小就听，而且歌词里所写的内容离现在很多大学生舒适安逸的生活又太远，大家很难理解歌词的意义。从那之后，我就会经常与大家分享我对歌曲的感悟以及自己参加支教时的所见所闻，慢慢地大家开始重新理解演唱歌曲的意义，演唱感情也逐渐有了改观，大家的热情和自豪感与日俱增。

国庆合唱志愿者进行的第33次练习，第15次合练，是第一次在天安门的全要素演练，训练过程中，看着对面庄严辉煌的天安门，看着旁边国旗班整齐划一、铿锵有力的步伐，所有武器装备都从我们眼前缓缓而过，训练结束后，大家仍然难以平复激动之情，大家都说"今天长见识了，国力昌盛，我爱祖国""这大概是可以荣耀一辈子的事儿了""军人最帅，期待最后一次的感动、荣耀与震撼",我看到很多的同学眼眶都是湿润的。作为一名中国青年学生,能在国庆当天向全世界人民展示我们的风采,展示祖国的繁荣富强,展示中国人民的民族自豪感,我们是何其的幸运。

  这段时间说不累,那是不可能的,而且也有很多同学在问我,都研究生了,参加活动会影响课业吗,课题方向定了吗,开题报告写了吗。平心而论,压力确实有,但是作为一名党员,就应该时刻在祖国需要你的时候站出来,承担你的那份责任,心怀祖国的一切,克服困难,向祖国报到!

  我会铭记这段日子里所发生的一切,擦亮胸前的党徽,为北林合唱而自豪,为北林人而自豪,为祖国而自豪,为中华民族而自豪,国庆70周年定当盛世欢腾,我们也定当热泪盈眶。

从三十一分之一到千万分之一

群众游行志愿者 第七中队 李晖

三十一分之一

在这次国庆队伍里有这样一群人,他们的备忘录里是一条条通知短信,微信群里是一个个"收到"与一次次温馨提醒,书包里是一张张车证与一串串工作证……这群人有一个共同的名字——中队长。

我们学校参加此次国庆游行的同学有千人之多,为了能够更好服务参训的同学们,我们划分了31个中队,中队长就是一个中队的负责人。而我就正是这三十一分之一。

中队长的清晨是紧张的。每个出发去校外训练的早晨,都是我最紧张的时刻,出发的时间有时是凌晨四五点,那时候大家睡得正香。我很怕有人睡过头赶不上大部队,所以每天一早我就会在群里让已经起床的同学发个消息,要是集合前40分钟还有同学没有回复的话,我就会打电话确认他们是否已经起床。作为中队长的我不想任何一个人是因为睡过头错过了训练。

除了每一个忙碌的清晨,中队长的日常也是精神高度集中的。"手机不离手"是对我们最真实的写照。每次听到手机消息的"叮咚"声,我都会立马放下手中的事去看是不是又有新消息了。每个半夜出发去训练的路上,队员们在车里昏昏欲睡,但是作为中队长的我们不敢睡,也不能睡,捧着手机看着行车路线,犯困了,就会掐一下自己来提提神。我想我们中队长应该时刻保持紧张感、使命感,这是对自己负责,更是对国庆盛典负责!

中队长的任务是繁重的。为保障每一次训练顺利开展,我们总有很多会议要开,很多通知要转达,很多信息要统计,很多物资要领取……我们早已习惯:每次集合早半小时到,车证贴好,物资分好;每次解散晚半小时走,垃圾整好,道具归好……这种忙碌是我们31位中队长对千名参训师生的最无私的奉献、最真诚的诺言!

当我带着中队45名同学在长安街上欢呼呐喊为伟大祖国庆生的时候,当看到习近平总书记在天安门上为我们鼓掌的时候,我知道,我的付出在这一刻有了回音,成为这三十一分之一,我很骄傲!

九千多万分之一

国庆当天,五彩斑斓的花车就在我们面前依次驶过,花车上的人都微笑着向我们挥手!但有一辆车很特殊——第三方阵的第一辆礼宾车,上面坐着九位老红军、老八路军、老解放军,他们手中捧着一张张黑白遗像,这些都曾是与他们并肩作战过的战友们,看到这一幕我们不禁眼眶湿润,虽然烈士们无法苏醒,但他们用血肉之躯护下的中华大地在我们的接续奋斗中已经如其所愿、繁荣富强。当老兵们举起颤巍巍的手敬了一个军礼时,大家高喊"身体健康,英雄万岁"。

就这样一遍遍喊着喊着,我的眼泪就打湿了眼眶。70年前,列强入侵,民族危亡,面对着生死攸关的时刻,中国人民奋起抵抗,正是有像革命老兵这样的一群又一群中国共产党人挺身而出,才让我们有机会看见如今这样美好的世界。2017年9月,我光荣地加入了中国共产党,成为全国九千多万共产党员中的一分子!在国庆训练中,我们青年党员也是坚定信念,不忘初心,牢记使命!主动承担急活、重活、难活、累活,任何时间、任何地点、任何问题,需要我们青年党员的时候就会随时顶上。

众多青年党员的奉献,激励着方阵的每一位同学,他们不仅精神饱满地完成训练,更有267人主动提交了入党申请书。其中一个女孩儿训练时对我说:"队长,你的党徽好漂亮,我也想戴!"我看着她望向我左胸口的那枚党徽,眼亮晶晶的,满是渴望。我想这渴望来自对青年党员的崇拜,他们奔走在训练场上忙前忙后;他们在镜头后面为大家记录下每个瞬间;他们在每一个集合的凌晨默默守候……参与这次游行,是我们青年党员对祖国最直接的告白、最真诚的祝福。

从三十一分之一到九千多万分之一,虽然基数在改变,但是我们作为青年的使命始终没有变,作为青年党员的初心更没有变!我们始终愿意将自己的光和热散发在每一个祖国需要的时刻!

我们都是追梦人

群众游行志愿者 第十四中队 姜嫄嫄

2019年的暑假，注定是一个不平凡的暑假，在即将结束一年支教生活的同时得知学校开始招募十月重大活动的志愿者，开始收拾行囊的我眼前一亮，盼望了这么久，我终于等到了这个机会，于是刚刚结束支教任务就立马回到学校投入到新一轮紧张的训练当中。

十年前，在首都千里之外的一个小县城中，刚刚升入初中的我和家人围坐在电视机前，通过一方小小的屏幕来感受祖国60华诞天安门前的盛况。整齐划一的阅兵式、热情洋溢的群众游行令我心驰神往，那时的小小少年便在心中埋下了一颗种子，爷爷说："只要你努力，等70周年的时候，我们可要坐在电视机前看你了，这可是无比的光荣。"就这样，种子随着时光的流逝而慢慢地生根发芽，稚嫩的小女孩也逐渐长成意气风发的青年，当年的梦想终于照进现实，而电视机前却没有了爷爷的身影。

七八月份的北京是炎热的，而比太阳更加热烈的，是队伍里同学们即将向祖国报到的激动心情，我被这股热情感染着，带动着，即使作为研究生有着很多科研任务，对于白天和通宵的训练也从未有过动摇和退缩。看着队伍从零散到整齐再到后来成为一个完美的椭圆做出目标动作，我们凝聚着，成长着，也收获着属于我们自己的关于青春的故事。在烈日骄阳下，在大雨滂沱中，在茫茫黑夜里，我们谈天说地，分享着彼此的故事，倾听着彼此的内心，交换着彼此的理想，唱着最振奋人心的歌。

进入九月，天气逐渐转凉，但节日的气氛越来越浓厚了，长安街的两边挂上了红红的灯笼，大街小巷的庆祝横幅也逐渐拉了起来，两个多月的时光已经在我们日复一日的认真训练中悄然流逝，我们亲身感受着也见证着大家为祖国70周年献礼的付出与努力。一个又一个长安街的夜晚，我们围成一个个小圈，一起吃餐包，枕在矿泉水瓶上睡觉，在这个网络时代享受着没有手机的片刻宁静。

当我们已经完全把训练当成生活的一部分时，10月1日到来了。从学校到门头沟，再从良乡机场到阅兵村，我们终于走到了天安门，三个月的付出在这一刻得到了检验，经过天安门的那一刻激动的泪水湿润了我的眼眶，我，真的做到了。

十月重大活动已圆满完成任务，但这次活动对我，对我们来说都将是影响一生的，这不仅仅是一段难忘的经历，更多的是一种激励，在我们今后遇到困难时激励我们，给我们带来前进的力量和不放弃的决心，我们都是新时代的青年学生，"替山河装成锦绣，把国土绘成丹青"的使命也将由我们接力下去。时光荏苒，下一个十年又会是怎样的盛世，我想我们都会成为这个伟大时代的缔造者和见证者，因为我们都是追梦人。

五星红旗下的青春之歌

广场合唱志愿者 女高音中队 曾祎明

犹记得在志愿者招募短片上有这样一句话："站在世界最大的舞台上，聆听祖国的心跳。"谁不渴望能有这样的机会站在天安门广场上，接受党和人民的检阅呢？我也一样。

可这一切对于我来说，还有别样的意义。我高中就读于被誉为"中国女革命家的摇篮"——长沙市周南中学。杨开慧、向警予、蔡畅、黄慕兰、丁玲等老一辈无产阶级革命家都曾在周南中学求学。一批批的巾帼英才走向革命的前线，她们用自己的青春和热血，为社会变革、民族振兴做出了不可磨灭的贡献。

一路走来，听着这些老前辈们的故事，红色的种子早已在我心中埋下，我十分渴望能抓住这次机会，用我的青春为祖国献歌，为祖国做些我能做的。因此，我坚定地报名参加了这次活动，并承担起了女高声部长的职责。

在开始训练前，我一直信心满满，认为这次任务对我们来说没有什么难度，因为不久前我们合唱团才刚拿到了全国赛的金奖。高难度的作品我们都能完美地演绎，唱好这些耳熟能详的作品肯定毫不费力了。

可是正式开始训练后，我才发现，想要成为国庆合唱团的1/3000，并不是件容易的事。那些我以为耳熟能详的歌曲，仿佛突然变得陌生起来。记得分指挥老师第一次阶段检查，点名要听我们演唱第一首无伴奏合唱——《今天是你的生日，中国》。我们才刚发出第一个音，就因为吸气时间不够统一被分指挥老师打断了。接下来，他又对我们唱的其他的字句一一地给我们进行指导、校正，花了足足半个小时，我们才终于把这首48秒的歌完整地唱了一遍。老师对每首歌的节奏音准甚至是表情状态都有着近乎苛刻的要求。在之后的训练里，我们每个人都有了一种默契，一定要用比老师所要求的标准更加严格地要求自己。节奏唱错了，哪怕一点点，就必须重来。音准偏了，哪怕观众听不出来，也一定要跟着钢琴一个个校对。三个月来，翻烂的一张张的乐谱、含下的一粒粒金嗓子喉片、喝下的一杯杯热水都见证着我们刻苦训练的分分秒秒。

为祖国的生日全力以赴的，不仅仅是每一名队员，还有我们背后的每一个家庭。

有一位男生，在我们训练最紧张时，父亲生病永远地离开了。在这样一个最特殊的时刻，他们全家为了不影响他训练做出了一个最艰难的决定——暂时隐瞒。在阶段性训练结束后，才把这一切告诉他。看着他急匆匆离校返家的身影，我们一边为他担心，一边想着他空缺的点位，有些发愁。可没想到，仅仅两天后，他的家人给老师发来了这样的短信："孩子明天的飞机回北京，正常上课、参加训练，请多多关照，谢谢！""训练的事情就拜托老师安排了，不影响他参加这次活动，是他父亲最后的心愿。"返校后，我们都想着如何安慰他，却看到的是他在训练时眼中无比坚定的目光。我们都明白，此刻他承载的是父亲和整个家庭对祖国的深情。我们3000人承载的何尝不是千千万万个中国家庭对祖国的深情。

功夫不负有心人，我们的不懈努力最终也有了成效，因为表现优异，我们与专业院校的同学们一起被分配在了核心拾音区。得知我们的声音将更加响亮地飘扬在天安门上空，我们的内心十分兴奋和自豪！

可是转眼，第二个挑战又悄然而至。按照庆祝活动整体安排，我们需要在广场上一动不动地站立近4个小时，这对于每一个人来说，都是极端严峻的挑战，同时还要精神饱满地演唱出18首歌曲，可谓是难上加难。

汗水一次次地浸湿我们的衣服，蚊子来来回回地叮咬我们的皮肤，我们却仍要保持纹丝不动，保持最标准的微笑，保持最饱满、最昂扬的状态。我担心有人会支撑不住晕倒，常常到队伍中查看情况。可是几次演练下来，即便是满头大汗，脸色通红，每一个人都还在咬牙坚持。谁不想大口喝水润润干涩的嗓子呢？谁又不想去阴凉处坐下歇会儿躲躲烈日呢？但谁也没有这样做，我们谁也不想错过任何一次排练，谁也不想成为惧怕困难的逃兵！

近三个月的训练里，我们一遍又一遍地齐声高唱，一次又一次地突破极限。从校内训练到联合军乐团驻地，从阅兵村到天安门广场，我们共计完成了大小合练36次，累计站立时间超过180小时，累计演唱时长相当于高唱《义勇军进行曲》14087遍。

十月一日如约而至，这一天，我们如愿站在了世界最大的舞台上，唱着《社会主义好》坚定自信，唱着《时代号子》壮志豪迈，唱着《我们都是追梦人》朝气蓬勃，唱着《不忘初心》庄严担当……我们用歌声带着亿万观众一起，细数峥嵘岁月的风雨，展望共和国的美好未来。唱着唱着，泪水夺眶而出，我想起了我的校友们，想起了跟他们一样为民族解放、国家富强、人民幸福抛洒鲜血、牺牲生命的革命先辈们。从翻身解放到辉煌巨变，从缔造新中国到建设新中国，无数优秀的中华儿女，以天下兴亡、国家强盛为己任，书写了一幅幅雄奇壮丽的历史画卷，矗立起一座座永垂不朽的历史丰碑。

习总书记说："一代人有一代人的长征，一代人有一代人的担当。"

我们这一辈人，在我们的长征路上，栉风沐雨、不舍昼夜，将最美的赞歌献给最爱的祖国。今天，我们足以告慰先烈，祖国山河无恙，这盛世，如你所愿！

五星红旗下的青春之歌，已经化作我们最真诚的誓言，我们愿用一生的奋斗，在更加广阔的世界舞台上，唱出最有力的中国声音！歌唱我们亲爱的祖国，从今走向繁荣富强！

做好新时代青年的领路人

群众游行志愿者 第二十八中队 曲远山

我是人文学院17届,群众游行党支部的一名党员曲远山,很荣幸在工作的最后一个暑假中,与各位优秀的辅导员同仁一起向祖国报到。

自7月8日以来,无论骄阳烈日,还是风雨交加,我们都与同学们一起,经历着一次次行进,一次次标齐,声声口号拼凑出一个终身难忘的暑假。

辅导员们不仅要完成自己的基础训练,以身作则,更要牢记使命,守好自己的每一班岗。在训练中,我们是队友,是队长,是老师,更是同学们的知心人。

训练场上,我们是兢兢业业的训练员。记得在队列训练时,很多人都是第一次喊口号,大伙儿的嗓子轮番喊哑,却依然坚持帮助教练完成训练,只为中队的同学不会在考核中被淘汰。还记得体能训练中,明明自己已经气喘吁吁,还要提醒跑在内圈的同学当心别崴脚,跑完步明明累得想一股脑躺在地上,还要生拉硬拽已坐下的同学慢步放松。训练,不仅是一个体力的磨炼,更是与同学们心与心的磨合。

训练场下,我们是仔仔细细的辅导员。训练前期,每日提醒队员们天气情况,叮嘱防晒防雨防受伤;按时统计队员们的作训情况,实时关注学生心理、身体健康。记得有一次,中队内的队员因肠胃炎休息一天,我一天三遍电话了解独自在宿舍的队员身体恢复情况,她调侃说中队长比自己爸爸还关心自己。当然,我们也有严厉的时候,按时关注同学们线上舆情,严格落实请销假出勤制度,育人先律人,规矩成方圆。

最近,社会事件频发,年轻的中国受到多方挑战,无论是线上当好护旗手,还是网友出征应援祖国,抑或是海外学子集结高唱,都是当代青年人对国家对未来责任心的体现。作为一名即将在重大活动中献礼祖国的表演者,作为一名基层学院的辅导员，我们也要坚定信心，守好底线，做好自己力所能及的事情，精益求精，万无一失。

辅导员是学生前行路上的领路人，是学生成长路上的陪伴者。重大活动的参与对于学生们来说，就是一堂浸入式的思政课，通过活动育人搭建平台，从参与到爱国，让爱国主义情怀在同学们心中牢牢扎根。如何做好学生思想引领，让重大活动的践行体会成为厚植学生心中的爱国主义情怀种子，是我们要更加努力的方向。

我们与同学们一起见过清晨五点的朝阳，看过凌晨闪烁的星光，比过黝黑的臂膀，踏过激昂的步子，我们一定竭尽全力，带领同学们代表学校，用最好的北林精神献礼祖国70华诞！

在岗位上，感受磅礴的爱国力量

外围志愿者 外围中队 赵哲贤

记得在中学的时候，经常以这样一句话勉励自己：你所站立的地方，就是你的中国。你怎么样，中国便怎么样；你是什么，中国便是什么。离10月1日，已过去了十余日，但回想起参与这次志愿服务的经历，对我来说，仍然难忘。虽然作为集结疏散志愿者，所做的事情并不像训练了两三个月的伙伴们那么多，但看着熙熙攘攘的人群，不同岗位的每一个人都散发着不一样的光芒。我想，如果我们每个人都活成一束光，中国，就必将是一轮闪耀的太阳！

在自己快要进入大四的时候，选择参加国庆70周年庆祝大会志愿者看似是件冲动的事情。在考研的关键时刻，身边的同学们都在争分夺秒地复习，而我仍需要参加训练与排演。但能够成为志愿者的一分子，这是让我永远都不会后悔的决定。作为参与集结疏散的"红色志愿者"，学校从各方面为我们考虑，我们的培训时间也比较短，因此之前忧虑会耽误复习时间的情况基本上没有出现。作为北林学子，也作为一名即将毕业的大四学生，能够有这样的机会，我无比自豪与骄傲。我可能只是一名普通的大学生，但我永远愿意把我有限的生命投入无限的为人民服务当中去。

当第一次知道，我们只能在惠新西街北口站负责集结疏散而无法去到天安门广场，说没有失望是假的，但在每次演练的时候，每次看着演职人员走过时洋溢着的灿烂笑脸，我都感觉无比欣慰。从初演练时候的"警察叔叔"，到后面加入的警犬队伍，我们每一个集结疏散细化到每名志愿者服务的点位，能够感受到祖国对每一个细节上的用心，能看到成千上万人对大会的热情支持与保障。正是这样的事无巨细，才能给国人、给世界呈现出这样一次震撼的庆祝大会。我们的工作虽然都在夜里进行，但没有人抱怨，也没有人露出疲态，其中有跟我们一样的学生，也有已经工作的哥哥姐姐。我们都在自己的岗位上发散着属于自己的爱国热情。我们知道工作虽然简单却并不普通！

记得国庆当天，我们从深夜到日出，感受着清晨里的第一缕暖阳。我们虽然在夜里工作，但我相信，我们的微笑仍是一道美丽的风景线。在国庆70周年庆祝大会当天，看着那一件件熟悉的服装，那曾经从身边走过的熟悉的方阵经过长安街，我感觉到心潮澎湃。

一部共和国的发展史，就是爱国主义精神不断彰显和升华的历史。它引燃了每一个中国人心中的那团火。而正如习近平总书记所说："奋斗不只是响亮的口号，而是要在做好每一件小事、完成每一项任务、履行每一项职责中见精神。"

生活在北京，在新时代的发展际遇之下，我们的机会更加丰富，在每一个广阔的平台上，我们挥洒着汗水。我做过不少的志愿活动，但这一次的志愿活动无疑最具有爱国情怀。我为我能参与其中感到深深的自豪。参与这样的活动是让爱国深深切切地走入我们的心坎。快闪里的每一句表白和永远印刻在我心中的五星红旗，在我心中价值千金。参与这样的志愿活动，也给我更多的力量，鼓舞我去为国家贡献自己的力量！

我与祖国的十年之约

群众联欢志愿者 六班 陈舒怡

2019年10月我有幸参与到中华人民共和国成立70周年庆典活动之中，成为群众联欢活动的一员。10月1日当晚，我与3万名志愿者一同在天安门广场挥舞荧光棒，庆祝祖国母亲的70华诞，而我的心中升起了一丝别样的情感——其实，参加70周年庆典是我与自己一个深藏心底长达十年的约定。

2009年我正上小学，那年是新中国成立60周年。10月1日那天，我站在天安门广场，头顶花环，与北京市其他的小学生们一起组成了一道巨大的彩虹。

在活动结束之后，我们年级组长对我们说："亲爱的同学们，你们应该为自己感到骄傲与自豪。你们参加了国家如此重大的活动，可谓是一生光荣。"我至今依旧记得那时同学们的笑脸，那是一种溢于言表的激动和自豪。年级组长继续说道："你们当中也许会有人参加70周年大庆，但对于绝大多数同学来说，这是一生中仅有一次的珍贵记忆。等多年后大家回想起来，一定会为参加过60年大庆感到荣幸。"这段话给我带来了深深的触动，我默默下定决心，一定要参加70年的庆祝活动。随着时间的流逝，这一份与自己的约定也许被我遗忘在记忆的角落，直到今年夏天，一个通知唤醒了这段我尘封已久的记忆。

6月中旬的一个通知让我重新想起了一个长达十年的约定。当我看到十月重大活动志愿者的招募信息时，十年前的一幕幕场景仿佛映在我眼前。我仿佛在眼前看到了十年前的那一幕幕场景。所以我毫不犹豫地报了名，成为一名群众联欢的舞蹈志愿者。十年前的那些回忆也是我认真训练的动力。我能够参加两次重大活动实在是三生有幸，所以我更加珍惜我的训练时间，因为我清楚地明白这次活动的重要性。每次训练我都会提前来到排练厅，坐在那里回想前一天学习的动作。每天导演都会亲历现场，讲解并指导我们的动作，同学们认真聆听，修正动作，加强练习。有所付出就一定有所收获，训练的效果显而易见，我们练习的舞蹈日趋完美，这让大家都十分欣慰。因为我们心中有一个信念——为祖国母亲献礼。

经过十年，我的思想也发生了变化。十年前，我为自己自豪，因为我完成了祖国60大庆的重大任务。十年后，我为祖国自豪。在十一庆典即将结束的时刻，当我们充满激情地向金水桥汇聚时，我不仅看到了各个方阵的舞蹈，看到了全体参演人员的激动、幸福自豪的笑脸，还看到了社会稳定和国家富强。

在三个月的训练中，让我印象最深刻的就是第一次去天安门的合练。当我走到长安街，站在自己的位置上时，看着不远处的天安门城楼，我感触颇多。十年后故地重游，这周围的一切仿佛什么都没变，又仿佛都变了。不变的是一个青年对祖国的赤子之心，变的是中国飞速的发展步伐。从长征运载火箭的发射，到现在嫦娥五号、墨子号量子科学实验卫星的升空、世界最大的望远镜——中国天眼的竣工及港珠澳跨海大桥的通行，每一天都在尽显我们伟大祖国日新月异的变化。我作为一名新时代青年感到自豪，我要牢记习近平主席的教导，努力学习、刻苦专研，为祖国的发展尽自己一份微薄之力。

我实现了对自己的承诺，也完成了与祖国的十年之约。在我所经历的两次重大活动中，我都没有给自己留下遗憾，出色地完成了祖国交给我的任务。祖国60周年与70周年的活动分别在我10岁和20岁的年纪留下了此生难忘的两个闪光点。如果有机会，我期待下一个十年……

一次难忘，一生荣耀

观礼志愿者 观礼中队 宋悦

"今天是你的生日，我的祖国……"这个旋律在我脑海里久久萦绕不去，尽管每次阅兵我都准时守在电视机旁观看，但是亲身经历的70周年国庆带给我的震撼比任何一次都强烈，永远难忘，一生荣耀。

感谢生逢其时，我能有幸成为国庆观礼志愿者南广组中的一员。由于岗位的特殊性，南广组的工作秘上加秘，庆祝大会一共有三次演练，我看着除了南广组的其他志愿者都先后去到长安街，心里着急，甚至一度怀疑我们的岗位被取消了，只能每周默默安慰自己："没关系，下周就会去了。"就这样挨过一周又一周，不敢让自己的期待值太高，害怕第二天早上收到"南广组取消，感谢大家参与"之类的话，更害怕没有机会穿上崭新的志愿者服装看一眼天安门，哪怕只是站在长安街尽头远远望一眼也好。

等待永远是煎熬的，直到9月30日中午我拿到自己的观礼邀请函才知道，我真的可以去现场看庆祝大会了。

10月1日凌晨4点，载着北林观礼志愿者的车出发。我一夜未睡，却毫无困意。转头望向窗外，北京的大街上，路灯发着暗黄色的光，五颜六色的商铺标牌静静地亮着、闪着，清洁车沿着路边给路面做清洁，除了多出许多来去匆匆、载着志愿者的"000路"公交和大巴，和每一个平凡的夜晚别无二致。抵达时，天色很暗，天空中有些雾，从长安街西侧看不清东侧发生着什么，在我们的服务点也看不清天安门城楼上如何，但那几个红色的灯笼很鲜艳，刚平静的心又掀起一丝波澜。

渐渐天明，雾霾散去。10点庆祝大会正式开始，南广组的工作也正式开始：带动观众气氛。但是很快我发现这个岗位有些多余，所有的观众无须带动，都在无比热情地招手挥旗，向参与阅兵和表演的人致敬，向祖国表达最真挚的生日祝福。

结束，返程。10月1日和我想象的几乎一样：万人合唱国歌，金水桥上驶出的阅兵车，震天响的"为人民服务"，天安门前整齐划一的受阅军队，天空中分秒不差的飞行部队，盛大的群众彩车游行。但和我想象的也完全不一样：凌晨裹着大衣守在自己岗位前的志愿者，开场前全场的30分钟静默，升国旗时观众整齐的脱帽，老兵队伍经过时旁边武警特勤哥哥低声说的"他们是共和国的功臣"……我知道会激动，但没料到我激动得想从座位上跳起来；我知道会为祖国感到骄傲和自豪，但没想到感动和自豪一起涌到心头带着泪水在眼眶中打转。

遗憾的是只去了一次长安街，只有一次为了祖国彻夜未眠，属于70周年的记忆相比之下格外少。

幸运的是有属于我和祖国的记忆可以珍藏，永远记得看的那一次升旗，唱的那一次国歌，鼓掌呐喊的那几个小时，拼命摇动小红旗的那一群可爱的人。

无论我在哪里，我知道祖国永远在我身后。

爱自己，更爱祖国。

三代青春献祖国

群众游行志愿者 第四中队 程晓雯

"10月1日"对所有中国人来说意义非凡。2019年的10月1日是我们中华人民共和国成立70周年的伟大日子,这一天中国举行了最强阵容的大阅兵和群众大游行,很幸运,我是游行队伍的一分子!

国庆当天,看着载着国旗、党旗的飞机从天空飞过,看着DF-41等重型装备在眼前驶过,看着老兵在车上向我们挥手示意……我硬生生把激动的眼泪憋了回去。

何其幸运加入四中队的大家庭。我们一起走过天安门,向全世界展示了我们最好的精神风貌。当看到习总书记站起来向我们挥手示意的时候,我们是何等荣光,一切都值得!这盛世,是我们一代一代中国人用青春用热血用汗水换来的!

当年,21岁的外祖父留下一封书信,作为高炮兵的一员赶赴抗美援越的战场,当美帝的飞机在头顶上狂轰滥炸时,我的外祖父和他的战友们冒着纷飞的弹片,将生死置之度外,瞄准侵略者开炮!开炮!在潮湿阴暗的猫耳洞里躲了一年多,外祖父作为北方人水土不服,从此落下了严重的风湿性关节炎,一到下雨阴天,就疼痛难忍。战场上,炸弹震耳欲聋的爆炸声导致外祖父的听力很不好,和他说话你要趴到他的耳朵根说,他才能听到,可他从来没埋怨过什么,也从不后悔,因为为了保卫国家的安全,一切都是值得的。

1998年,我们的国家遇到了百年难遇的大洪水,26岁的父亲作为百万军人的一员参与了抗洪抢险。数百万军民众志成城,奋起抗洪,一方有难,八方支援。冒着大雨,父亲跟战友们用沙袋堵住大坝缺口。不会游泳的父亲,抱起一根破木头,跟着他的战友就跳到洪水中拼着命地救人……汗水和雨水混在一起,湿透了那件印着"抗洪抢险"的背心。那是父亲入党的第五年,也是和母亲结婚的第一年。

  2019年，我20岁，是北京林业大学的一名大学生。祖国繁荣昌盛，人民安居乐业。70年风雨，铸就了今天美好幸福的生活。七月份，我幸运地被选中，成为70周年国庆队伍中的一员。三个月的刻苦练习，换来天安门前精彩的展现，很值得，也很幸福。这一年，我很荣幸地成了党的发展对象。

  方阵三个月的训练，一直紧绷的神经，担心自己不能撑到最后，晚上常常到操场跑步锻炼体能，就是为了不让自己倒下，白白错失向祖国献礼的机会。皮肤黑了很多，太阳很晒却不能晒退大家坚定的步伐。烈日下，我们依然昂着头向前走⋯⋯

  当朝着天安门喊出"祖国万岁"的时候，我哽咽的声音都哑了，三个月的训练，早起晚睡，熬的夜，流的汗，都值了，现在只觉得无上光荣。这就是青春该有的样子！

  只想说感谢，感谢首都北京，感谢北林，感谢所有人⋯⋯是大家的努力，是家人的支持，是学校和老师的鼓励，促使我们坚持了下来，当然，也要感谢自己坚持不懈的努力。

  重温开国大典的影像，黑白的影片，粗糙的音质，我热泪盈眶，看今朝忆往昔，我们的国从一穷二白到现在的国富民强，都是我们一代代中国人，不忘初心，坚持不懈努力奋斗出来的。国庆活动虽然结束了，但这种坚持不懈、团结拼搏的精神将会一直延续下去。我将永远保留那份热情和决心，努力学习，在自己的专业领域为祖国的发展贡献自己的一份力量！

  我们家的三代人，用各自的奋斗和切身的经历同祖国同行，共同发展，为实现自己的梦想努力着，坚持着。三代人，励志把自己的青春献给党，献给国家，外祖父、父亲践行了他们的誓言，现在轮到了我，接过他们的交接棒，我将更加努力奋斗，才无愧于这个时代，无愧于父辈的嘱托！再次祝祖国母亲70周年生日快乐，我爱我的祖国！

最好的二十岁

群众联欢志愿者 七班 丁甜

"嘟嘟嘟……"微信语音通话的界面突然弹了出来,紧盯着时间变化的我心里一紧,马上接通了电话,还来不及说话,对方焦急的声音就传了过来:"你来了吗?你到哪啦?你怎么还没过来,我们都要出发了!快点快点!""好!我马上就到!"我喘着气回答,"我已经在科研楼边上了!等等我!"距通知出发的时间还有两分钟。

因为我们的表演是在晚上,想当然地认为是下午集合。所以十月一日这天我早早起床,从容地收拾了一下自己,和朋友们在活动厅开心地合影留念。结束后我和朋友们分开,看到楼下便利店里有不少人在观看阅兵,于是我买好零食回到宿舍,换上舒适的睡衣,打开电脑想看会儿阅兵仪式。正带着"姨母笑"看着屏幕里出现的军人,低头瞥到微信有新的通知,打开一看通知群说:"十分钟后集合发车,一分钟都不等人。"那一瞬间我的大脑空白了,看着被我整齐放置在一旁的演出服发愣,突然一下反应过来,开始赶紧换衣服,一路狂奔。当我在最后一分钟赶到集合点时,最前端的车已经有了要开动的迹象,而我一上车,立马有同学往前传话,人到齐了,十号车也顺利出发。在最后一排安坐下来,悬着的心也放了下来。

还好车途只是短暂的,很快我们到达了五棵松,在五棵松等待了一个下午后,我们开始分批向天安门进发。到了晚上八点,联欢活动正式开始!哪怕我的位置已经很靠前了,但依旧看不清天安门城楼上的状况,但惊喜的是我们的队伍后正对着一个转播屏,当看到国家领导人一一走到城楼上,我们所有人爆发出最热烈的欢呼;当烟花在我们头顶绽开,我拥抱着身旁的同学,眼中含泪呼喊着"祖国生日快乐"。当《不忘初心》的旋律响起,在这饱含深情的乐曲里,感动像决堤的河流,随着眼泪汹涌而出。当我随着众人以汇集的状态涌向天安门城楼，我期盼地望向天安门城楼，只想再近一点，近一点，那一刻的它，是那么的耀眼、那么的宏伟！

联欢结束后我坐在最后的观众席上，闭着眼深深地呼吸着长安街的空气。整个活动过程中，那些令人记忆深刻的场景一一浮现：

是为我们保障后勤的车长和男生，在汽车运行的颠簸时努力稳住身体为我们转递物资的身影；是为我们活动而加班准备饭菜的食堂工作人员们，叮嘱一句"不够再来加"的关心；是在天安门广场时，看到我有需要就会走到我面前收走垃圾的保洁人员；是每一次老师们发给我们今天物业方又为我们提供了什么便利的通知；是一直鼓励我们，为我们设身处地着想的导演们；是来回路上一路相护的安保人员们……

是结束一天练习后，被老师、导演们夸奖后的欣喜；是七月十八号前期训练结束合照时，努力出镜挤在一起欢呼的"北林学子向祖国报到！"的激动；是一起合唱"中国，祝福你，你永远在我心里；中国，祝福你，不用千言和万语"时的骄傲；是去台头小学训练时，希望早点落日的焦急；是第一次去阅兵村时，差点走丢，最后靠着"北林绿"找回队伍时的哭笑不得……

十月底，学校举行了表彰会。看到老师通知的第一眼，我的想法是，或许这就是我这一次国庆活动的结尾了，所以我赶紧报名参加了表彰会。在会上，我看到了国庆活动中和我们一同庆祝的其他队伍的同学们，他们的故事也让我备受感动和鼓舞。因为亲身参与，所以懂得转身离开，将背影留给天安门的志愿者们心中的遗憾；因为亲身参与，所以懂得烈日下，深夜里来回训练的群众游行的同学们的辛苦；因为亲身参与，所以懂得合唱队伍的同学们练习到声音嘶哑也毫无抱怨的心态！

这一年是我最好的二十岁，因为是唯一一个学校在北京的志愿选择，把我带到了北京；是刚好在中华人民共和国成立五十周年的时候出生，让我能以二十岁的年龄参加到中华人民共和国成立七十周年的庆典；是及时看到的消息，让我在最后一刻赶上了队伍，没有错过这场盛大的活动。

以后的每一次生日，我都会想起那个夏天，那一年的二十岁。这三个月的经历，不仅是我在为祖国庆生，更是我给二十岁的自己最好的礼物！这份礼物让我经历了很多，也懂事了很多，对未来如何选择有了更多的勇气和信念！

从祖国最需要的地方来　奔赴祖国最需要的地方

群众游行志愿者　第十四中队　陆琦

2018年的夏天，我迈出了大学的校门，加入北林研支团的队伍，光荣地成了一名支教志愿者。

2019年的夏天，我顺利结束了服务期，加入十月重大活动的方阵，光荣地成了一名游行群众。

毕业后一年，我从祖国最需要的地方来，奔赴祖国最需要的地方。这短暂的一年里，变化的是我的年龄和经历，不变的是我的初心和使命。

从选择支教到选择加入游行方阵，有人说我"浪费了一年的时光，不如去考研"，有人说我"浪费了最后一个自由的暑假，不如去实习或者出国游玩"……但我想大声地告诉所有人，我所收获的远远超过了所谓"失去的"。因为不论是曾经每一个夜晚努力备课的我，还是在太阳下暴晒，抑或熬夜训练的我，不论是课堂上为学生讲课的我，还是在训练场和伙伴们并肩奋斗的我，不论是深入学困生家庭辅导的我，还是走在长安街上游行的我，都从这一个个宝贵的经历中收获了别人没有的经历和成长。正是有了下基层和为国庆献礼这双重经历，我才真正体会到了祖国发展的日新月异和身为中国人强烈的自豪感和民族认同感。

十月一日就好像昨天，一幕幕场景让我感动和震撼。当一个个方阵从眼前走过，我好像一个历史的见证者，见证着新中国成立70年来的飞速发展、巨大变化与伟大成就。尤其是当看到载着老兵们的车经过时，他们抬起颤颤巍巍的手向大家敬礼致意，我想这辈子我都忘不了那个画面，就像有句话说的那样："哪有什么岁月静好，只不过是有人在替我们负重前行。"每一个为祖国发展做出贡献的人都值得我们尊敬。

置身游行方阵，我深刻体会到，70年来，中国在用自己的行动向世界证明，中国力量不可小觑，中国的发展在飞速前进，每一个中国人都在为祖国的发展贡献力量。

一年的时间，我从祖国偏远的贫困县走到了长安街，而从我的家乡——一个祖国的边陲小城，走到北京，我用了18年。身为一名青年志愿者，在家乡、在支教的我见证的是我国教育资源的不断下沉，学校的硬件设施越来越好了，师资力量越来越优质了，农村甚至山区的孩子们能够享受到更好的教育了。身为一名当代大学生，在北京，我见证的是我国综合实力的不断提升、经济发展的速度之快，70年来不断创造的辉煌成就。我和我的祖国一刻也不能分割，不能分割的是爱国之情，更是所有中国人强烈的归属感和认同感。

习近平总书记说过："新时代属于每一个人，每一个人都是新时代的见证者、开创者、建设者。"我想，对所有青年人来说，我们亲自见证了新时代的发展，接下来要做的就是将"小我融入大我，青春献给祖国"。而作为北林学子，作为一名新入学的研究生，我要做的就是努力学好专业知识，发挥专业优势，用实际行动践行"知山知水、树木树人"的校训，不断投身绿色事业的伟大实践，为实现"无山不绿，有水皆清"的绿色梦、中国梦不懈奋斗。

从祖国最需要的地方来，奔赴祖国需要的地方。从贫困县来到长安街去，一年的时间里，不变的是初心和使命。我想我的初心和使命就是埋头苦干、默默奉献，在自己的专业发光发热，在未来很多很多年里为祖国的发展添砖加瓦，为实现我的梦、中国梦不懈奋斗。

我仰望五星红旗

广场合唱志愿者 女高音中队 姜卓君

"我仰望五星红旗她在万里晴空，飘啊飘呀……"

那是2013年的9月30日，我所在的中学在"向人民英雄敬献花篮仪式"中是童声合唱的主力，这是我第一次在天安门广场上，在人民英雄纪念碑前唱歌。那时候，初入高中的我大概明白了"爱国"这个词的含义，但我不会想到的是，有一天我会再次来到这里，站在离祖国心脏更近的位置，含着热泪唱响《歌唱祖国》，强烈的爱国情怀在心间激荡。

六年后的5月初，当我得知能再次为祖国献唱的时候，我感到万分荣幸。5月29日，一个名叫"东方红合唱团"的群聊初步形成，从那时起，它便一直是我的"置顶"列表中的第一个。在后来4个月的时间里，至少有50条通知都在这里诞生，时至今日，我依然不舍得把它移除。从6月份最终名单敲定后，学生合唱团53人，学生交响乐团16人，校社联13人，校学生会10人，老师1人，共93个人的名字就一遍一遍地出现在我的眼前，从收集他们的个人信息到衣服尺码，从惊叹于"'零零后'身份证号上的零也太多了"到75cm的头围，获得了一份简单的快乐。这份名单是我最珍贵的文件，整理这些信息是我最珍视的一份工作。

在整个训练过程中，最让我感动的莫过于一些不太会唱合唱的同学面对指挥部和我们的严格要求，依然保持很高的积极性，并努力寻求指导和进步，不迟到，不早退，"有所付出自会有所收获"，他们最终成功地成了正式的合唱演员，他们人生中的第一个合唱舞台便是天安门广场，这是多么荣幸和难忘的事。我很高兴看到参与广场合唱的志愿者能够打成一片，大家在训练中，打破了组织之间的小圈子，成为有很强凝聚力的一个大集体。在随后的活动中，只要有需求，广场合唱这个新的合唱团总会紧紧地聚在一起。每次通知后的"收到",都代表着成员们对这次活动的眷恋和不舍,并真真切切地希望这个集体可以一直延续下去。训练是辛苦的,也是惊喜的。我所在的合唱团以及艺术团拥有了更好的纪律和组织性,他们主动承担工作,相互分担与体谅,可以说参与这个活动,锻炼了我们的工作能力,增长了我们的见识。

也许在平时,我们是一群瘦瘦弱弱、喊苦喊累的年轻人,但在10月1日当天,我们是顶着烈日、挺起胸膛、不怕苦不怕累的青年大学生。当镜头扫过那金黄色的方阵,我们代表的不仅是自己、是学校,更是万千的青年大学生。当《我和我的祖国》和《歌唱祖国》响起,当和平鸽和气球从头顶飞过,我们再也无法抑制心中的激动之情,眼泪夺眶而出。曾经多少次,我们在唱这首歌时筋疲力尽,但在那天,我们好像有用不完的力气,反复唱了一遍又一遍。

我想,多年以后,我不会忘记在排练厅里为了一个小节的节拍而捶胸顿足的自己,不会忘记那个感谢自己坚持的学弟,不会忘记那个咬着牙站到最后的学妹,不会忘记2019年,那在五星红旗下金黄色的身影,眼含热泪地唱着《我和我的祖国》,就如同我不会忘记2013年那个微雨的上午,一群中学生身披雨衣,唱着《我仰望五星红旗》。我想,不会有任何一个国家能复制和超越我那天所见到的盛况,也不会有任何一个地方,能让我激起我心底如此振奋和自豪的情感。

原来,爱国的种子,早已在我们心中悄然发芽,就像歌词中唱到的:"我们张开了一双红色的翅膀,迎着阳光,蓄势待发。"

在人生历程上写下青春无悔

彩车志愿者 彩车中队 王潇漪

对2019年10月1日的期待，比任何一次生日、节日的期待都要更持久、饱满、厚重。那一天是中华人民共和国成立70周年的日子，是举国共庆70年来伟大成就的日子，也是我从未想过能够亲身参与的一场盛典。

演练初体验——记忆比影像更清晰

阴历八月十六晚上，一轮皎洁的圆月挂在天空中，周围的云彩都被映衬得很明亮。我们坐着000路公交车来到彩车的集结地点，开始了第一次演练。看到半成品彩车一辆辆停放在指定地点，我们在路上走来走去，打量着这些即将代表着新中国发展历程的"能开动的故事"，心中充满了激动。国庆志愿服务的初体验给我带来满满的"新鲜感"，虽然被要求不能带手机，但是关于那天，记忆中的震撼和欢声笑语会比照片更清晰。

全要素演练——与"大佬"的初次会面

按照第二次演练的安排，彩车上的代表性人物将会到齐并全程参与。在为他们准备工作牌的时候，志愿者们就发出了阵阵惊呼。能登上彩车的代表性人物都是各行各界的精英，有我们熟知的文体明星、艺术家，有英模人物、优秀党员，还有企业家、科学家等，我们偷偷地叫他们"大佬"。第一次见到这么多大佬，甚至还可以和他们说话、一起吃饭，大家都很兴奋。但是经常和"大佬"们打照面之后，我们发现他们并不高冷。不论是来自基层，还是家喻户晓，在各行各业散发光芒的人，自律又有规则意识，低调又朴素，很值得尊敬。

三天的演练中穿插着早起、熬夜、轮班站岗、突发通知，我们团队的45名志愿者一直处在兴奋与疲惫交织中，但这一切复杂的感受都汇成了对国庆当天的期待。全要素演练让我感受到了"自豪感"。

正式上岗——有条不紊圆满收官

彩车志愿者是本次庆祝大会中最早上岗的岗位之一，在庆典正式开始的前一天早上，我们就到达了工作地点。第一天接待代表入住、培训，第二天协助代表上车，确认细节无误。经过了之前的演练，大家都更熟练，也更稳重了。

按照指挥部要求，彩车全部开动后，工作人员和志愿者才可以离开，我们一直站在路边静静等待着。天朗气清，惠风和畅，彩车在阳光下如此鲜艳闪亮、丰富隆重，代表们坐在上面，神采奕奕地挥着手，受阅飞机从我们工作区的上空飞过，划出一条条彩色的线。虽然不能亲临阅兵现场，甚至连直播也没看到全部，但能够亲身去参与和感受，便也是青春无悔吧！工作结束，肩上的担子轻了，心里却沉甸甸的，回首我们做过的那些小事，构成了充实的"成就感"。

至此，隐藏了三个月的"秘密"，终于可以不再保密，我可以大声地说出我心中的新鲜感、自豪感和成就感。彩车志愿者这个全校最酷的"官方追星团"一直很团结，在高强度的工作中始终保持高昂的状态，显示了北林学生朝气蓬勃的精神面貌，也得到了指挥部老师和各区工作人员的夸奖。

中国有着悠久的历史、博大精深的传统文化，它也曾经历过半封建半殖民地的历史时期。中华人民共和国成立的过程中有太多的坎坷和不易，而当今中国经济、政治、军事、科技都处于世界前列，扶贫、教育做得扎扎实实，那是千千万万各行各业前辈们付出的汗水，甚至是生命换来的。

国庆志愿的经历不仅是可以切身感受祖国强大的一次爱国教育，更是我人生历程上的青春无悔。它使我收获了未来十年在自己的事业里一往无前的冲劲儿。青年学生会将自己放在国家发展的进程中，为中华民族伟大复兴贡献自己的力量。吾辈当自强！

铸就无悔青春　镌刻祖国印记

群众游行志愿者　第十六中队　李贺洋

无悔之相遇

初遇，便想将心根植在这里。

曾记否，第一次小队长例会上，学长、学姐带着我领会一份责任的重量；难忘却，第一次训练，大家眼神中闪烁着坚定，步履铿锵。如此庆幸，能在最后一次报名时递上申请；何其有幸，能将汗水洒在"绿水青山"方阵，将这个夏天的记忆留给我们深深爱恋的祖国。

团结之精神

夜晚微弱灯光下的电脑其实并不孤单，因为在另一端，有很多与我一起在为同一件事而努力的老师、同学。我们是国家的新鲜血液，而团结是让我们奔涌不息的力量。我不会忘记那次为了几个红色歌曲，同伴替我等到了深夜三点；不会忘记启动会的前一晚，工作到很晚的我们相约把闹钟调到最大声；不会忘记当我们在开场前需要临时剪辑音乐，面对着 Pr 软件一脸茫然时，学长施以的援手；更不会忘记，大家在会议的最后合唱《我和我的祖国》时，每个人眼里闪过的欣慰和泛过的泪花。

坚强之意念

那是一段将永远印在我青春里的日子。傍晚，会有室友悄悄关上灯、拉上窗帘，为了让我以饱满的状态迎接今夜的挑战；凌晨，遇见的刚刚洗漱的同学会对穿着训练服的我们说一声加油。也许，正是因为有了身边这些同样怀揣着爱国之心的同学们的支持与鼓励，再苦再累，再困再疲，我们都愿意保持昂扬向上的精神状态与永不放弃的斗争姿态。也许，正是因为心底有那样一种支撑我们向前的信念，我们才从未忘记自己因何而出发。

也就是在那段时光里，我才慢慢发现原来深夜一点钟的校园可以那么明亮，原来夏天四点钟的北京也有点凉，原来看着太阳升起是那么美好的一件事情。

爱国之初心

"我和我的祖国，一刻也不能分割……"在我脑海中久久回荡。伴着这句歌词渐渐入睡，伴着这段旋律来到长安街迎接十月一日的第一缕曙光。当国歌响起时，大家不约而同地站起身来的场面，令我终生难忘。当武器装备从身边开过时，我深知它们不再是冰冷的钢铁而是中国的实力。当遇见乘载老兵的彩车时，我们向英雄高呼致敬，他们也颤颤巍巍地举起手向我们示意，那一刻，在他们眼中的是国家的未来与希望，而我们肩上的更是时代的使命与担当。我永远不会忘记老兵向我们敬礼那一瞬间眼泪的夺眶而出。"70年，这世界如你们所愿，你们用鲜血打下的江山，我们新一辈会尽全力奋斗与守护！"

百日汗泪挥洒只为这一朝夺目闪耀，当"绿水青山"方阵在万众瞩目下走过天安门时，忽而听到"知山知水，树木树人"。不知为何，一种前所未有的自豪感油然而生，为我身为北林人而骄傲，为我能够在此为祖国庆祝70华诞而骄傲，为我能在未来通过努力为祖国的绿水青山贡献出一份自己的力量而骄傲。

一生一次，一生荣耀。这是一次挑战，也是一场蜕变。70年，国家从百废待兴到繁荣富强；一百天，我们从不经风雨到自信坚强。不断锤炼中，我们渐渐经得起考验；共同奋进中，我和祖国似浪花与海感受着彼此的温度。历经考验，我们初心不改；沐浴荣光，我们不忘因何而出发。感恩遇见重大活动，让我能把最美的那个夏天留给"绿水青山"方阵；感恩"绿水青山"方阵，让我能把最美的那段青春镌刻上祖国的印记。

青山绿水筑长城

群众游行志愿者 第二十一中队 李鸿儒

收到报名重大活动的通知,我思考了一个晚上。

一边是早有安排的暑期计划,另一边是为国奉献的宝贵机会,我询问了父母,又和朋友讨论,最后才想明白很简单的一件事:我参加了也不会因此而后悔,但如果我不参加,将来一定会后悔。

于是,我得到了这次难得的人生体验,得以向祖国奉献我的青春力量,向全世界展示新中国的崭新风采。

暑期艰苦的训练,锻炼了我的体魄,培养了我吃苦耐劳的精神;九月份凌晨出发的艰辛,考验了我持之以恒的意志。这场活动的演出效果,皆是由我们每一天的精疲力竭凝就的。

每当我们劳累不堪的时候,我总会想到70年前筚路蓝缕的前辈们,他们用一生,把一穷二白的祖国扶起来,然后留给我们一个充满希望的、欣欣向荣的新中国。与他们的辛酸血泪相比,我们这点艰苦又算得上什么。

九月份的模拟演练,当我走在长安街上时,当我看到过往的工作人员,看到和我一样的青年学生,看到老人和小孩,看到在伟大党组织的带领下,我们所有人都为了同一个目标而努力、为了让全世界看到中国及中国人民的伟大而坚持的时候,我感受到了人民的无穷力量,感受到了大家对祖国的热爱,这是在其他任何一个国家,都很难见到的力量及感情。

当然,震撼我的还远不止这些。当我休憩在邮通街,亲眼看到各种先进机型的飞机炫技时;当我行走在长安街,和在之后成为大众焦点的DF-17和DF-41一起行进时,尤其是载满退伍老兵、退休干部们以及由他人抱着的那些已故先辈的黑白相片的彩车经过我们身边时,我的眼眶倏忽充满了泪水——人世间最壮阔的不是巨浪千里、高山万仞,而是万众一心,移山填海。

千千万万个普通人相聚在一起，抱定同一信念，便绝不再普通。1949年阅兵飞机飞行两遍的历史已经不再。现在，新时代青年接过了先辈们的接力棒，大学生们在十月重大活动中起到了极为重要和广泛的作用，承担了一个又一个艰巨的任务，这意味着中华民族伟大精神传承到了新一代。

　　10月1日之后，当再次回顾庆祝活动时，我们都在为能参加活动而感到荣幸，为祖国阅兵的风采感到骄傲。我们青年大学生亲身体验了祖国的成长，也应该意识到，现在的辉煌还远远不够，祖国想要继续发展下去，想要实现中华民族伟大复兴的中国梦，需要每一个人、每一代人的努力。正如同我们的群众游行方阵，无论是我们的"绿水青山"，还是"民族团结""创新驱动""凝心铸魂"以至"伟大复兴"，都是由党组织领导、各级机关、普通群众全部参与、自发努力，最后才得以成型的。

　　经过本次活动，我更坚定了磨砺自我、提高自我的决心，并义无反顾地申请加入中国共产党，深刻地认识到了作为新时代青年的历史使命，努力以更饱满的状态为党和国家的伟大建设添砖加瓦，更相信只要我们全体中华民族人民朝着共同的目标一起努力，必将战无不胜，中国梦必将实现，共产主义必将实现！

荣耀倒计时

外围志愿者 外围中队 陈琦

2019年，新中国成立70周年。这一年的国庆节注定非同凡响，注定举世瞩目。祖国母亲的生日在临近，属于我的荣耀倒计时也悄然开始。

7月，整个学院的学生齐聚一堂，各个屏气凝神地倾听团委老师的讲话，生怕漏掉了一个字。有人欢呼雀跃自己符合报名条件，有的人垂头丧气，为不能参加而感到遗憾。你想知道到底发生了什么吗？抱歉，这个时候它还是一个不能说的秘密，我只能告诉你，团委老师在安排工作时，神情严肃，一遍又一遍地强调着保密原则；在鼓励大家积极参与这项活动时，脸上又充满了骄傲，他说："这是属于你们的机遇和骄傲，也是属于北林的荣誉和骄傲！"

8月，得知我成功入选的那一刻，我深刻体会到了孟郊及第后"春风得意马蹄疾，一日看尽长安花"的喜悦心情，我和他为之兴奋的事情不同，但那份成功后想让全世界知道的心情却如出一辙。我恨不得马上跟父母说"我被选成……"不，现在还不能说。哪怕此刻我多么激动，多么骄傲，多么自豪，也要把这份心情默默地放在心里，国庆一到，秘密就可以揭晓了。

9月，一切工作都在紧锣密鼓地展开，一项项任务在逐步落实，一场场演习在有序进行。我实际要做的工作和我预想中的有所偏差，虽然有些沮丧，但我很快意识到，我们就像一颗螺丝钉，虽然默默无闻，不能出现在镁光灯下，但我们的位置不可或缺。我告诉自己，一定要打起十二分的精神，用最大的热情、最严谨的态度、最细致的服务保证国庆庆祝活动顺利举行。

10月1日凌晨，养兵千日用兵一时，在静谧的夜晚我们悄然集结，奔赴我们的"战场"。今夜注定是个不眠夜。

到达了指定地点，稍作休整后马上准备投入我们的工作——引导参加群众游行活动的人群，让他们通过安检后有序集结。群众一批一批地来，我们身后的空地很快被占满。为了防止不同方阵、不同目的地的群众走错，我们志愿者手拉手形成了一道人型栅栏，耐心地督促大家快速通过，同时又充当人型喇叭大声呼喊："通过安检的同学请尽快找自己所在的车厢集合！"我们深知自己责任重大，一旦出错，参与游行的群众就无法到达指定地点，我们要用最严谨的态度，对每一个参加游行的群众负责，对整个活动负责。

10月1日，早六点半。朝阳裹挟着无限的光明与活力喷薄而出，经过多个小时不间断地引导，最后一批游行群众也顺利坐上了地铁，我们的任务到此落下了帷幕。和队友相视一笑，捕捉到了她眼神中顺利完成任务的喜悦和一丝不舍，我只能拍拍她的肩膀，看着朝阳，望着天安门的方向，心中默默祝祷：望一切顺利！

我是一名志愿者，在地铁站，在远离天安门的位置做着志愿服务。妈妈发过一张直播的截图，问我："闺女，画面里的这个人是不是你呀？"我看着这个长相和我相似的女孩，鼻子一酸说："妈妈这不是，我不在天安门观礼台，活动进行的时候，我和你一样是屏幕前的观众。"虽然如此，我仍感幸运和骄傲，在中华人民共和国成立70周年这个普天同庆的日子里，我以一滴水的形态汇入人民的汪洋大海中，祝福伟大祖国生日快乐。

脱下志愿服装，我又成了一名普通的学生，属于我的荣耀倒计时也结束了。但这对我来说更是一个新的起点，我将把青春之我投身于实现中华民族伟大复兴的中国梦中，和祖国同行，见证并参与到祖国未来的"荣耀时刻"！

我和我的祖国 >>>

我自豪我是个中国人

广场合唱志愿者 女低音中队 国昊彤

    大二结束之后的那个夏天，对我20岁的人生来说是特别的、美妙的、无与伦比的。填充我这个暑假的不是兴趣爱好、技能训练、吃喝玩乐，而是在为我的祖国准备生日庆典。虽然是同样闷热的夏天，但是以国庆节庆典为目标的每一天，都充满了期待。

    合唱方阵最初的训练中，我的每一天都是和熟悉的朋友们一起度过的，训练项目和作息时间是安排好的，一切进行得井然有序，时光缓缓悠长。我们学唱那些仅仅听过或者完全陌生的曲目。我们都知道，一遍遍的重复和改进后就会变得熟练。所以这时候，训练带给我的是简单的快乐，这快乐源于和熟悉的朋友们一起唱歌。

    后来，我们有了与其他学校合练的机会，我们彼此陌生，却唱着同样的歌曲，可爱又漂亮的指挥姐姐说很开心能与我们合作，我为这些安排好的缘分与相遇感到惊喜。这时候，国庆活动的排练让我体会到了令人安心的归属感。

    与一开始的校内训练相比，乘着大巴车在校外的训练场地奔波，每天两个餐包的日子过得飞快。虽然冷餐餐包不像正餐的饭菜那样能激发人的食欲，但是坐在车座上休息的时候能抱着一大袋零食，使我们这群大学生快乐得像小孩儿一样。餐包里的青桔子不会再生长、不会再变成橘色，但大家在一起快乐的时光不会那样定格。那些经历是无法重来的，是令人留恋的。

    合唱方阵单独练习的时候，我们总是会关注到自己的嗓子唱歌唱到又干又痛，总是盼着天降甘霖，盼着休息时间赶紧到来。但是当我们大家第一次用整齐划一的歌声迎接欢呼着的群众游行队伍时，我真的完全不再去关注自己的腰酸腿痛脚抽筋，滚烫的眼泪早就模糊了我的视线。我急切地想要与朋友分享我内心的激动，却发现我贫瘠的词汇和苍白无力的话语，根本无法诠释游行队伍传递出的那份撼动我内心的热情。最后的最后，我也只能说，那个时刻，我的眼泪是为游行队伍爱国情绪高涨的呐喊而流，那呼喊汇聚起来，一声一声，响彻天际。

每一个主题的群众方阵都拥有一首专属的配乐，方阵队伍到达发令线，我们也就刚刚好唱响了专为那个方阵准备的歌。游行群众的队伍中每一个人都在卖力地挥舞彩带、气球，激动地欢呼着："祖国万岁！祖国万岁！"我们合唱方阵的同学们也铆足了劲儿，高声歌唱应和着。我内心想着一定不能掉链子，一定要用歌声唱出这份快乐而激动的心情。这时候，国庆活动的排练让我更加体会到局部对整体的重要性，每一个环节都不会是单调的个体呈现，华丽而壮观的一切需要我们每一个方阵的配合，需要每一个人高度集中、认真努力的配合。

2019年的国庆节真的很仔细、很深沉、很真实地在我心底刻上了精致而滚烫的痕迹。10月1日的长安街是蔚蓝天空映衬下的、鲜红色之上的五彩缤纷，七彩的队伍徐徐向前，像一条斑斓的河，一幕幕再现着新中国的宏伟征程。

我们在这波澜壮阔的大河之中划着小舟顺流而下，歌唱着祖国，歌唱着大好山河，歌唱着国家领导人伟大的贡献，歌唱着经济社会的发展，歌唱着民族团结，歌唱着中国走出国门，歌唱着新时代的到来……在那个时刻，放声歌唱的人最能感受到歌中的情感，《社会主义好》《在希望的田野上》《我和我的祖国》《我们都是追梦人》等，这些歌再也不是纯粹的美妙旋律，而是我们内心的无限感激、赞美、希望和期许。我们每一个人都心潮澎湃、激动无比。能站在祖国的心脏、站在北京天安门广场的正中央为祖国庆生，我是真的幸福无比！

七万只和平鸽掠过那片天空和那面五星红旗的画面，我一定会永生难忘。我庆幸我是中国人，我庆幸两年前选择来到首都北京，我庆幸加入了合唱团大家庭。能作为一名合唱志愿者在天安门广场为如今繁荣强盛的社会主义中国庆祝70华诞定格在已经过去的10月1日，但每次忆起那天的自己、用文字来表达当时的情感，我都会受到震撼、泪如雨下，因为那一定是我一生的荣耀。

寸心寄华夏，岁月赠山河

群众游行志愿者 第二十五中队 漆苑彤

又是一年夏天，这是一个闪耀的夏天。从仲夏到初秋，三个月的时间里，我们用训练的汗水向祖国报到，为祖国70周年华诞献礼。

初次选拔群众游行志愿者时，心中不免犹豫，是选择两个月安逸闲适的暑假，还是去参加也许一生仅此一次的国庆群众游行。答案显而易见，被身边同学、舍友热情参与的积极性所感染，我提交了志愿者申请。无比荣幸的是，我成了"绿水青山"方阵中的两千分之一。国庆前的训练阶段，都是高度保密的，动员会、中队见面会，神神秘秘，谨慎小心。学校训练时，无论天气多炽热、太阳多毒，同学们都少有怨言，将每个动作精准地踩上音乐节奏点，努力做到精益求精。

合练阶段的记忆，最让人印象深刻的是提前看到了"剧透"。当数以百计的战斗机群"嗖"的一下从头顶划过，血液似乎在那一个瞬间沸腾，那颗赤诚的心总是为祖国母亲的欣欣向荣跳跃。国是我的国，国有千万家。脑海中不禁闪过一帧帧国家迅速发展的画面：2008年奥运会、复兴号、长征系列运载火箭、丝绸之路、亚投行、人类命运共同体……"70"字样在头顶苍穹飞过，眼神不由自主地追随、仰望。开国大典时17架飞机绕着天安门广场来回飞，而如今，我们已经不用担心我们没有飞机，我们有各式各样、功能齐全的飞机保家卫国，那一刻，想对一直敬爱的周恩来总理道一句："这盛世，如您所愿！"

良乡机场、阅兵村的训练最难以克服的困难就是熬夜。从前一天晚上到第二天日出，是寂静无声、寒冷交织的等待。在大巴上睡不好觉让人着实懊恼，有时候也会和队友抱怨为什么要参加这次活动。但是，当踏上长安街，第一次全要素彩排时，一切懊恼悔恨都抛至脑后，仿佛有一种魔力，鼓舞着我不惧长夜漫漫、天气寒冷、睡眼惺忪，欢愉地向观礼台观众和摄像机激情挥手，表现我们北林学子"知山知水、树木树人"的精神风貌。

10月1日清晨，长安街上一片庄严肃穆，受阅部队整装待发。国歌声响起，坐在地上的我们不由自主起立唱国歌，56响礼炮齐放，《今天是你的生日》歌声响起，习近平总书记开始检阅部队。检阅车经过时，将士们高喊"为人民服务""听党指挥、能打胜仗、作风优良"。三十方阵包夹前，有幸看到"东风快递"驶过，内心无比激动：DF17、DF26、DF31、DF41……

站在长安街两旁的志愿者们为我们大声呐喊加油，工作人员热情地和我们击掌。我们"绿水青山"方阵美在颜值，更美在内涵。山常在，水常流。作为唯一一个圆形方阵，我们要通过动作表现出鱼跃清波、鹤舞九天、波光粼粼的效果。虽然几乎没有镜头完整展现我们方阵的特效，但是走过天安门前时我们呈现了生态文明工作者的精神面貌。疏散时，观礼台的志愿者呼喊"知山知水"，我们激情回应"树木树人"，这也是我们北林在国庆盛典上的独家记忆吧。疏散志愿者对我们说辛苦了、国庆快乐，每个人的脸庞洋溢着幸福的微笑。即使再苦再累，作为一名中华儿女，我们对祖国母亲的拥护与热爱亘古不变。

历史，总是在一些特殊年份给人们以汲取智慧、继续前行的力量。"今天，社会主义中国巍然屹立在世界东方，没有任何力量能够撼动我们伟大祖国的地位，没有任何力量能够阻挡中国人民和中华民族的前进步伐。"在庆祝中华人民共和国成立70周年大会上，习近平总书记深情礼赞中国的昨天，深刻把握中国的今天，豪迈展望中国的明天。铿锵有力的话语，彰显了一个中国共产党的坚定信念，激扬起一个大国的雄心壮志，昭示着一个民族的光辉未来。踏平坎坷成大道。70年风雨兼程、70年山河巨变，中华人民共和国再一次立于新的历史起点。"祖国的庆典，人民的节日"。天安门广场上，中国人民解放军虎贲云集、战车浩荡、战机翱翔，人民群众以欢歌热舞祝福祖国、讴歌新时代。这个国庆，人们充分感受到中国共产党的伟大，充分感受到新中国的进步，充分感受到作为中国人的幸福！

人民有信仰，国家有力量，民族有希望。我们走在大路上，意气风发、斗志昂扬。习近平总书记在庆祝中华人民共和国成立70周年大会上的讲话掷地有声："中国的昨天已经写在人类的史册上，中国的今天正在亿万人民手中创造，中国的明天必将更加美好。"

献舞祖国

——夜空里手臂扬起，汇聚成耀眼的星河

群众联欢志愿者 四班 李宏达

三个月，88天，千言万语涌起，却突然不知从何说起。一个动作做88遍，量变就会引起质变，一个故事讲88天，便讲出了万语千言。

我想我是格外幸运的，因为有同学因故退出，我得以再一次抓住机会，参与到这光荣的演出当中。推掉与好哥们的云南之行，退掉买好的机票，收拾心情，调整状态，一个猛子便扎到了排练队伍中去。因缺乏舞蹈基础，最开始的时间尤为辛苦，每天练到头晕脑胀，死命记住动作之间的衔接配合，也怀疑过自己，扪心自问："是否能完成这项任务？是否合适这项工作？如果真的不行，是否要退出？"直到跟同样在队伍里训练的老蔡交流，他说："为什么我们牺牲暑假时间，不去外面找兼职，什么都不图，要在这里训练呢？因为我们爱这个国家啊！所以不要想着退出，不要辜负国家对你的沉甸甸的信任，这从来不是什么工作，而是荣耀。"于是三天、五天，一天天地记动作，休息时间互相请教，互相鼓励，终于慢慢跟上其他同学的节奏，慢慢脑子里有了固定印象，直到最后的整齐划一，哪怕是简单的动作，大家一起表演出来也是气壮山河！

我不禁想起了自己这个"舞痴"（跳舞白痴）为了记动作而摸索出来的办法，就是一定要找到音乐的脉动，感受其中的情绪。听着是不是很玄乎？其实很简单，轻缓的音乐手臂自然是要缓慢地上扬或者下落，欢快的音乐就是简单急促地收手踢腿，庄严的音乐或许意味着你要起身向前汇聚，奔腾的音乐说明了我们要绕着圈奔跑。听多之后，还能根据音乐的鼓点想着它是跟哪些动作对应的，最令我恼火的是有一段武术动作，我总是觉得出拳之后要收手踢腿，这套动作却偏偏是出拳之后向左出掌，真是让我恼火得没办法，于

是我去网上看了两集李小龙的打斗片，既疏解情绪又揣摩了武术动作之间的条理性。

　　我感到骄傲，因为我有着一群好队友，我们都以大局为重，于是每个人都能克服很多东西，坚持训练不掉队。有人崴了脚第二天还过来做一些原地动作，同时记忆队形新的变化；有人外出训练后发了烧，第二天还是吃着药在训练厅里休息一会儿练一会儿。这段时间我们获得了最好的回报，因为我们遇到了崭新的、更美好的自己，能克服伤痕病痛，有着良好团队意识，懂得团结的可贵，互相之间包容体谅，有着少年的容貌，还有着少年的美好。

　　荧光棒最喜欢绿色，因为北林绿最衬中国红。用北林的绿色衬托中国的红色，用我们的梦点缀中国梦。奋斗所到处，青春恰自来，江河终会流入大海，万千努力也终会汇入一点，永远记得那天晚上，这辈子看过的最绚丽的焰火，这所有的一切都必将成为最珍贵的回忆，让心田上花开万朵。

向祖国报到

群众游行志愿者 第二十四中队 张新雨

　　我和国庆重大活动的缘分其实开始于十年之前。那一年，我九岁，还是个看到电视机里面每走过一个阅兵方阵都要咋咋呼呼好一阵子的小姑娘；那一年，我的姐姐十八岁，是一名正在参加国庆群众联欢大型活动的北林学生；那一年，我的祖国六十岁，是一个才刚刚开始崭露锋芒的年轻家。

　　就是从那时起，我在心里悄悄埋下了一个长达十年的希冀，我清楚每一年都有国庆庆典，也明白时间的跨度和现实的不确定性让我与天安门的距离比地图上还要远。但小小的我懵懵懂懂地意识到，我不是要以一个参与者的身份去看典礼，而是想作为一个优秀的中国青年去参与，所以，我要等到自己长大，等来属于我的时代。何其有幸，十年，一切就像注定一样，如约而至。今天，我也在北京林业大学上学，而我的青春赶上了我的祖国最繁盛的时代。

　　如今回想起刚刚开始训练的日子，好像就在昨天，动员大会时的心潮澎湃，炎炎日头下的汗流浃背，夜跑三千米时的气喘吁吁，海选刷人时的提心吊胆……太多太多的瞬间，每一刻对于我来说都是小时候的我一直以来难以名状的向往与期待。

　　其实暑期三个月的训练是有些苦的，阳光下的暴晒，整夜的不眠，几乎是不见尽头的长途奔走，哪一项都足够让人精疲力尽，然而当真正从天安门前走过的那一刻，所有的苦都化成了甜。每一次深夜彩排的时候，走过长安街，我都会记起小时候听姐姐讲60周年时想象中的画面，我以为看着太阳从落下到再升起会是漫长的，我以为深夜中的长安街会是空旷寂静的，我以为凌晨在天安门前唱歌跳舞是没有观众喝彩的……而当我真正走在这条路上的时候，我才清楚每一场盛会背后都是漫长的时间和无数人看似不可能实现的努力。

　　有时候我也忍不住地想，国庆当天的效果是不是会像我小时候在电视上看到的那样，气氛会不会更热闹，我们的游行队伍效果到底会呈现得怎么样……而当那一天真正到来的时候，我却发现，我的畅想是那么的苍白。我还记得阅兵刚开始的时候，我们在小巷中并没能第一时间知晓，一夜未睡的大家昏昏沉沉地坐在地上，但当国歌响起的那个瞬间，我身边所有人几乎是本能地一下子站了起来，不管是不是处于"静默"的特殊时刻，不顾身边的安保人员的管理，开始跟唱国歌。那时候我真真切切地感受到了，"爱国"原来不仅仅是我们从小在作文中板板正正写下的一个词句，而是一种行为、一种情感，它就像骨骼血液一样明明白白地存在于我们的身体中，组成我们的一部分，它是被内化了的客观存在，也是被物化了的主观情感。后来表演结束的时候，我已经几乎忘记了排练时候再三强调的尽快疏散的问题，我向路过的每一个人招手，与身边的每一个志愿者击掌，哪怕我们已经远离了长安街的中心地带，欢呼与呐喊也依旧充斥在耳边，尽管与周遭的人并不相识，我却有极强的归属感。

　　一路走来，70周年的庆祝活动不仅仅实现了我十年前模模糊糊的梦想，更重要的是它给我带来了未来十年，甚至是几十年作为一个中国人的身份认同感与时代责任感。我们先辈带领中国所走过的这70载是何其艰难？阅兵场上那胸前挂满光辉勋章的老兵当年又是背负着怎样的黑暗摸索前行？甚至还有无数没能亲眼看看如今这盛世的人，他们把青春和生命献给了祖国换来了今天，如今盛世已至，少年却青春不再，是时候轮到我们这一代青年接过先辈手中的接力棒，继续为中国开创更美好的明天。作为一个新时代青年，我愿永远同祖国一起；作为一个北林人，我将以自己的专业知识与能力向祖国报到，早日实现山河锦绣，国土丹青的林业人梦，将精彩的论文书写在祖国的大地上。

与祖国同行

群众联欢志愿者 一班 罗逸鸢

2019年的夏天对我来说有着不一样的味道。仿佛做了一场大梦，一场与祖国同行的大梦。

除了难以名状的不知是甜还是涩，更有内心深处的感激和感动，语言在所有情感迸发出的那一刻是最苍白无力的表达。最初对70周年这一名词并无感觉，只觉得是国家的大庆，又会有盛大的阅兵式而已。但当我接到参加国庆重大活动的通知时，心中的喜悦、激动、光荣、自豪混杂在一起，对国庆充满期待的同时，也无比庆幸自己是这十四亿人中的幸运儿，不知道迎接我的将会是怎样的一段经历。

训练，训练，每天不间断地训练，算上来来回回的路程，只有12天的暑假让我觉得很是无法接受。从排练厅到台头小学，到阅兵村，再到最后的天安门，从校级到区级到市级再到整个中央，期间的训练从最初的充满热情到中期的消磨耐性，不只是身体上的疲惫，内心的疲累才是最消耗人意志的。动作的变化，队形的变换，音乐的修改，道具的复杂，颜色的多样……训练、训练、训练，充斥着我的整个生活。八月下旬和整个九月的夜晚，我仿佛都是在大巴车上和训练场中度过的。到了临近国庆的那一段时间，大家的心都变得紧张和激动起来，那种最初的热情和干劲儿又找了回来。最后的几次合练，每次都在心里数着倒计时。和游行方阵不同的是，由于联欢表演要表现出自由、生动、欢愉和活泼，到了最后的几次合练，我们的队形、音乐和动作依然在改，或许是一次一次合练的出发和返程路上的辛苦，或许是对自己表现不满意的愤懑，又或许是对改了一遍又一遍的不理解，大家心里都五味杂陈但也都知道，到了最后的时刻，无论如何，都要完美地完成所有的任务，那种感觉至今记忆犹新。合练最辛苦的不在于跳舞的过程，而是出发和返程时人员的集结、疏散。等待，等待，等待指挥部的通知已经成了大家心照不宣的事情。高强度，高频度，国庆训练不仅消耗人的体力，更锻炼人的意志力和忍耐力。其间在阅兵村的一次合练时，张艺谋导演说，国庆训练有三苦："辛苦、艰苦和痛苦，但最后你所有的苦都会变成甜。"

是的，甜！当我第一次站在模拟的天安门城楼下时，当我听到总导演说"海淀的同志们，你们在哪里"时，当我和所有的联欢群众们互相欢呼着挥舞荧光棒时，当我第一次站在长安街上时，当我看到烟花在天安门广场上空绽放时，当我看到习近平总书记向我们挥手时，当我面向天安门唱出"歌唱我们亲爱的祖国，从今走向繁荣富强"时，当我看到长安街上所有人的笑脸时，当我用尽所有力气跑向天安门时，当结束后与兵哥哥击掌时，甚至当我回想起坐在长安街上吃面包、火腿和榨菜时，我的心里都是甜的。所有的苦、累、疲惫、付出在最后一刻全部化为了热泪——融进祖国血液里的热泪，是值得我铭记一生、骄傲一生、自豪一生的热泪。

长安街的烟花是唯一让我热泪盈眶的烟花，朝着天安门方向撑破喉咙满含热泪喊出的三声"祖国万岁！"是我说过的最自豪、最光荣的话语。最后一刻的绽放，是与祖国一起的绽放，是别人无法体会到的真真切切的祖国的脉搏、祖国的心跳。那是与祖国融为一体，与人民融为一体的的万丈星河，是70年的奋斗得来的盛世如歌。

祖国！万岁！

一生一次，一生荣耀。青春与祖国同行，向祖国报到！

这盛世，如您所愿，山河犹在，国泰民安。

有幸报国，不负少年

群众游行志愿者 第二十五中队 曹婷

十年饮冰，难凉热血；点点星火，壮志燎原。

九旬劳骨，彻扬林风；时时勉励，坚心勇为。

这是我在最开始为此次训练活动思考宣传横幅时写下的热血誓词，这不仅是我当时的一腔热血，也是这次国庆志愿活动最真实、最激昂的写照。

在被幸运地选上志愿者之前，我刚刚接受了党组织给予我的考验，正准备踏上预备党员的新征途。这次的活动于我们大多数人而言，是无比荣耀的任务，我们都得到了或多或少的成长以及爱国情怀的进一步升华。当被通知成为志愿者时，欣喜与自豪之余，我的内心是有些忐忑的、紧张的，不知该怎样圆满完成任务。

最开始在学校训练的时候，我还是一个"个体"，具有着自身的特性。大多数人，包括我自己在内，都还未明白个性寓共性的真正含义。也许是大家刚开始比较陌生，我们彼此不熟悉，甚至好几天都不会进行交流。这个现象对于一排20人的队伍委实难以达成牌面齐整的目标。很幸运的是，我最开始处于队伍的最后一排，只有7人。7人间打破沉默只需要一次训练时的善意提醒，自此以后每次练习时我们便自动成了一体，时时共进退。这是我训练中第一次超越个体，明白集体中找到彼此的共性有多么重要。

很快第一次筛选结束后重新分配了点位，我们又重新被打乱分离，遇到更多的陌生人。大家都不愿意做第一个开口的人，甚至有做最突出的趋势。这样子的问题使我们接受新事物总是很敏捷，而脚底下的基本功总是不踏实。重复的训练，老师的谆谆教诲，彼此心房的打开，默契的慢慢养成……这些一步一步的前进，我们的脚步愈发齐整，心跳也慢慢一致。印象最深的便是一开始我只会自己向前看，只会小声地向旁边最熟悉的人抱怨其他人的失误，而忽略了我们每一个人都是这个整体的一部分。而现在的我明白"心齐"二字后，明白彼此的目标一致以后，会大胆指出他人的错误，会在行进过程中始终关注右方，会自发地数拍子提醒他人。这样子的我们，像极了一队战士，无限靠近，无限努力，无限感动，大家都在举着共同的旗帜大胆向前。

在后来的几次合练中，我们一次又一次地面对不同的情况，一起解决困难。在中队长各种烦琐的责任中，我们主动出声，不再漠不关心，而是一起分担帮忙。在大家最困最饿的时候，我们总是互相鼓励，一起扶持着前进。作为一名新生的预备党员，我从最开始的"佛系"变成了积极，真正体会到做一名先锋模范的自制和为他人服务的乐趣；我从冷漠害羞变成了大胆开朗，明白只有不同的个性找到自身与他人的共性，求同存异，心齐志坚，这样才可以发挥集体的力量。

同时，作为庆祝活动的一员，我在这三个月里对爱国有了新的体验——爱国对于我来说，以前可能是埋藏在内心深处的情感，在平时观影学习中，内心激动很难表现出来。通过这次亲身体验，我们把爱国化为训练的动力，化为坚持的养分，化为长安街上发自内心的欢呼与笑声……当看到成群的战斗机从头顶飞过，当看到满载着新型武装导弹的一辆辆车从面前开过的时候，真切地感受到祖国这70年来的高速发展，感受到如今的富强昌盛。当天安门前第一句"祖国万岁"响起的时候，心中情感迸发到了顶峰，眼泪止不住地流；当和沿路周边的陌生人一遍又一遍地互道节日快乐、一起祝福祖国生日快乐的时候，每个人的爱国情绪都发挥得淋漓尽致。有幸报国，不负少年；一生一次，一生荣耀。一场重大的活动的背后，是所有人怀着满腔热血，带着自己一颗赤诚爱国之心全力以赴。

我从不后悔成为一名北林学子，我一辈子也无法忘怀在长安街与北林负责现场工作的志愿者互道"知山知水，树木树人"的校训场景。因自身小小奉献与付出而喜悦的同时，突然深沉地感受到自己肩负的责任。在圆满完成任务，一起喊出"替山河装成锦绣，把国土绘成丹青"口号的时候，潸然泪下之余浮现的是梁希先生临终前打林钟的誓言。所有的这些已然刻在了每一个北林人的心里，并成为我们的初心与使命。作为人民口中生态环保战线的工作者，我们的时代使命与奋斗初心便是牢记绿水青山就是金山银山，在林业发展与生态文明建设的道路上奉献自己。

我们心中一直有隐约闪烁的光芒，在这个特殊的时刻默默奉献自己的力量。从最初的我开始，成为现在的我们，最终再汇聚成万千大海，书写波澜壮阔的篇章。此生不悔入华夏，有幸报国恰少年！

栉风沐雨，与你同行

群众游行志愿者 第十九中队 刘海伦

你从风雨走来，伴着遍地花开；我们云集四海，书写青春精彩。千般言语，万般思绪，汇为一句：敬爱的祖国，我们与你同在。

一直想跳脱一板一眼的生活，做一些有意义的事情，在我不曾见过的世界里，寻觅青春的"颜色"。国庆志愿者就是一个机遇，我知道，这样重要到要记入史册的时刻仅此一次，我想抓住它，无关功利，只想在回想起这段经历时不会因为错过而悔憾。虽说训练时也曾畏缩不前，曾抱怨不堪，但国庆群众游行经历还是给我带来了意料之外的感动与惊喜。万众欢腾的那一刻，几欲热泪盈眶，那时候我想，青春的颜色，应该是沸腾热血之"鲜活红色"，一如国旗，栉风沐雨却永不褪色，一如青春，生动活泼亦熠熠生辉。

回想训练的时光，仍觉感触颇多。集训让人感受到的除了像回到军训外，还有集体一起努力的小骄傲。严格又慈爱的老师，精确到每一秒、每一步的队列，互相鼓励、互相帮助的集体，都是青春中一份无与伦比的记忆，是要收藏到"小匣子"中永久保存的。7月校内训练拉歌时，我作为放音员，在不同的角度俯瞰到五个联队的激昂，分贝仪的每一次数字跳动，都代表着集体的力量，代表青春的脉搏，代表我们对于祖国的热爱。很幸运生在7月，故而能在集体过生日时得到"战友们"的祝福，那一刻的星海很美，一点灯光纯粹，一片星海绚烂，洒落操场，住进心底，给2019年的生日赋予了不一样的意义。

联合训练时我们凌晨集合，黎明集结，曾披星戴月奔波于集训路上，也曾共看旭日高升，同赏朝阳万丈。虽说烈日的炙烤下，大家黑了、瘦了，但是我们都有一个共同的目标，就是为祖国描绘一抹色彩，尽一份自己的力量，添一份青春的色彩。70周年国庆那天，当看到大国重器的雄伟壮阔，看到中国军队的飒爽之姿,看到天安门广场前的欢呼雀跃时,那一刻每个人心中的喜悦都难以言表,每个人都满怀着激动与骄傲,因为这是我们的祖国华诞,我们的盛世河山!

这些时光,书写于心中,留下的是感动,留存的是热爱。我热爱我的祖国,热爱它渊博的历史文化,热爱那段中华人民共同奋斗的日子,亦热爱她蓬勃发展的今朝。中华民族之崛起,是我辈之使命,是华夏儿女之荣光。我与祖国共成长,我与祖国同欢喜,我与千千万万的中华儿女一起,为祖国欢呼呐喊,共庆70载奋斗时光!

"绿水青山"方阵,我会一生铭记,不仅仅因为3个月的训练时光,更因绿水青山是新时代永远不会被忘记的主题。"绿水青山就是金山银山"是新时代的发展理念,而"替河山妆成锦绣,把国土绘成丹青"更是每一位北林学子的毕生信仰。此次国庆志愿经历更让我坚定了我的信念,我们身为北林学子,必将为美丽中国的绿色事业发光发热。中华人民共和国成立之初,林业人的初心是"以场为家、艰苦奋斗、无私奉献、造福社会",使命是艰苦创业,打好林业基础。作为新时代青年、作为"绿水青山"方阵的一员,更作为北林学子,我们必将传承林场精神,如梁希先生一般,以饱满的热情、扎实的专业基础,投身祖国生态建设之中,为祖国绿色事业发光发热,必使"绿荫护夏,红叶迎秋"!青春与祖国相伴,不在朝夕之间,而是毕生的诺言,中国正当时,我们正青春!

我敬爱的祖国,您栉风沐雨70载,其中艰辛何以言表,如今迈步新时代,书写壮阔与辉煌。我深知民族之蓬勃皆以先辈之血肉换来、汗水铸就,我必将与千万有志青年一起,为您守护,与您同行!栉风沐雨,青春无阻!

请祖国检阅

外围志愿者 外围中队 牛立惠

当第一次召开大会宣布召集70周年大庆的志愿者的时候，我按捺不住内心的喜悦，最开始就报名了方阵的志愿者。由于林学院大二的小龙门综合实习与方阵的训练时间凑巧重合，从而与方阵失之交臂，但最后也非常荣幸地加入了志愿者的行列。

我很天真地以为我们被安排站在长安街上，引导疏散群众，从而得以有幸亲眼目睹这70年难得一见的盛况。后来我发现的是，整场庆典活动，需要的不仅仅是方阵人员、舞蹈人员、合唱团成员，还有我们这些默默在远方维持登车秩序的志愿者。当然我也知道不管志愿者是站在长安街还是站在地铁口，我们都是本次演练中重要的一环，职位如何其实并不重要，重要的是我真切地感触到了国家的强盛与伟大。

远端集结志愿者——一个"远"字，把我分配到了惠新西街北口站。我们永远是最先集合，最先撤离，无缘亲眼观看方阵的英姿飒爽，无缘目睹那一天五星红旗的冉冉升起，无缘看见国之重器驶过长安街，但是我们为整场大会提供了最前期的准备。在人来人往的集合地中，我们是排成一列列的人墙，我们是各大中队集合的第二道关卡，我们是安检之后的指引者。虽然我们没有撤退专列，但是志愿者服装的中国红永远是地铁站中最亮眼的颜色。

两次演练，一次正式。没成为志愿者之前，我从来不知道原来一场大庆，竟然需要这么多的准备，需要这么多的人员维持，需要这么多的要素组成。虽然我们没出现在电视机前，但当盛况呈现在全国观众面前的时候，突然觉得所有的一切都是值得的。

在我结束志愿者工作之后，当我坐在回家的车上看着直播，嘴上不断念叨着："这个方阵是我安检过的。这是我碰见的那个人呀！呀，原来安检过的这个衣服是在这个方阵出现的啊！"我不再是前几年的电视机前单调地赞叹着"哇塞，兵哥哥好帅！走得好齐啊！"单纯的旁观者，而是切实为盛世做出贡献，是实际的参与者。而当我们学校"绿水青山"方阵出现在屏幕上的时候，我更是激动不已狠狠盯着屏幕，准备找熟人。当时的心情，急切而骄傲，百感交集，牢记心间。

保密期结束之后朋友也问过我："后不后悔浪费自己宝贵的暑假在校随时待命。"我浅笑却坚定地说："为什么要后悔？我的青春有那么三个月确确实实在与祖国同行。"在我看来，青春本是青色的、粉红色的或者其他绚丽的颜色，但是我的青春因为这次活动描绘了一抹红色，较之常人更加的鲜亮夺目，在我有限的生命中熠熠生辉。这么宏大的盛世景象有我的绵薄之力，那种骄傲值得我回忆一生。在那一刻一种使命感也油然而生，绿水青山不再是单纯的口号，而是我们这些小小林业人为之奋斗的目标，是那一生挚爱的山清水秀，是那始终描绘的国土丹青。

"参与一次，一生难忘；参与一次，荣耀一生。"即使我没去过门头沟、阅兵村，没在长安街跳过舞，没在天安门前放声歌唱，但我们是表演人员间的连接符，是前期准备的润滑剂，是伫立在场地的人形过滤筛。其实无论是何种身份，参与了大庆活动，确认过眼神，大家就都是为祖国付出青春的一员。当我们这些年轻人汇聚在一起的时候，居然能呈现出那么令人赞叹的大会以及如此令人瞩目的联欢晚会。只有参与其中才能切实感触到国家是多么强盛，人民又是多么伟大。那一刻，爱国的热情翻涌在我心中；那一刻，所有人都团结在一起；那一刻，我真的感受到了祖国母亲与我的同呼吸共命运；那一刻，是我青春中永远难忘的景色，我的青春与国同行，我不后悔。

听！歌里面有我的声音！

广场合唱志愿者 男高音中队 刘昌尧

这是个难忘的十月，能参加这个重大活动，是一件极为光荣的事情，从开始到天安门验收，有将近半年的准备时间。在这半年的时间里我经历了很多很多，也收获了很多很多。

开始的时候，我并不是有专业素养的合格的合唱表演成员。我之所以参加合唱活动，是抱着一颗无法分割的赤子心去参加这个活动的，能够在那时那刻的天安门前献声，是一件多么光荣的事情！我义无反顾地投入合唱志愿工作当中。但是，合唱技术成了我必须跨越的一道坎，我跳出了舒适区，在食堂顶层那个我从未去过的琴房里，与我从未打过交道的人，为了同一个"革命"目标，走到了一起。

事情远没有我想象的那么简单，自己的嗓子就像从来没有正确使用过一样，难以发声。那段时间是迷茫的、困惑的，我的嗓子是沙哑的、痛苦的。别人标谱的时候，我只能在一旁看着一张画满音符的纸；别人唱谱的时候，我也只能跟随着小声哼鸣。但是随着时间的推进，我渐渐能够完成歌唱任务，并且和新的朋友们打成一片。

能够完成合唱任务的前提是进行艰苦的训练。我们常常清早起床，或是夜不归宿。我们只保障最基本的吃饭和身体健康。我们不怕苦不怕累，不怕传媒大学操场上的小雨，不怕科技大学操场上的烈阳，更不怕阅兵村早上直射我们双眼的太阳。我们怕十月一号的演出不够完美，怕自己的任务目标无法达成。

随着艰苦的训练的进行，我的内心渐渐产生了变化。要说到为什么参加这个活动，提到初心，开始是为了个人的荣誉，为了同龄人之间的优越感，为了能和自己考到别处去的高中同学炫耀。渐渐地，我发现我能感受到的远远不止这些。在一遍遍放声高歌的时候，我能感到自己在渐渐地向祖国靠拢，也能感受到几千人为了同一个目标不断努力所爆发出的巨大力量。直到现在，我都牢牢记得每首歌的歌词，它们还时常浮现在我脑海里面。"没有共产党就没有新中国"的豪言壮语，到"不忘初心，牢记使命，万水千山最美，中国道路"的自信征程；从"红色基因血脉传承"的历史财富，到"走在小康路上，一路歌美花香"的富裕时光。彩排时，这些歌曲甚至还会有观众动情地跟唱，使我受到了深深的触动，有那么多齐力同心的伙伴，我们党的目标一定能完成，我们的生活一定会越来越好，我们的国家一定能繁荣富强。这些歌曲给我上了一堂生动的历史课，也使我对党更加理解和敬佩，百年来一代代的领路人让人民过上了幸福的日子，谁又能忘掉他们，谁又能和祖国分隔开呢！

直到正式开始的前一刻，我的内心依然无比紧张，并担心着种种难以发现的问题。但是当亲眼看到现场的热烈场面，我早已经将紧张抛之脑后，我经历了十余次刻苦的集训；我身边是这些天来陪我走过的朋友；我自己化上了人生里第一个妆容，告诉自己反正都会成功的，没什么可怕的。随着演出的进行，我时刻将自己调整到最好的状态，十几次的集训成果终于成了现场的震撼效果。清早的寒冷被我们赶走，热烈的气氛使我汗流浃背，几千人一齐放声歌唱，一个个音符回荡在空中。直到演出的最后一刻，看着蓝天下七彩的气球和飘扬的国旗。我知道那眼前难忘的一切都成了过去，我将所有的一切打包珍藏，就连广场的地标也被我撕下，"3212"，这是我的地标站位，这辈子也不会忘掉。

每当我回想起来，我的心中就充满了自豪，以及难以言表的荣耀。"此生无悔入中华，来生愿在种花家。"一切辛勤和汗水都化作回报，当后来再次看到庄严的国庆画面，我就能对旁边的人说："嘿！我当时在场。听！歌里面有我的声音！"

走好心中的路

群众游行志愿者 第十九中队 张嘉航

距离10月1日已经过去了两个月,然而走在长安街上激动澎湃的心情时至今日仍未减退半分。这一天,无论是于祖国还是于我来说都意义非凡。这次活动经历,不仅作为一个独特的存在镌刻在了我过往的人生里,对我往后的人生也会起到了举足轻重的作用。

6月,令人难忘又充满希望的毕业季,每位应届毕业生都想在这个人生重要节点留下专属自己的记忆,也就在这时,我看到了招募的消息,是选择和亲朋好友进行一场轻松愉快的毕业旅行,还是留在学校响应祖国的号召成为一名志愿者,一度让我难以抉择。但与有着相同想法的同学进行交流后,我心中已有了答案。在浩浩荡荡的历史长河中,在底蕴深厚的华夏大地上,祖国母亲曾经历过上千年的沉淀与传承,也曾经历过70年的创新与前进,孕育出了如今成长在阳光下的我们。在中华人民共和国成立七十周年这个普天同庆的日子里,我能作为一名学生代表,亲身参与到群众游行队伍中,这不仅是一次不可多得的机会,更是一件令人自豪光荣的事。同时,我作为一名党员,在国家需要时站出来,到祖国需要的地方去是责无旁贷的。表达自己对祖国母亲深沉又热切的爱是每位中华儿女的心愿。就这样,我怀着坚定又憧憬的心情报名了。

从毕业生的身份转换到志愿者的身份,训练内容比想象中难了一些,但是只要想到未来目标达成的那天到来时,当下一切苦与累便都能消逝在强大的期待与责任感中,我便没有了退缩的想法。有时彩排结束后我不禁会想,等到正式阅兵那天,会是什么样的心情呢?

训练中也时常会有可爱的小插曲。那是中秋节的第二天,皎洁圆月嵌在漆黑夜空中,洒下一地星星点点的清辉。我们就这样坐在邮通街上,吃着简单的切片面包和榨菜,边聊天边赏月。秋天是容易产生愁绪的季节,但当时我心里却像空中月一样无比清亮。我们坐在这柔软明亮的月光下,树荫下的影子被拉得好长好长。三个月的时间很快过去,再也不是训练彩排,再也不是走过夜晚的长安街,终于,我怀着期盼憧憬又有些忐忑的心情迎来了这一天。

高挂的艳阳,整齐的队伍,欢呼的人群,数万人参加的群众游行拉开了序幕。从建国门东街走到长安街,街上的每一栋建筑,响彻的每一首歌曲,在那一刻都是那样的熟悉又陌生。熟悉的是训练时眼中一遍遍反复印刻下的场景,是条件反射般数着节拍的内心,是为了不出差错而时刻紧绷的神经。而陌生的则是这份异于往常的紧张,是目标将要达成的兴奋,更是看到眼前此等威严壮阔场景的骄傲!我们脚下迈出的每一步都累积了过去三个月的努力与汗水,正是这三个月扎实的训练,才让我们能如此昂首阔步、自信满满地走过长安街。这条不同于往常,承载着所有国人热血与希冀的长安街。

后来有许多人问我:"走过长安街是什么心情,是不是特别激动?"其实如今回忆起来,在站在队伍里的那一刻,是紧张大于激动的,毕竟一个人的失误就有可能影响到整支队伍。还好,我们最终顺利并完美地完成了任务。游行结束回去看报道时,发现大家都在说"绿水青山"方阵非常漂亮,那一刻我心中的骄傲是无与伦比、无法言喻的。这是对我们付出的所有努力的最好回报,也是我们为祖国母亲献上的最好贺礼。

我很荣幸能在这样一个充满温暖的队伍中,和这些优秀的队员们一起训练,从他们的身上我也看到了许多宝贵的精神,许多值得我去学习的品质。我也十分荣幸有这样的机会可以参与到祖国70周年的庆祝大会中,这样的经历让我切实地感受到了祖国的强大,也发自内心地为祖国感到自豪。群众游行的参与人数十分庞大,而我只是其中的一分子,看似渺小,但却不可缺少,所有成功都是环环相扣的,目标的达成离不开每个人的努力,"功成不必在我,功成必定有我"。其实在我们平时的学习工作中也是这样,平凡并非不值一提,平凡才最有力量,只要每个人都兢兢业业、认真负责地做好自己平凡岗位应该做的工作,其实就是在为国家的进步做出卓越的贡献。多少年后,建设祖国的责任将由我们这一代人接棒,我们要更加努力地充实自己,为承担这一份责任做好充足的准备。一生一次,一生难忘;一生一次,一生荣耀!

在磨砺中追寻信仰

群众联欢志愿者 七班 赵奕敏

作为一个出生在西部偏远地区的孩子,当我离开自己的家乡宁夏银川,走入大学校园的时候,才体会到我的家乡在党的政策下有了多么大的变化。交通开始发达,正在建设的高铁车站,破旧的供电箱被美丽的图画装饰,一直困扰我们的沙尘暴,也在防护林的保护下,一年一年变少。记得刚进入大学的时候,总有人问我,宁夏的学生是不是骑骆驼上学,但现在随着西部进一步开发,越来越多的人开始去宁夏旅游,开始爱上那里的风土人情。

我出生在一个平凡而普通的家庭,从小到大都很少接触到党员,所以对党组织不甚了解,一直只是从书本上了解中国共产党。进入大学之后,也因为觉得自己不够优秀,不敢提交入党申请书,所以一直在党组织的门外徘徊而又憧憬。

上个学期,我得知了国庆活动开始招募的消息就第一时间报了名,开始只是想为庆祝祖国母亲的生日尽自己的一份力,想体验在天安门前为祖国祝福的那种自豪,并没有想过这次活动能够给我提交入党申请书的决心和勇气。在接到电话通知我去参加工作专班的会议并承担一些工作职责时,我充满了惊喜,能以服务者和参与者两种身份参加活动,让我倍感光荣,也充满期待。

陌生的环境,陌生的活动,服务管理一些陌生的人,开始的时候我是胆怯的。当我成为五百个人中的一员,大家一起为了祖国母亲挥洒汗水,一种昂扬向上的情绪深深地感染了我。训练中有时候很累,很想放弃,但周围的人总会给彼此带来欢乐,互相给予鼓励。每天看着衣服上的"向祖国报到",开始只觉得它是一个口号,随着一次次训练,它变成了一种激励,一种坚持,一个交给祖国满意答卷的决心。慢慢地,感觉这里像一个家,我们五百个人有了自己的小秘密,整整五百人为了同一件事情自豪,这种为了祖国奉献的荣誉感，让我感到无比自豪。

在参与国庆相关工作的时候，我接触到了很多优秀的人，他们当中的共产党员们无私奉献，有条不紊地安排着工作，带给大家最大的便利。当我看到优秀的党员同志奔波在每一辆车之间反复确认人数，当我看到他们为了取雨衣，被雨淋湿，被汗打湿，当我看到他们一直跟在队尾防止有人掉队，当我看到他们为做好队伍的保障工作熬至深夜的时候，我似乎明白了有一种优秀，就是无私的奉献，这是他们身上隐藏最深的品质。他们一直在我们身后，默默奉献，和他们一起工作，我慢慢有了很多自觉和自律，我似乎开始有了一种想法——我想变得像他们一样优秀！我想向他们一样为身边的人做力所能及的事！我想加入中国共产党！

人民有信仰，民族有希望，国家有力量。坚持一种信仰，是一个长期的过程，每个人的理想和信仰必须和国家、民族的利益相结合才能实现。我知道想要成为一名党员，我还有很大差距，要在党组织的正确指导下使自己更快地成长。通过这次服务保障国庆重大活动，我更下定决心向党组织靠拢，今后发扬自身优势，努力克服缺点，时刻向党员标准看齐，在磨砺中追寻信仰！

幸担此责，乐此不疲

群众游行志愿者 第二十九中队 张贤

很荣幸，在祖国70周年的重大庆典中，我是"绿水青山"方阵的一员，并担任了北林二十九中队的中队长。历时三个月左右的训练俨然在我生命中留下了不可磨灭的印记，此次能够参加，何其有幸！幸而参加，幸而担任中队长！我告诉自己，要更好地完成任务，不辜负队员和大家的期待，是我担此责任的信条。训练的这三个月，我忙在其中，也乐在其中。

这一路走来，每一阶段都是我成长的见证。在开始报名阶段，我当过联络人，给每一位同学打电话确认能否参加，保证负责的每一位同学找到队伍；在学校训练初期，我担任三十四中队的小队长，不断寻找问题，找到更佳的训练方式，和中队长以及其他小队长进行每日总结；在出校训练阶段，我担任二十九中队的车长即中队长，每日训练过后进行一日情况总结并报送，关注每一位队员的状况，传递好每一次的会议精神。感谢学校学院对我的每一次选择与信任，我也非常愿意担任此责，献出我的一份力。

从外出训练开始，我开始担任二十九中队长，也迎来了第一次中队长会议。收到信息后，我满怀着激动与紧张，听完了第一次会议。老师严谨地向我们传达着对此次活动的重视，每一位中队长听得也很仔细，我们都很开心加入这个大家庭。老师亲切地称我们的队员为孩子们，中队长就是这个中队的大家长，暖暖的归属感顿时涌上心头，那时我告诉自己，接下来的付出都是值得的，我们势必要谱好这一篇章。到现在，每一次会议的场景都还历历在目，每次会议的材料以及回忆都是我人生的宝贵财富。

2019年8月6日晚23时30分，是29号车队群诞生的时刻，和这群队友们在一起很幸福！在与队员们的朝夕相处中，我感受到大家的温暖、配合以及关心。那个时候，我应该还算是一个大一学生吧，队员里不仅有同级的同学，还有学长、学姐，他们都帮了我很多。队员们的理解与配合，学长、学姐的支持与帮助，都给我提供了不竭动力。记得第一次领取物资时，我还没有完全做好分配准备，这时有学姐、党员主动站出来承担任务；还有学长、学姐教我管理较多人员时的一些注意事项；还有那最后一个走，查看现场是否有遗漏物品的热心队员。他们做的每一个奉献，我都铭记在心，在这里给每一位队员点赞，感恩遇见！

物资领取与发放应该是除了训练最经常要做的事了。第一次发餐券是在使用餐券的前一天，我心想"必须提前给大家发下去才行"，接到通知后，我就立刻在群内统计了大家的宿舍号，给大家把餐券一一送到宿舍，看到他们开心的表情，心好暖。虽然奔波多个宿舍楼以及多个楼层，但在他们笑的那一瞬间，全都值得。

随着一次次的工作推进，我的工作也日趋完善与熟练。老师有一句话说得很对："你当队员时可能不会觉得，当你当过中队长之后就会知道，每个队员的表现，中队长都很清楚。"没错，我在这个过程中，对认识的人有了更深的了解，对新朋友逐步熟悉，也结识几位非常聊得来的学姐。那一次次的物资领取，我都记在心上，也都记在了表格里。

作为游行群众的一员，还是要说一说那印象最深刻的10月1日当天，那走过长安街的经历给人从未有过的感觉！平时多少我都是有些放不开的，但那天，我蹦跳、欢愉，"祖国万岁""生日快乐"从口中一遍遍传出，那种激动的心情难以言表。我竟流下了泪水，庆幸我们生活在这太平盛世，庆幸参加了此次活动，感激为国家前赴后继的人们。也想起了前一天我们为烈士敬献花篮心中的那种敬畏，还有敬献花篮前全场静得惊人的那几分钟默哀。是啊！他们多么值得崇敬，倾其一生为祖国奋斗，虽然我的岗位只是在幕后，但有他们做榜样，心中便像有源头活水，不感疲惫。

言之非难，行之为难。参加了此次活动，是一生荣耀的事，在过程中的确遇到了许多困难，但是我们训练这一路走来，满心欢喜，绝不后悔！有了祖国做强大后盾，我将更加坚定地走接下来的人生路！

你是否也感同身受

群众游行志愿者 第十九中队 高宇非

也许所有的感同身受都是亲身经历过的吧！我没有什么华丽的辞藻，就写一些自己亲身经历的故事吧！

百天训练，转瞬即逝，犹豫过，退缩过，想过放弃，想过退出，但最后还是为自己坚持下来，并出色完成组织交给我的任务而感到开心和自豪。整个活动，可能我的经历真的算比较坎坷了。我经历过淘汰，经历过替补，同时也经历过"重生"，经历过"复活"。当接到辅导员的电话，他问我："你愿意成为替补队员继续参加接下来的活动吗，也许不会获得出场的机会。"说实话，当时我真的动摇了，身边只有我一个人离开了原先的队伍，我为什么不直接退出去过一个长长的暑假。也许是想走过天安门的那颗心，也可能是为这么长时间训练的惋惜，也许是身边朋友的鼓励和陪伴，我还是选择留了下来，白天在后勤组为训练的同学们搬水发物资，晚上跟着朋友一起体能训练，在空闲时候也会拿着一张A4纸学着正在教的动作，这许许多多构成了我百天以来最宝贵、最惊喜、最珍惜的经历。

后来，我们开始了校外合练，我也正是在这个时候成了十九中队的中队长，此时是我加入新中队的第三天。十九中队对于我来说，充满着未知，充满着陌生，我几乎一个人也不认识。实话实说，刚当上中队长的那几天，我是害怕的，我害怕大家会对我一个新来的当中队长有意见，害怕我的一些做事方法考虑不周，令同学们感到不满意。一开始的那几天只要我可以自己做的，我都尽量不麻烦中队的同学们，只要能让大家方便，我不怕牺牲自己的休息时间。但后来，我发现是我多虑了，十九中队的每一个人都非常可爱，十九中队中的每一个人，是他们的一句"队长辛苦了"，让我每次濒临崩溃的时候继续坚持下去，是他们每次训练后对我的微笑，让我每次都对新的训练充满着期盼，能做十九中队的中队长真的是这么长时间中最幸运的一件事了。

十月一日当天，走过天安门的那一刻，原来真的像姚老师说的那样，脑子里想的不是终于完成任务了，而是不舍，对这么长时间训练的不舍，对身边的人的不舍，对这一切的不舍。返程途中，当路边喊起"知山知水，树木树人"时，没有彩排，没有演习，所有人都异口同声，为祖国、为北林呼喊着，这一刻，北林人在天安门、在长安街留下了我们最动听的声音。

感谢这次活动中我认识的每个人，感谢十九中队的每一个人，感谢为我制造的每个感动的瞬间。参加这次活动，我很骄傲也很自豪，为我在十九中队而自豪，为我身为一个北林人而自豪，为我身为一个中国人而自豪！

沧海与浪花

群众游行志愿者 第十七中队 潘晴

我曾攀爬过壁立千仞的华山,曾游览过水波不兴的西湖,曾纵马于风高草盛的锡林郭勒草原,还曾驰骋于波澜起伏的东海。我想在神州的每一寸土地上留下自己的足印,想把我的祖国高高捧起,向世界展示她的壮丽,却从没有哪一段经历,如国庆70周年庆祝活动这般,让我与祖国的心脏,连得那么紧,那么紧……

少年热血有如一壶浓烈的酒,凭一腔信仰,在最艰苦的环境也能保持醇厚甘洌,只需一品便余韵无穷。训练的日子里,烈日是大自然对赤子的考验。汗水从大家脸颊上流落,同学们被太阳晒红了脸,但每个人都在毫无怨言、不遗余力地坚持。动作一遍又一遍地改,步伐节奏精确到了秒,五公里夜路好像怎么跑也跑不到尽头……可你看训练场上的少年,依旧挂着最明亮的笑容。因为我们想把对祖国的热爱,在她生日那天,走过天安门广场,亲自讲给她听。这份独属于年少的朝气与活力,足以和阳光媲美,足以点亮每一个黑夜。

你见过深夜两点的北京吗?夜深了有些冷,我们排着队领食物和水,带着像出门郊游的小孩子一样兴奋的心情坐上去训练场的大巴车。路灯投下的光影明了又暗,北京的街道记录着我们和祖国的故事。你见过凌晨五点的天空吗?阅兵村空旷无比,湛蓝湛蓝的天空清透、纯净直击内心深处。我那时就想,再难有哪些心情,哪些景色,如此情此景,有着令人毕生难忘的魄力。你睡过深夜十二点的长安街吗?说来这也是能让我无比骄傲的一件事。地面有些凉,但为祖国母亲庆生的热情却能驱散一切寒冷,我也在一次次的彩排中,与长安街结下了深笃的感情……

"第三十方阵,前进!"三个月的辛勤汗水,都在这一刻绽放成花——那是属于我们与祖国的1分29秒。熟悉的音乐响起，排练了无数次的步伐、节奏、动作，在长期的训练后变成了自然而然。每一个人，都拿出了最饱满的热情，带着最灿烂的笑容和最诚挚的欢愉为中华人民共和国成立70周年献礼。走过天安门，几个月以来憋在心里的那股兴奋劲儿，都在这几十秒爆发。大家疯了一样地蹦啊，跳啊，扯着喉咙高喊："祖国万岁！"那一刻，我们不是一个人，而是有幸代表亿万中华儿女的群众团体，我们用自己的热情，以人民的名义，为祖国70华诞献上了全体中国人最真切的祝福。天安门广场成了一片欢乐的海洋，耳边回荡着深情的歌声："我的祖国和我，像海和浪花一朵，浪是海的赤子，海是那浪的依托……"

十月已经过去了很久，我本以为国庆当天的激动会随着时间的推移归于平静。但之后的每一次有关70周年活动的分享，每一个当初训练的视频，甚至是每一首曾经合唱过的歌曲，都依然能勾起我无边的回忆。当回忆的浪潮翻涌，在热泪盈眶中把我淹没的时候，我清醒地认识到，这是我一辈子的记忆，抹不掉的。写到这里，泪水早已模糊了双眼。参加国庆70周年庆祝活动带给我的，不仅仅是经过天安门那一刻的荣幸之至，更是这一路来的收获与成长。这是我有生以来，受过的最好的爱国教育。

"我和我的祖国，一刻也不能分割。无论我走到哪里，都流出一首赞歌。"也许很多年后，再听到这首2019年最火爆的歌曲，我还是会想起那个为祖国忙碌的夏天，想起每个宿舍门上挂着的小红旗，想起训练场上的一张张笑脸，想起天安门前欢呼雀跃的身影……十几亿中国人，与祖国母亲紧紧相依。从1949年到2019年，从满目疮痍、百废待兴到日新月异、蓬勃兴旺，从开国大典到改革开放，再到今天的社会主义新时代，祖国走过了风风雨雨。中国共产党领导亿万人民同心同德、艰苦奋斗，取得了令世界刮目相看的伟大成就，使社会主义中国巍然屹立在世界东方。我们可以骄傲地对世人说："我是中国人，我爱我的祖国。"

我是浪花一朵，祖国是沧海宏阔。70周年大庆是祖国的生日宴，也是我们青年的成人礼。我们将以天下为己任，自强不息，做有理想、有本领、有担当的中国青年，让祖国以我们为傲！

心中有光，脚下就有力量

群众联欢志愿者 四班 张琪

当初报名的时候，通知上并未说明活动，隐约猜到可能是与70周年国庆有关，但那个时候心里其实没有太大波澜，只觉得自己即将要参加一个好厉害的活动，从不曾想到日后会有如此美好，又难忘的一段回忆，会经历这么一段精彩的故事，认识这么一群可爱的人。

不管多累、多晚，只要排练开始，就会自由、欢愉，不论多困、多难，只要一声号令，全员聚集。从工作人员的付出，到全员无悔的配合，每一次合练，每一次走在长安街上，每一次向国旗敬礼，每一次大声歌唱祖国，都让我更加热爱祖国母亲，感受祖国强大的魅力和祖国同胞强大的团结力量。因为爱国而聚集在一起的我们，特别团结。到后来，不论是本校还是临近的外校，每一张面孔都很熟悉，每一个动作都是肌肉记忆。三个月的训练，五百人的集体，因为爱国这件事走到一起，一起阅兵村熬大夜、云聚餐。用面包夹着肉片，就着榨菜和果汁，是我们最期待的晚餐。一起在小学操场靠着睡觉，聊未来，坐深夜地铁专线，一起在长安街举着荧光棒呐喊、欢呼，热泪盈眶。

置身于这次的庆典之中，我最能直观感受到的大概还是身边同学的付出。除了活动参与人员的身份，我还很荣幸成了交通集散组的一名工作人员，成为五车的车长。每个车除了一名车长外，还有三个后勤保障人员。所有车队后勤保障员的辛苦，也给我留下了很深的印象。外出时，要时刻关注车队群里每个车的位置消息，确保没有掉队。后勤保障的同学在车上没有睡过觉，没有休息过。车在行驶过程中，还经常要发物资，收手机，发晕车药，后勤的男生经常扛着收手机又大又重的箱子，前前后后走，晃晃悠悠，额头上的汗珠直往下掉。偶尔他们实在累了，坚持不住睡着了，我都一拖再拖，直到到达目的地才舍得叫醒他们。他们睡觉时面容疲惫，但一下车后立马强迫自己精神焕发，立马投入工作，开始搬上箱子，举起牌子，大声喊着："五车四人一列，保持整齐，带队入场。"

有一次，一个后勤保障同学没来得及吃中饭，在车上吃火腿肠，吃完第一根，准备拆开第二根时，因为实在太累了，抓着火腿肠就睡着了。这样的细节还有好多好多，每次都让我很心疼。将近三个月，听到过抱怨，但就算再累，也从未听到过有谁说过"退出"。不退，再苦再累，我们，也不会退。

每次合练结束，回到学校了，也不能松一口气。所有的物资都要整理好，拿回统一归还地点。好多个深夜，扛着装道具的大袋子、医疗用品的大箱子，顶着要睁不开的双眼，和后勤的同学们一起搬着东西，继续唱着训练时的那些曲目，一边谈天一边笑，值好最后一班岗。真的特别感谢我们车的后勤男生们，对我特别照顾，总是主动拿最沉最重的东西。也很感谢所有的五车的同学和所有后勤保障，我们路上碰到总是会互相帮助，从来不需要开口问："能帮我一下吗？"互相关爱成了我们的一种默契和习惯。由各个院、各个年级不同同学组成的联欢队伍，从互相不认识、拘谨生疏，到后来能记住每一张脸，互相拍表情包、开玩笑，这是一个幸福的过程。

参与了活动的准备工作，可能对于当时的我来说，意味着要更辛苦，更晚回宿舍，用更短的时间吃饭。但现在，看到那些照片，想起那些歌声，回忆那些夜晚，带着热气的风、头顶的月亮、脚下的路，还有心中的光，都让人特别有力量。

活动当天，其实我们好早好早就到了，期盼着，等着倒计时。终于，晚上八点，北京，天安门，长安街，第一首红旗颂一播放，五脏六腑都开始振动，看着烟花在头顶绽放，看着"70"字样的烟花在天空闪烁，在烟花的余烟下大声歌唱祖国，大声喊着祖国万岁。烟花味还有点呛鼻，还能感受到碎屑，满眼尽是红色。一切都好真实，真实到感觉自己的心脏和祖国母亲的心脏连在一起跳动；好感动，感动到咧嘴大笑，热泪盈眶，任由泪水滑下，手里也要高举着国旗，举到最高！更高！泪水里是对祖国的热爱和自豪，心中被浓烈的爱国主义情怀充盈着。在长安街的依托之上，在烟花的余烟下，望着天安门，举着国旗，感受到了这70年来中国奋进的历史厚重感，感受到了身为中国人的自豪和骄傲。

联欢结束后，有很多观众走到长安街，跟我们合照。特别是有几位老爷爷，满含泪水地看着我们，说："祖国万岁，青年人万岁，看到你们，中国的未来有希望！"我们举着国旗，大声喊着："中国万岁！青年万岁！"从天安门走到学校集合地，一路上有很多叔叔阿姨、爷爷奶奶们，看到穿着演出服的我们，就会挥一挥手中的国旗，特别亲切。

因为我们都是中国人，所以我们都是亲人，大家眼睛里闪烁着光芒。

所有的训练，所有的付出，所有的喜乐难过，这所有的亲身经历，就像一场梦，太快了，快到我还不想醒来，要将所有的故事，每一个细节，每一张笑脸，赶快珍藏。

一生一次，一生荣耀。我是幸运的，被选为工作人员，能从不同视角对这次联欢又多一份感受。流过的汗里是荣耀，熬过的夜里有自豪。我们在阅兵村，在长安街通宵过，累过，淋雨过，哭过，笑过。这段故事承载着我们19岁这年最美好、最传奇、最荣耀的经历。

19岁的夏天比以往所有的夏天都更加明媚，只因它和祖国更加紧紧相连。19岁的青春能有幸与祖国同行，未来也必将继续与祖国同行！

此生无悔入华夏，来世还做中国人！

留下背影，带走共鸣

观礼志愿者 观礼中队 王天卉

乘坐志愿者专列回程的途中，广场上震耳欲聋的礼炮声还回荡在我的耳畔，在一片庄严中歌唱国歌的情景也还在眼前。仿佛一切还没有结束，我还站在广场上，站在饮水点那小桌子后面。

和别的同学比较起来，志愿者的工作是训练最少的，所以在全要素演练那一次，我的内心充满了紧张，生怕自己做得不到位。那一次彩排是在深夜，可是我们都很兴奋，期待着彩排，期待着为观众服务。由于一些原因，那天没有安排饮水点，我们就站在饮水点的位置上安静地等待。直到彩排结束，观众从观礼台上散场下来，我们才真正服务到大家。

"我去哪可以坐地铁？""您好，您可以向前走去天安门西乘坐地铁。"这也许是那天晚上我们重复最多的一段话。带着志愿者标准的微笑，我们送走了最后一批观众，让自己错过了属于我们的志愿者专列。坐在东单地铁站的台阶上，就着越来越亮的天，我们都微笑地睡着了。

国庆的前夜，注定是激动人心的。时间刚过零点，宿舍楼下传来欢呼"祖国生日快乐！"我们志愿者也开始收拾行囊，准备向祖国报到！

到达天安门广场的时候，天还是蒙蒙亮，随着演练官兵越来越响的口号声、整齐的脚步声，天空越来越亮。我们站在看台后面，支起了饮水点的牌子，摆好了一个个杯子，那些杯子也像整齐划一的队列，接受着来自各位观礼嘉宾和祖国的检阅。我们站在桌子后面，随着阳光在身上越洒越多，我们站得越发挺拔。那时还没有观礼嘉宾到来，但是一些解放军官兵从我们面前走过。他们看向我们，在我们与他们目光对视的那个刹那，他们对我们伸出了大拇指。我们知道这大拇指既是问候也是鼓励，更是我们希望祖国越来越好的共同勉励！

观礼嘉宾越来越多，有母亲抱着孩子，那孩子脸上贴着红旗，手高举着、挥舞着，我瞧见他望向天安门城楼的眼里那憧憬未来的光，看见他嘴角上扬的幸福的微笑。还有拄着拐杖缓步前进的老人，他也是那样昂着头，看向天安门的目光里满是骄傲与自豪。我们上前搀扶住老人，可是老人却摆摆手，对我们说："孩子，站好你们的岗位吧，我自己去就行啦！"老人的背影是那样的坚毅，踏着坚实的步伐朝观礼台走去。

习近平总书记那令人心潮澎湃的讲话还萦绕在空中，分列式就已经开始了。部队方阵的军人的一声声"为人民服务"的口号响彻耳畔。那一刻，庆典的一切都涌入我的脑海里，不仅有整齐的步伐，欢呼雀跃的人群，70年庆典的盛况，更有边疆风雪里扛枪屹立的战士，有广袤海洋上巡航守卫的士兵，有翱翔天际守护蓝天的飞行员，也有那些为国家安定浴血奋战的身影，为国家发展伏案工作的身影。在这片从天而降的耀眼的光雨中，这些可敬的追光者周围罩上了眩目的光环。阳光照耀在我们脸上，照耀在观礼台志愿者背向天安门的脸上，照耀在地铁安检志愿者撤退时回望长安街的脸上。

我们背对着天安门，虽然看不见现场的盛况，可我的耳朵能感觉到，群众游行的欢呼正一浪高过一浪；我的内心也能感受到，我们的国家在党的领导下，站起来了，富起来了，强起来了！

我身为一名观礼志愿者，虽然未能加入方阵接受检阅，未能加入群众游行为祖国欢呼与祝福，但是站在与天安门咫尺之遥的地方，我是那么的激动与自豪。我很荣幸可以成为志愿者中的一员，做大海中的一滴水，在幕后、在无声处保障国庆的顺利进行。默默奉献的人就好像是"随风潜入夜，润物细无声"的春雨，是那么的温柔、美好又令人尊敬！以前的我，或许能感动于身边宣扬的无名英雄，能赞叹出祖国母亲的日益强大，但今天，当我成为背影里的一分子，成为默默奉献的一分子，从共情到共鸣，我们心里满腔的爱国之情，不仅在于心上，更行动在与祖国同行的路上！

03

|青春·告白|

"不变"与"万变"

群众游行志愿者 第二十八中队 郑文波

  2009年中华人民共和国60周年大庆，我是群众游行方阵"农业发展"中的一员，2019年中华人民共和国70周年大庆，我是群众游行方阵"绿水青山"中的一员，10年里能够亲身经历两次庆祝活动，我感觉异常骄傲和自豪。

  十年的时间，只是人类历史长河的一朵小浪花，但对于我们国家，对于我们人民，对于我自己，却是有着太多的变化。这十年，国家的农业、工业、科技、国防变化很大，高铁的新成就从"和谐号"变为现在的"复兴号"，伶仃洋上已变成连三地成通途的港珠澳大桥；这十年，人民的衣食住行变化很大，出行方式变成了共享单车、共享汽车等共享方式，消费支付变成了微信、支付宝等手机支付；这十年，我自己的变化也很大，我从一个刚参加工作还没到而立之年的青年变化成现在已经是接近不惑之年的中年，我从孑然一身变成了现在的"五子登科"（妻子、孩子、房子、车子、票子）。

  作为两次庆祝活动的亲历者，我同样感受到活动过程中的许多变化。2009年我们活动参与者配发的餐包里只有面包、火腿肠、矿泉水，2019年我们的餐包里增加了巧克力、酸奶、湿纸巾、手帕纸，种类变得更加丰富，更加贴心；2009年我们活动参与者乘坐的是柴油大巴，2019年我们乘坐的是地铁和新能源公交车，出行变得更加环保，更加节约；2009年游行指挥部与方阵的指挥联系只能依靠对讲机进行，2019年每个方阵配发了两部国产智能手机，使用北斗卫星精确定位，现场图像、声音、位置实时传送到游行指挥部，指挥沟通变得更加顺畅，更加精确；2009年我们进场安检是人工核对证件，2019年我们进场安检是人脸自动识别系统，安检变得更加高效，更加准确。还有气球变成了可降解材料制作，和平鸽是临时借用，等等。这样的变化很多很多。

在感受到"万变"的同时,我也感受到了许多的"不变"。不变的是,青年学子的爱国激情。2009年参加国庆活动的大多为"85后""90后",他们曾被担心成为垮掉的一代,但在经历汶川大地震、北京奥运会以及60年大庆的过程中,他们展现出了热爱祖国、乐于奉献、敢于担当的品质,证明了"85后""90后"不是垮掉的一代。2019年"饭圈女孩"守护"阿中哥",万千青年争做护旗手,以及参加70年大庆活动的青年学子,放弃了考研复习、假期旅行、家人团聚等,踊跃报名参加活动,有的人劝他们考研要紧,但他们说:"考研还有很多次机会,但是参加国庆活动却是一生中难得的机会。"三个月的训练中,他们不管烈日酷暑还是刮风下雨,都是那样精神饱满。很多人身体不舒服,甚至在训练中受伤,但所有人都咬紧牙关,克服病痛,老师让一个受伤缝了十几针的女孩去休息,她哭着对老师说:"老师,请不要把我换下去,我能行。"这一切都证明"95后""00后"依然是可信赖、有责任、敢担当的一代,他们热爱国家人民、勇担历史使命的宝贵精神,跟任何历史时期的青年学子一样,永远没有改变。

不变的是,共产党人的初心和使命。2019年庆祝大会上的阅兵式和群众游行方阵,生动描绘了中国人民70年来在共产党人的带领下,建立了新中国,实行了改革开放,最终实现从站起来到富起来。特别是进入新时代,习近平同志更是带领全党,"打虎拍蝇",严惩腐败,精准扶贫,建成小康,改革强军,发展国防,实现了我国强起来的目标。从阅兵式上党的军队"为人民服务"那响彻云霄的口号中,从冲锋在前、辛勤奉献的党员干部那胸前的耀眼党徽中,从习近平总书记的国庆讲话中,都体现了中国共产党从诞生之日起就肩负起那从未改变的初心和使命,为中国人民谋幸福,为中华民族谋复兴。不变的还有,人民解放军和武警部队那"为人民服务"军队的性质、宗旨、本色;不变的还有,科技工作者科技报国、科技兴国的光荣传统;不变的还有,全国各族人民对中国共产党和祖国的热爱之情。

正是有这么多的"不变",才换来了我们国家70年的"万变"。就像习近平总书记说的:"中国的昨天已经写在人类的史册上,中国的今天正在亿万人民手中创造,中国的明天必将更加美好。"只要我们坚守着初心和使命的"不变",团结起来,努力奋斗,那就一定会迎来更多的"万变"。到那时,我们实现中华民族伟大复兴的伟大的中国梦就变成了现实!

用青春唱响祖国强音

广场合唱志愿者 男高音中队 孙喆

"一生难忘，一生荣耀。"

提笔之时，国庆70周年庆祝活动已过半月，但回想起来，仍充满感动、充满自豪。

按照学校整体分工，我被安排负责此次庆祝活动广场合唱志愿者的带队工作。说实话，虽然自己曾经是一名艺术特长生，也热爱唱歌，但对于是否能够带领学生完成好如此重要的合唱任务还是有一些担心的。我想既然我非专业合唱人员，那就动员校合唱团的核心骨干加入并协助负责人员选拔和训练任务吧，经过前期的沟通，92人的学生团队很快就人员齐整了。

从7月6日校内合练开始，同学们每天都要进行合唱训练5小时，体能训练1小时，三个月的时间里同学们遇到了很多困难，但让我最难忘的还是"站军姿"和表情训练。

在庆祝中华人民共和国成立70周年大会上，一共有35支方阵从天安门欢呼走过。而我所在的广场合唱团被称为"第36支方阵"，我们并没有像游行群众那样自由、热烈地走过天安门，而是站定在五星红旗下的广场核心区，这一站就是4个小时。为了在镜头下保持核心区的整齐，呈现出更好的表演效果，"站军姿"成了我们日常训练中的必修课。

记得刚开始训练的时候，很多同学都因为长时间在日头下站立而晕倒，作为负责人的我心急如焚，一方面担心同学们的身体，另一方面又担心影响任务的正常推进。可仅仅过了两天，我发现自己的担忧是多余的。同学们为了增强自己的身体素质，自发在原本体能训练的基础上开展形式丰富的加练，变速跑、开合跳、高抬腿、半蹲跳成了我们每日训练外的常态项目。从起初开合跳一组10次，一组20次，再到最后一天训练总计150次开合跳，慢慢地我们已经忘却了身体上的疲惫，只为在天安门前的那一次精彩绽放。

但仅仅有体能支持我们站立是完全不够的，庆祝大会当天全世界的镜头都将聚焦在天安门广场，而处在核心区身着华服的我们必须时刻保持最积极的演唱状态，表现出恰到好处的面部表情。为此指挥部把我们需要演唱的18首歌曲分别做出了仪态表情的要求，《社会主义好》的坚定自信、《时代号子》的壮志豪迈、《我们都是追梦人》的朝气蓬勃、《不忘初心》的庄严担当……可对于我们这些非专业人员来说，这可比记词背谱困难得多，为此我联系到指挥部的分指挥入校指导，他们对同学们的神态和情感进行了细致入微的指导，有时候大家为了练好一个仪态，会坚持同一个表情接近5分钟，很多人后来都开玩笑地说自己都会"变脸"了，一听到我们训练的歌曲就可以立马表现出相应表情。

在训练过程中有这样一件事情令我记忆深刻，那是我们顶着烈日在军乐团驻地封闭训练的一天，有一位男生突然接到了妈妈焦急的电话，他的爸爸因为突发疾病，住进了重症监护室。电话那头的妈妈泣不成声，他只得告别了团队，第一时间赶回了遥远的南方家乡。三天后，他父亲的病情稳定了些，经过家人的讨论决定继续让他返校参与训练。可没想到的是，几天后，他的妈妈给我发来了这样一条短信："老师，孩子的爸爸去世了。我们会让孩子3号准时参加训练，感谢您的关照！训练的事情就拜托您安排了，不影响孩子参加这次活动，是他父亲最后的心愿，谢谢！"

他的父亲，最终因病情加重，永远地离开了。而他忍住悲痛回到了我们的队伍中，虽然之后的训练更加艰苦，他却一次都没有缺席，比以前更认真地完成了所有的训练。10月1日当天，庆祝大会结束后，他发了这样一条朋友圈："父亲，我完成了您的心愿，未来的路，请您放心。"

我想这是他献给父亲珍贵的礼物，也是青春无悔的选择。

虽然国庆活动已经结束，但我相信每一个经历过此次广场合唱任务的人都会以昂扬的姿态继续向祖国报到：

请你检阅，亲爱的祖国！

请你检阅，伟大的党！

请你检阅，英雄的人民！

成就最美舞者

群众联欢志愿者 四班 李世鑫

当我周围的同学听说我参加了国庆活动时，都会不自觉地和我打听群众游行的种种故事。但大家没想到的是，我却是一名群众联欢的志愿者。没错，一名联欢舞蹈志愿者。之所以让周围很多人产生误解，大概是因为我是一名纯正的工科男，不精通音律，肢体协调性也不尽如人意，体型又胖。

但就是这样的一个我，在2019年的夏天和秋天，突破了自己的种种障碍，最终与三万名首都各界联欢志愿者一起，在天安门广场上欢乐地起舞。

刚开始训练时，我曾经压抑了很久，因为很多舞蹈动作的设计对于我这样一个"白丁"来说都非常复杂，有的地方需要手脚齐动，有的地方需要和搭档分层次互动，而我恰恰属于那种，脚踢出去手就不知道该往哪儿摆的人，似乎这个任务对我来说，是不可能完成的。直到有一天，有一位老师和我这样说："能够在自己不擅长的领域提升自己，才是真正的磨砺。"对啊，我不愿意做一个逃兵，即使是在不擅长的方面，我也不愿意就这样低头，自己学不会就找人请教，训练时间短就自己加训。慢慢地，我发现周围的同学和我都在践行着一种信念，"舞"所不能，无所不能。

我们学校联欢队伍中共有105名男生，他们很多人和我一样，没有舞蹈基础，却有着对舞蹈的热爱，几天下来精疲力尽，却收效甚微。尤其是一次训练时导演安排我们分男生和女生单独表演。男同学们凭借着在艺术表演中本能的不擅长和退缩为女同学们带来了不少欢笑。那天之后，我们自发组织了男生互助小分队，在整体训练结束后留下来请导演给我们排演，几次下来，我们申请在全体女生面前展示，凭借着自己的努力，我们获得了雷鸣般的掌声，那一刻我们无所畏惧，那一刻，我们无所不能！

这三个多月来，我们共经历了总计242个小时的集中训练，学习了27首舞曲，单次持续表演时长超过90分钟。在表演过程中，我们需要变换队形40多次，使用7种发光道具，变换25种顺序不同的颜色。

高强度的训练要求考验着我们每一个人。有一个姑娘，在一天训练之余急匆匆地跑来找老师，说她发明了一种"小抄"，将每次改动的道具要求和颜色要求密密麻麻地记在了纸上，贴在荧光棒上。她说："老师，导演组对我们的要求很高，每次调整的内容实在是太多了，我们这样打个小抄就不怕会忘了。"她当时应该也没想到，几次调整下来，荧光棒的把手上贴满了厚厚的一摞，正式上场的时候，竟然快要握不住了。

本着"精精益求精，万万无一失"的要求，为了能够达到最好的演出效果，导演组的排练内容也随着我们的训练深入在不断修改，越是临近演出，调整的频率和幅度就越大。演出前一个月，我们的整体演出方案大大小小调整了10余次，先是调整1/3的演出音乐，增加合练排演全市队形，又做区块队形调整，修改了近一半的动作和颜色。也许很难想象，在距离国庆演出仅有两天的时候，我们还在做大范围的队形变化，这一切的一切都是为把最好的一面展现给全国人民，展示最美的自己。

一次次频繁的变动不停地逼迫着我们的心理防线，为了圆满完成国庆任务，我们在不停的变化中找到了不变之处——初心不变。"不忘初心，牢记使命"是人生奋斗的思想起点，更是精神动力的不竭源泉！

十月一日当晚，整条长安街都成了我们的舞台，我和身旁的伙伴们紧紧地握住彼此的手，一起高喊着"祖国万岁"，奔向天安门的方向，近一点，再近一点，终于我们来到了城楼正前方，虽然缩短的这100米只用了几十秒，但我却觉得时间过了很久很久。我想起了7岁时第一次看到天安门城楼的巍峨，我想起了上大学后第一次观看升旗时的敬仰，我想到了无数中华儿女前仆后继，将青春奉献给祖国的故事……

而我，此刻就在这里！那一刻我哭了，我是如此清晰地感受到了祖国母亲的心跳和我们的心跳紧紧相连！

从那一刻开始，我们便不止是长安街的舞者，更是新时代的舞者，我们的舞台已然由十里长街转至广阔天地，"舞"所不能的信念也将随着我们的脚步迈向新的领域。在长安街上迈出的小小一步定然能转化为日后祖国建设舞台中的豪迈一步；一个个小小的舞步定然能汇聚能量，在世界民族之林中舞出自己的光彩！

既见君子，云胡不喜？

群众联欢志愿者 四班 丁琦琦

《诗经》有云："既见君子，云胡不喜？"从个体来看，这代青年如同那温润如玉的谦谦君子，用个人努力铸就国家辉煌；从全部来看，伟大祖国如同那光风霁月的君子，正展露出璀璨耀眼的迷人魅力。

汗珠滴落，神疲力竭，训练日日不停歇，仍记得既见君子，云胡不喜？

炎炎烈日，酷日当头，任他雨打风吹去，只记得既见君子，云胡不喜？

长安街上，神采奕奕，热情洋溢众尽欢，又记得既见君子，云胡不喜？

既见君子如你我不畏辛劳、勤勉奋发，共迎祖国七十华诞，何不喜？

既见君子如国家飞速发展、繁荣富强，走在前进大道之上，何不喜？

既见君子自强不息，奋发图强，更有"白日不到处，青春恰自来"的精神追求。

既见君子繁荣富强，一片昌盛，更有"光明磊落于一堂，春风化雨于四方"的智慧之光。那日晚，你盛装点缀，灯火生平照八方；正如今，你威风凛凛，繁荣富强焕荣光。那晚的烟花，可以大抵称得上我所看过的最壮观的烟花了罢。直至今日，所放烟花的形状我已记不得，但是"人民万岁"那四个闪闪发光的字却一直放在我的心上，如同烙印一般，永生难忘！可以明显地感受到，这些年来爱国的氛围越来越浓厚。很多人说这是国家的强大带来的。其实并不完全是这样。不难看到，在国家弱小时，有众多的人爱着国家；在国家有兴盛的苗头之时，仍有众多的人爱着国家；在国家走向强大时，还是有很多的人深爱着国家。能够看到的，是一种坚持，一种守护，一种信念，正是这种几十年来不变的坚持，让我们走向强盛。话说回来，世事万千，还有很多需要努力的地方，吾辈不应骄傲自大，也不应妄自菲薄，而应勤勉努力不断向上，使两位君子在不断的相互交流帮助中散发出更加灿烂的光芒！

既见君子，云胡不喜？

我们都是星星之火

群众游行志愿者 第四中队 刘国庆

我与祖国母亲在同一天过生日，也或许正是从出生的那天起，我就注定要成为一颗火苗，一颗要为燎原之火提供点滴光热的火苗。记得60周年国庆时，我刚上初一，因省征集"我的名字叫国庆"的故事，所以正在上课的我突然受到电视台采访。懵懂的我只觉得自己好像很特殊，在众人的羡慕中离开教室接受采访，那时的我并不知国庆60周年意义多么重大，祖国的发展仿佛也离我很远很远。当记者采访到我对祖国的祝福，我脱口而出："我希望尽快长大，将来能够报效祖国，希望祖国更加繁荣富强！"当时的我对这个承诺显然没有具体概念，但这个愿望却在那时就深深扎根在我的心中，燃起了心底的第一个火把。

2015年9月3日，我在电视前完整观看了"九三阅兵"，当看到训练有素、整齐划一的解放军方阵从天安门前走过，我热血沸腾，从他们坚定的眼神里、震撼的步伐声中我仿佛感受到了祖国对我的召唤，召唤我去触摸她的风雨沧桑，召唤我去感受她的荣誉辉煌。我毅然选择上大学前先入伍，为祖国站岗两年！

服役期间，10公里的武装奔袭，300多公里的徒步拉练，海拔3000多米高的野外驻训，无一不是意志、定力的考验，但正是这些艰苦的考验，彻底点燃了我炽热的爱国之心，让我更加笃定要将内心的火焰燃烧到祖国需要的地方。2019年6月，当我得知10月国庆重大活动招募志愿者时，立马就报了名。想以志愿者的身份，展现当代大学生的昂扬风姿。

印象最深的就是那次雨中训练，雨水顺着脖子往下灌，冻得大家瑟瑟发抖，积水彻底湿了鞋袜，走起路来都能听到"呲啦呲啦"的渍水声，但我们没被雨水浇灭热情，反倒更加兴奋了起来，拼尽全力呐喊。一个女孩突然晕倒把下巴磕破了，去医院缝针时，老师们都特别关心缝针是否会在她的脸上留下疤痕,而她第一时间想到的却是报告老师,这点伤并不碍事儿,可以马上投入训练。那次淋雨训练回来后,很多同学喷嚏连天,甚至还发烧,可他们却叮嘱我:"队长,你可千万不要汇报我生病,我回去喝点药就好,我能坚持。"

在2000多人的"绿水青山"方阵中,我们微乎其微,可每个人都用自己的坚持与奋斗点燃心里的火焰,每个人都鼓足了一股劲儿,只愿为祖国生日的重大庆典多增添一份光彩。星星之火汇聚燎原之势,这是北林人的奋斗,更是广大爱国青年学子的奋斗!

火焰正蔓延至每个人的心里,但是时机还未成熟,我们仍需隐藏光芒,守护这个"不能说"的秘密。因为我的名字叫国庆,生日在10月1日,班级同学还跟我开玩笑说:"训练期间,国庆这个词太敏感啦,以后我们就叫你六十一了。"我们训练时穿的是上黄下绿的孔雀服。国庆前一天,许多同学很想告诉家里人自己服装的颜色,以便在电视上找到自己,介于保密规定,就只能给家长发"拥抱"——一个上黄下绿的表情,还有同学偶然在校园里看到这个小朋友的照片,就发给家里作为暗示。大家看,这套衣服是不是很像我们训练服的缩小版。当今网络媒介如此发达,各种各样的信息都能在分秒之间传播出去,但长达三个月的训练,没有发生过一起泄密事件。誓干惊天动地事,甘做隐姓埋名人,这是北林人的坚守,更是广大爱国青年学子的坚守!

炽热的火焰也可能熄灭在风中。但即便如此,我们也会守候心火不熄、深情不减的最后执念。

10月1日正式出发前,我突然得知中队的周欣悦同学感冒严重,几天来发着高烧。"绿水青山"方阵的完美呈现是两千多人三个月共同努力的目标,必须保证所有人精神昂扬地通过天安门。出于大局考虑,不想让自己成为那个"不确定",沉默了很久很久的她,最终做了一个令我震惊的决定:退出!

就在我去向老师汇报此事的路上,我的内心无比煎熬,训练三个月来,她一直表现优异,那想要上场的心情,我更是感同身受,我甚至无法想象,她此刻的心情该是多么的不舍、多么的沮丧、多么的苦涩啊!我明明知道她的身体状况并不适合上场表演,可还是忍不住再问一句:"要不再考虑考虑,我还在路上。"她却给了我一个终生难忘的回答。她说:"学姐快跑,别再给我机会了!"星火虽熄,但心火不熄,为了"绿水青山"方阵的万无一失,却留给自己一生的遗憾,这是北林人的奉献,更是广大爱国青年学子的奉献!

我永远不会忘记10月1日那天,战机从空中飞过时,螺旋桨的声音像是冲破云霄一般，周围的很多同学情不自禁地跳起来欢愉；当满载抗战老兵的礼车缓缓驶过时，大家纷纷哽咽地喊出："保重身体，英雄万岁！"正式表演时，大家像是约定好地呐喊着"祖国，万岁！祖国，万岁！"当看到习总书记站起来向我们挥手致意时，不知多少人的眼眶都湿润了。那一刻，我们心中不由激起对祖国的强大、强盛而无限自豪的火热情感。我们为生在这样的国度而感到幸福和骄傲！

从长安街返校的路上，我们遇到了无数的志愿者，花车表演人员、其他方阵群众、阅兵的战士，也有路边的执勤者，他们每一个人与我们招手欢呼，热情击掌。打开手机，几百条方阵新闻和朋友圈消息扑面而来，身边几乎所有的同学都因我们而感动……散是北林绿，聚是中国红！渺渺星火，竟能汇聚如此大气磅礴的"北林学子"力量，青春年少，竟可画就如此浩荡恢宏的"绿水青山"方阵。我深深地意识到，身为方阵的一员，身为北林学子的一员，是一件多么骄傲与自豪的事情。

习总书记曾说："井冈山时期留给我们最为宝贵的财富，就是跨越时空的井冈山精神。"星星之火，可以燎原，井冈精神，代代相传。我们必将牢记总书记的嘱托，以梦想为岸，以奋斗划桨，将满腔的热血献于祖国建设，将红色的火种播散祖国边疆。我们必将担起振兴中华的重任，不负祖国，不负人民，将青春注入火热磅礴的力量，用生命书写"奉献祖国"的华章。

我与祖国的十年之约

广场合唱志愿者 男高音中队 张双旗

十年前的国庆节,我11岁,坐在一台22寸的"大屁股"电视机前,津津有味地看着国庆阅兵,感叹祖国的强大,那时的我心中默默地许下了一个愿望——将来一定要去天安门广场看阅兵!十年后,我21岁,正值伟大祖国70华诞,我有幸站在天安门广场,成为广场合唱团的一员,全身心地为祖国母亲献上歌声,我心中依旧感叹着祖国的伟大和强盛!

2009年,是我加入学校乐团的第二年,也是乐团成立的第二年。乐团排练的第一首曲子就是国歌——《义勇军进行曲》。在乐团里的经历让我对阅兵中的军乐团产生了浓厚的兴趣。

那时候,从库尔勒到乌鲁木齐坐火车夕发朝至。

今年10月1日当天,当国歌奏起,我的思绪被迅速地拉回到了第一次和乐团排练国歌时的情景,大脑中快速闪过这十年间国家和家乡日新月异的变化,我禁不住泪湿眼眶。十年间,伟大祖国飞速发展,我的家乡库尔勒也随之发生了翻天覆地的变化。原来流经市区的一条孔雀河,到现在的"三横三纵"水系贯通;城市发展重心,从河北岸跨越到河南岸;客流增加了,机场扩建了,修了新的航站楼;今年国庆,库尔勒新火车站也正式竣工投入运营。

这十年,我和乐团一起,走出新疆,走出中国,走向世界舞台,在国外奏响来自中国新疆大西北的声音;这十年,我去过很多国家,但每一次出行都更加让我坚信,祖国真好!中国现在的发展勇立世界前列;这十年,新疆各地机场的航线数量不断增加,相距几百公里的城市也变得越来越近,出省游玩的路途变得不再遥远,祖国的大好河山仿佛近在眼前;这十年,火车不断提速,高铁也已通到乌鲁木齐,坐火车去北京的时间已不再那么漫长,祖国处处繁华似锦!

我可以很自豪地说，我见证了这十年，甚至更长于这十年的祖国的快速发展，见证了她是如何让我们的生活变得越来越美好，也见证了她为何发展得如此迅速和如此强大！

2019年，是我来北京上大学的第二年，也是我加入北京林业大学学生交响乐团的第二年。暑训排练的内容是爱国歌曲——《我的祖国》和《我和我的祖国》。感谢北林艺术团给了我这次为祖国母亲庆生的机会。国庆阅兵那天，站在天安门广场的我为祖国母亲的生日深情歌唱。

现在，从库尔勒到乌鲁木齐坐火车只需要四个小时。

祖国母亲　祝您生日快乐
群众游行志愿者 第十八中队 刘晋囡

只有祖国真正强大起来
才是海内外无数中华儿女坚强的依靠
五千年筑山河锦绣
七十载颂国泰民安
我爱我的祖国

是志同道合的年轻人因为一腔爱国热情聚集在这里
是素不相识的陌生人为着同一个目标奋斗努力
是习主席的身影　是老兵的敬礼
是齐声高唱的国歌　是不禁浸湿的眼眶

长安街上的所有人看到彼此都会不禁竖起大拇指
这种不言而喻的默契不止是为了自己
更是为了伟大的祖国母亲
跟路边志愿者互相鼓励"辛苦了"
跟场边观众一同赞叹"绿水青山"
返程途中　没有排练　没有演习
真情实感的流露才更为珍贵
和引导人员击掌庆祝"节日快乐"
与观众朋友齐声高呼"祖国万岁"
这一刻我们都是兄弟姐妹

身在其中的人 不必用过多言语修饰
场边一句"树木树人"早已让人热泪盈眶
身旁一句"来日再见"更加令人泪目难耐

感谢三个月来的陪伴
感谢31位中队长的一同成长
感谢45名队员积极配合以及后勤小分队的支持帮助
这些终将成为我记忆中浓墨重彩的一笔

绿水青山，不仅是祖国发展的目标
更是年轻一代奋发向上的动力
作为北京林业大学的学子
我们的感触和热情更为强烈
我希望能够在举国欢庆的时刻
贡献自己微薄的力量
让世界看到中国的底气
让世界看到新生力量的伟大

向祖国报到
一生一次 一生荣耀
第三十方阵"绿水青山"第十八中队已圆满完成任务！
祖国母亲
祝您生日快乐！

青春告白祖国

群众游行志愿者 第二中队 林为民

"林心似火,强国有我!请全体参训人员起立,举起右拳跟我宣誓……"七月的铮铮誓言还萦绕耳边,六月的纠结一笑而过,八月的酷暑煎熬,九月的踌躇期待,十月的感动自豪,三个月的严守秘密,最终以最绽放的姿态向祖国报到。

六月,学院开始招募重大活动志愿者,内心的小我在宣讲会上已经从天安门前走过,我要去天安门!但面对第二类名额更少的引导志愿者时我有些动摇,在周围同学和老师的建议下我在第二类志愿者上打了勾,那可能意味着有个完整的假期,有登上观礼台的机会,但交上报名表的那一刻我像是丢了一半灵魂,患得患失中含糊地询问父亲意见:"我暑假可能要参与一个活动,有机会从天安门前走过,但是暑假可能就回不了家了……"没想到他毅然支持我去参与游行,在面试的时候我选择了更改志愿,于是乎有了第二中队的我,有了七月份登上台的领誓人。

七月,忘不了那段焦头烂额的日子,训练、实践、画图、文献充实着每一天。顶着设计课作业倒数期限,每天吊着一口气去操场训练,训练站立间隙思考设计问题,坐下休息时打开文献缕思路,每天的体能训练又是和自己较劲的环节,和同学们一起在跑道奔跑突破极限,总是会想周围的居民每天看到这样的场面,会不会和我们一样心潮澎湃,可惜那段日子没有相册记录,只有几段潦草文字:"7月13日,今天应该是我人生最难忘的时刻之一吧,当我再谈起国庆70周年,我会想起今日带着一千多人宣誓的场面,会记住此刻因为激动而双腿战栗……未来加油!"

八月,新上任的中队长,在线的"林妈妈"。这一段有说不完的话,因为操碎了心。信息报送、领衣服、发衣服、换衣服、领餐券、换餐券、发餐券等几乎是八月的日常，不管是在会议室310还是线上都会忙得不亦乐乎，我们也形成一条不成文的规矩：领证一小时，开会三小时，为了更好地完成每次活动，我们也耐心尽力完成分内的事。中队长抑或是车长，我觉得更像一个小妈妈的角色，31个中队31个小妈妈，都在尽心维护这个小家庭。作为第二中队的中队长，也是队伍里年级最大的同学，我无时无刻不想做好"妈妈"这个角色，用心编辑每天的行程通知，因为点位调动调走队员而不舍难过，雨天担心队员受寒感冒一趟趟回车取雨衣，因为临时增加训练到不了场的焦虑……那一段时间，梦里都在发消息、接任务，还好我的队员们都很省心，大家都很听话。

九月，做了很多不可思议的事情。在长安街上看农历八月十六的月亮从东边升起西边落下，在长安街围坐一圈唱歌，给浩然过20岁生日，在马路上席地而睡，近距离看兵哥哥各种武器，大家一起为同一件事努力着，再多艰辛都化成努力，每次天安门前的欢愉都期待在国庆当天爆发。"使命在肩，奋斗有我……"向天安门出征！

十月，一切落定，隔着时空我们在集结区观看现场直播，和全国人民同时感受此刻的震撼。我们欢呼，我们拼命挥手，我们向人们展示最好的绿水青山，最好的三十中队。当歌声响起，一路走来，千千万万的人们汇成一股力量，那是中国力量。小我融入大我，青春告白祖国，北林青年，向祖国报到！

幕后无声　心怀荣耀
外围志愿者　外围中队　吴嘉悦

今年，是我生命中的第20年
告别了稚嫩与年少，走向成熟与独立
今年，是我的祖国成立的70周年
跨过了鲜血与苦难，换来了繁荣与昌盛
何其荣幸，我最美好的青春
与祖国的70岁生日相遇

两次演练，从午时站立到傍晚
一只喇叭，指挥近万人的队伍
三面人墙，保障队伍整齐有序的安检
疲惫、口渴、饥饿
不能阻拦我们将最深切的关怀与激励
送给前往天安门的方阵伙伴

庆典在即，踏上征途
星光落在眼里
成为荣耀的勋章
四方场地，45名志愿者
是不受检阅的战士
为7只方队"护航"
灯光微弱，人头攒动
身影交错，奔走呼喊

清晨的阳光洒下
我们的使命完成
没有镜头,没有掌声
远方庆典的烟花
唤醒蒙眬的睡意
望向碧蓝的天空,祝福我的祖国
心底满满的崇敬,满满的自豪
我们是外围志愿者
幕后无声,却心怀荣耀

泱泱华夏，一撇一捺是脊梁

群众游行志愿者 第五中队 杨丹

过去的十几个春秋里，每每观看国庆阅兵时，我感受的是中国战斗武器的逐步先进、军人们挺拔昂扬的斗志，以及一个国家一个民族在世界东方逐步雄起的过程。是这些，也只有这些。生在和平年代，在经济发达的21世纪，我们这一代人根本没有亲身经历过国家的苦难，也没有感受过贫苦带来的烦恼。在我们的印象里，中国就应该是这个样子的，甚至，我觉得严肃、纪律、恢弘的阅兵仪式就应该是万无一失的，并且要接受我们这群人的吹毛求疵。为什么？因为我们从没真正地去了解，去体验，所以我们不知道这究竟有多难？我原以为我这辈子也就只能远远地观望一下这种气势如虹的场面，扎在芸芸众生里以自己狭隘的目光进行一番自以为有理有据的点评。殊不知，这岁月眷顾了我一次。

我很幸运，在祖国成立70周年之际，我是一名在北京读书的大学生，我有机会参与到游行方阵中去，和代表我国战斗实力的武器、保卫祖国和平的军人们一起，让全国人民，让全世界看到泱泱华夏，一撇一捺，均是脊梁。

怀着满腔热血，我投入训练、彩排中，我以为这是一份光荣轻松的任务，殊不知这是一项既光荣又充满挑战的任务。这三个月，我必然会在挥洒汗水的过程中毫不动摇地坚持着。三个月，我们从一开始的好奇开心到中间的倦怠期再到最后的加强期。无论是哪一个阶段，都是辛苦的，从小到大没怎么熬过夜的我也在这一次活动中通了宵，和一群共同为一件事情努力的可爱的人们躺在长安街的马路上赏八月十五的月亮。虽然苦，但是我们不叫苦，我们咬牙坚持着，期待着十月一号的盛典。我们必然是严肃、活泼，将当代大学生的朝气与严谨表现得淋漓尽致。

不负众望，国庆当天，我们满含热泪，心中无数次涌起与祖国共荣辱的豪迈，我们欢呼着，跳跃着，在全世界人民的注目下从天安门前走过，我们十分自豪，也默默给了自己肯定，给了自己和全国人民一份完美的答卷。

  回顾这三个月，说不辛苦是假的，但是我觉得无比荣幸。一次参与，一生荣耀。接受过习主席和全国人民的检阅，经受过这种氛围的洗礼，我更加自律，相信在今后的学习生活中，这次经历会成为我生命中浓墨重彩的一笔，督促着我成为更优秀的人！

躬逢盛世，与有荣焉

外围志愿者 外围中队 吴兆飞

2019年10月1日，在喜迎中华人民共和国成立70周年之际，我怀揣着无比激动的心情参加了国庆70周年庆祝大会志愿服务工作，在5号线惠新西街北口地铁站执行远端集结任务，能够亲身参与其中，为庆祝大会的成功举办贡献一份自己的力量，我感到非常荣幸。

10月1日凌晨00：30左右，当室友熟睡之时，身着志愿者服饰的我早已起身前往校内集结地点，与各小队伙伴共同乘坐大巴车抵达工作地点。虽然经过两次演练的我早已熟悉了自己的岗位职责和工作要求，不过当演练变成实战时，我依旧丝毫不敢懈怠，生怕在任何一个细小的环节出现纰漏。当第一个群众游行同志进入视野开始，所有的志愿者们便忘却了疲惫，始终保持注意力高度集中，一直到最后一批群众游行队伍按照预定时间顺利进入安检口才松了一口气。

集结任务圆满完成之后，我返回学校观看了国庆70周年大阅兵，看到祖国今日的繁华强盛，不由想起在最新公布的开国大典高清彩色影像中，毛主席那一声振聋发聩的"中华人民共和国中央人民政府今天成立了"。那是一个划时代的瞬间，70年前，开国大典参阅飞机只有17架，周总理说："飞机不够，我们就飞两遍。"如今空中梯队战鹰列列，十里长安，早已十里繁华！江山不负英雄泪，且把利剑破长空，70载峥嵘岁月，我们的祖国一步步走向繁荣昌盛；70年不懈奋斗，一代代华夏儿女共同铸就了今日中华之辉煌。从饥寒之苦到全民温饱，从一无所有到应有尽有，从贫穷落后到富足先进，从被人嘲讽到纷纷赞叹，如今的中国早已不再是当年的中国，作为华夏儿女怎能不为此感到骄傲和自豪！

当簇拥着胡锦涛同志巨幅画像的"科学发展"方阵经过天安门时，看到城楼上满头白发的胡锦涛同志向受阅官兵挥手的瞬间，内心感慨不已。伴随着我们这一代长大的胡锦涛同志现已白发苍苍，那双颤抖的手，瞬间让人泪流满面。十年时间真的弹指一挥间，一代代共产党人为了国家富强和人民幸福奋斗牺牲、无私奉献，才有了新中国这可歌可泣、感天动地的壮丽篇章。

今天，我们比历史上任何时期都更接近、更有信心和能力实现中华民族伟大复兴的目标，但这一目标绝不是轻轻松松就能实现的，复兴征途上不可避免地会遇到各种困难和挑战。这就给我们青年一代提出了新的希望和要求，作为当代的青年学子、作为北京林业大学生态学的硕士研究生，我一定会努力学习科学知识、发挥自身专业优势，积极投身生态学研究，用实际行动践行习近平总书记的"两山"理念，"替山河装成锦绣，把国土绘成丹青！"

国庆，感想？不敢想！

群众游行志愿者 第十二中队 杜亚婷

回来的那天，想着"呼，终于结束了"，但明明应该觉得有一丝放松的心情却是沉甸甸的。在食堂吃着最后一次训练餐的时候，听着电视正在循环播放我们走过长安街的画面，心里感觉空落落的，"就这样结束了啊！"

从五月招募广场联欢、合唱的同学，到六月正式开始各类重大活动人员招募工作；从七月学校内的训练，到八月初门头沟的合练；从八月底良乡机场、阅兵村的考核，到九月的长安街全要素；从三个月的训练，到国庆当天，有太多太多回忆和感触不知道从何讲起。

有很多感动的瞬间，那些无私奉献的中队长、小队长、物资员等同学骨干们，那些忍受着病痛却依然坚持在点位上的同学们，那些后勤保障的叔叔阿姨们。记得有同学说："老师我推了家里安排的实习也要参加训练""老师我坐了二十几个小时的硬座赶回北京了""老师我没事，离开队伍会影响训练效果，我再坚持坚持吧""我体育太差了，我要加练跑步；老师我终于三公里跑进24分钟了""我发现寝室地砖边长60；我今天一直在寝室踩地砖；我再压两个小时寝室地砖"。还记得我那临时宿舍正对着的，经常灯火通明的师生服务中心310……到最后一天，发朋友圈的时候，除了感谢，我不知道要说什么。我不是那种文采斐然、语言表达能力极强的人，我怕我那絮絮叨叨的话语说不完我心里的感动，我也不知道该怎么表达那些情愫。

那些黑白蓝黄交织的画面，永远镌刻在脑海里，无法与人分享，也许只有同样参加的你才能产生共鸣。是动员大会上，一声比一声响亮的向祖国报到；是夏夜里的操场上，大家奔跑的身影；是生日会的中心，星星点点的闪光；是金盏乡大雨里，坚定的步伐；是良乡机场火红的日出；是十里长安的灯火通明；更是走过花团锦簇、精心布置的观礼台和天安门时，声嘶力竭的

"祖国万岁""生日快乐""我爱你中国"。

　　说起来还有一件不知道算不算丢脸的事情，没想到国庆当天，我竟然是北区后面那一片队员里，第一个绷不住泪水的人。明明全要素已经看过好几遍的花车，当第一辆载着国徽的彩车路过我们的时候，我眼里已经含满泪水。在第三辆车上突然举起了黑白照片的瞬间，我泪如雨下。左右的同学说："老师你别啊""忍住啊妆不能花"。可我依然控制不住自己的眼泪，没有缘由。后来学院党委副书记让我们谈谈感受的时候，会议谈到这点，我当场也没能控制住自己，就像现在，写到这里，我已经热泪盈眶。也许这就是，我对我的祖国，爱得深沉。

　　一直都觉得自己是一个很幸运的人，选择了北京林业大学，选择了保研辅导员，选择了团委的工作，才有这样的机会，参与到中华人民共和国成立70周年庆祝大会，对于我来说可能真的是一生一次，一生难忘，一生荣耀的事情。

　　最后，借用《想北平》的尾句，"不说了，要落泪了"。

我们信仰的主义，乃是宇宙的真理！

观礼志愿者 观礼中队 宋思远

作为国庆志愿者观礼台的一名服务志愿者，我经历了学校专业的志愿者培训，负责了从前期联系嘉宾、整理分发请柬，到国庆当天组织嘉宾集结和入场，以及庆祝大会观礼台上的观礼服务和带动气氛的志愿工作。也有幸随同嘉宾们一同观礼，真真切切地感受到祖国的日益强大和繁荣。在观礼台的志愿者们，都是在国家各项大型活动和志愿项目中，做出过突出贡献的极其优秀的志愿者，与嘉宾们一同观礼，使我倍感荣幸。在与他们交流中，他们高尚的品质和无私奉献的志愿者精神让我在工作中充满了力量。

当看到新型坦克伴随着轰鸣声开过长安街，歼-20在长空呼啸而过，我为祖国军事力量快速壮大而自豪；当看到荣誉车上向我们招手的抗战老兵和将军家属，当看到花车下载歌载舞的游行群众，我为人民生活幸福安康而骄傲；当大会结束时千万观众合唱《歌唱祖国》时，当五星红旗在蓝天白云间高高飘扬时，我亲爱的祖国，我为你自豪！

同时，作为大四的一名预备党员，能在毕业前参与国庆的志愿者工作，能够在祖国生日这天贡献自己的青春力量，我深感幸运与自豪！这将是我大学生活里浓墨重彩的一笔，也将是最为难忘的青春记忆。中华人民共和国从成立到发展，这一路风风雨雨中，是无数位做出伟大贡献的革命前辈与共产党员们献出了自己的青春和热血。今天的观礼和志愿者工作，让我更加坚定了自己的信仰，就像共青团中央的一句话：我们信仰的主义，乃是宇宙的真理！

今天，有无数个像我一样的"小我"，都在为祖国的今天而努力奋进着：受阅的解放军、游行队列的群众、负责安保的安检小哥、站岗的武警战士……以及或是在现场，或是在电视机前关注着大会的观众们，他们都有一个共同名字——人民，是他们构成了今天的"大我"——繁荣昌盛的中国！

那一晚的天安门，花哨得很

群众联欢志愿者　三班　赵懿君

那真的是算惊喜了，看到大屏幕上已经有烟花燃起，扭头去看时，烟花已在身旁燃起，接踵而来的烟花就在头顶绽放，要把头抬平才可以看到全貌。那一瞬间，不知是被这惊喜感动到了，还是真正认识到了什么。认识到她很强大吗？认识到，她已经70岁了吗？其实在联欢的全程，想得更多的还是下一个队形要怎么变，下一首歌荧光棒的颜色是什么，表情是不是在笑着呢，烟花呛到的时候要不要继续微笑呢。那个夏天就留在了那里，有艳阳天很冷的空调房，有因为席地而坐脏脏的黑色运动裤，有微微汗味的白色的微透的训练服，有台头小学操场的胶皮味，还有好多好多……

是怎样与她相遇的呢？那时的招募，是在小心翼翼中进行的，大家口耳相传，就这样，我们渐渐聚成一团，共同来完成这份荣耀。

开始的训练是极其兴奋的，甚至有时候在跳舞时，想到能在国庆时跳舞还热泪盈眶。学舞蹈的过程是开心的，每天都能学到新的东西，尤其喜欢和着音乐跳，真的超有感觉。当所有动作都学完后，真的超级骄傲，感觉自己好像会了什么不得了的事情。

再后来，就是合练了，合练是磨人的，两千多个人要组合队形，不仅仅是变个圆那么简单，一下午的等待，可能换来的只是一个不规则图形。合练还有一个后果就是我们这些普通群众的存在感越来越低了，本来可以跳舞展现自己的时刻被迫坐下围观别人表演。不过我还有一点点幸运，在第一章的时候可以进圈里跳拉丁，还是很开心的。当一个好的观众也不容易，要欢呼，当一切表演已看腻，欢呼的演技难度就瞬间提升了。

最开心的一次训练当属拿到荧光棒的第一个晚上，全场的欢愉，那笑啊，总是笑不完，到最后脸颊都酸掉了。还喜欢大家一起为成员转圈的时候，"啦啦啦啦啦，嘿！"激情小哥总是最能带动气氛的。

也许，走很多路去训练场很累；也许，在公交车上小憩很难受；也许，戴一晚上的隐形眼镜感觉眼睛会瞎掉；也许，没有每张照片都凑过去拍照很后悔；也许，还是没能和身边的航天特工的小哥搭上话很遗憾。但是，回忆总会帮你留下最好的。你忘不了那晚头顶的绚烂，你忘不了那么花哨的天安门，你忘不了在最后一晚和他们每个人挥手说再见，你忘不了自己在天安门广场奔跑的样子，你忘不了那个晚上，因为那不仅仅是属于你一个人的记忆。

有人说："我觉得过完国庆，我和国家就没关系了。"没了么？也许那晚的烟火会消散，但他留下的情怀不会散，从那次后，你懂得大家在一起干一件事是多么重要，你会懂得守时、守矩，会懂得忍让、包容，会认识很多人，会感叹凝聚的力量，这些会让你成长。很多人会说什么是见过世面的人，那我们，也算是见过了世面吧！

赤焱催新汗，清辉照晚人

群众游行志愿者 第五中队 郑淏楠

2019年暑假，我有幸参与了国庆70周年庆祝活动。在训练过程中，我看到了许多不一样的风景。其中最令我记忆深刻的，莫过于等待期间的晨曦与月光。

开学前的一次合练，我们深夜出发，凌晨到达训练场。立秋已过，下车便有阵阵寒意袭来。我们在机场的草坪等候，露水沾湿了鞋子，难以坐下，大家就站着等待，抱团取暖，抬头看天上的星星。北京难得见这么清晰的夜空，没有云，也许是机场的缘故。四颗明星化作飞马在天上奔腾，仿佛逐梦的我们。

漫长的等待。夜色越来越淡，从漆黑褪成深蓝又浅蓝，星星隐去了光辉。天边渐渐变成丁香一般的紫色，然后开始泛红，像女孩子的脸颊。有一束光慢慢散开，把四周染成橘黄又是金黄，太阳露出来了，刺眼的阳光照亮整片机场。我们就看着它一点点爬到树梢，到楼顶，把露水晒透。

月亮也陪伴我们。农历八月十六，我们在冰凉的柏油路上等待彩排，或卧或躺。头顶的天被两边的建筑挤兑成一条，南侧尚有大片的夜空。东南是北京站，墙壁上的灯勾勒出建筑的形状，明亮的光辉在夜里如同水晶宫殿。夜幕下是静谧的长安街，楼影幢幢，偶有窗口亮着。路灯照出我们交错的身影，难以想象这条世界闻名的繁华街道也有这样温柔的样子。这是只有我们能看见这样的长安街。那一刻，我觉得这个中秋节值得。

暮云收尽溢清寒，银汉无声转玉盘。此生此夜不长好，明月明年何处看？在祖国的锦绣河山之间，不曾有另一片天空令我如此难忘。因为它是训练场上的天空，是我们为之奋斗过的天空。每一个席地幕天的夜晚，每一次在寒风中战栗，我们怀着对祖国的一腔热情一步一步走到了终点。

那些为祖国庆生舞动的日夜

群众联欢志愿者 三班 陈雨姗

新天新地新时代下,好儿好女同欢同乐同祝愿,祝愿伟大的祖国母亲生日快乐!

五月初,一条神秘的链接发布在班级群里,说是招募十月大型活动志愿者,并且要求身体协调性好,具有舞蹈经验的同学优先。带着满腔热情,我和室友填写了报名表。一个月后团委老师告知我们通过筛选,并于七月六日开始训练,从签下保密协议的那一刻起,我们就肩负着为祖国庆生舞动的光荣使命。

从老师喊节拍学习动作,到逐渐跟上音乐。从生疏地走队形,到熟练地抢节拍跑队形。从无实物模拟道具,到熟练使用并更换道具。从学校练习到海淀区合练,到十区合练,到天安门彩排,直到正式演出。

随着音乐一次又一次的变动,我们的动作也不断发生着变化,最终展现的很多已经和刚开始学的动作不一样了,但这些动作都深深地印在我们的脑海里,那些舞动的时光都在我们的生命中留下了印迹,相信当音乐响起的那一刻,我们五百个人还是能整齐地挥舞起荧光棒移动着那些舞步。

新食堂四楼多功能厅的几十首红歌一遍一遍地播放着,我们的舞步越来越整齐,越来越坚定,道具越来越齐全。有时候我们很亢奋,在拿到新道具时喜悦,在拿到新荧光棒时全场超嗨大合唱;有时候我们也很疲倦,我们会忘记新的队形变化,自然地走原先的旧队形。还记得第一次海淀区接受市指挥部审查后大家脸上的汗水与笑容,记得每次台头小学合练后大家倒鞋里塑胶粒的情形,记得小伙伴们坐在天安门城楼下吃着榨菜、啃面包的样子,记得大家凌晨躺在长安街上疲惫的身躯,也记得录播表现不佳时大家的懊恼……脑海里浮现出训练三个月中的点点滴滴,那些喜怒哀乐,那些欢声笑语，我们都坚持下来了，以优异的表现向祖国报到！为中华人民共和国成立70周年献礼！

  我们为参加此次志愿活动感到无比骄傲和自豪，很荣幸为祖国庆生而舞动，贡献自己的力量。当绚丽的烟花在天安门前绽放，我深深感觉到祖国的繁荣昌盛、和谐稳定；当五星红旗升起，我心中倍感骄傲，这是强大的祖国、科技发达的祖国、我们的祖国；当《希望的田野》歌曲响起，中心联欢区演出树苗经雨滴滋润后长成参天大树，群众联欢区流出绿色波浪、黄色波浪时，仿佛感受到我们同祖国共成长，从绿色的播种季节到黄色的丰收时节，共同感受希望与丰收的喜悦；当中心表演区呈现"中国梦"字样的时候，这是全国人民集聚力量同心共筑的中国梦……

  只有共同经历的我们才知道这意义非凡的三个月，也是深深印下烙印的三个月。感谢默默为我们加餐的食堂叔叔阿姨，感谢保障我们洗上热水澡的叔叔阿姨，感谢晚归仍给开门的保安小哥们，感谢所有为保障活动正常进行的北林后勤……当然，也要为所有人的坚持，最终一个不少地参加演出鼓掌！

以吾辈之青春　护卫盛世之中华

群众游行志愿者　第十一中队　康慧婷

我是一名国庆70周年群众游行第三十方阵游行群众，同时也是一名预备党员。在成为游行群众的近100天里，我经历了这20年的人生中最闪闪发光的日子，它不仅给予我身体的锻炼、意志的考验，还让我在之后的岁月中，铭记自己肩上的责任，不忘来时的梦。

那时，每天早晨都会有室友互相叫早，有食堂阿姨给我们做的热乎早餐，有车队的司机叔叔们随时待命，老师也和我们一起行动，还有很多其他的工作人员。大家一起努力的日子，感觉才是真正地在实现生命的价值。下雨的天气，大家浑身淋湿，却还是在坚持训练；验收的时候，大家一起齐声喊节奏，走得一丝不苟、整整齐齐；训练的间隙，看到天空中飞过的飞机，摆成"70"的形状，知道有很多人与我们在一起奋斗着，甚至比我们更辛苦，心中便有一阵暖意涌动。这些美好的瞬间让我真真切切地感受到祖国的脉搏，也让我暗暗告诉自己："要加油！"

训练的日子固然难忘，可最激动人心的还是国庆当天。

经过了近100天的准备，我们终于迎来了祖国母亲的70岁生日，我的心情难以言表！多少个认真练习在操场挥洒汗水的午后，多少个不知疲倦奔赴门头沟训练基地的早晨，多少个满怀憧憬在长安街头翘首以待的夜晚，所有的努力，所有的坚持，让我们终于在国庆这一天给祖国母亲送上了一份最情真意切的礼物！

10月1日上午，接近阅兵开始，我们走上长安街两旁等待花车的到来。街上整齐排列着载着各式各样武器的汽车，之前未见到过的武器也都揭开了神秘面纱。军乐声、口令声不绝于耳，我心底的热血也在不停沸腾着。空中梯队阅兵开始，一架架飞机从我们头顶飞过，我刹那间热泪盈眶，那种真真切切体会到祖国强盛的心情我永远不会忘记,飞机不用飞两遍了,我们的军队实力也达到了前所未有的水平!从前总觉得国家大事距离我十分遥远,没想到这时我竟与祖国同呼吸共命运,我永远为此骄傲!

让我们展现努力成果的时刻终于到来了,我们听着熟悉的伴奏,迈着自信的步伐,露出自信的笑容朝天安门走去。一步一步更加坚定,一步一步更加从容,经过天安门的时候,所有人无一例外都表现出了最饱满、最热烈的欢愉,"中国万岁""生日快乐""我爱你中国",我们边走边喊,边哭边喊,一直喊下去,不停歇。这是我们对祖国母亲最真挚的祝福,也是对生长在中国大地上满满的自豪与骄傲。我看见习总书记站在天安门城楼上跟我们挥手,像是对我们表现的赞扬,那一刻我觉得一切都是值得的,一切都圆满了!

这100天虽然已经过去,但我对于祖国的热爱依旧。"心中有阳光,脚下有力量",我将不懈努力、脚踏实地学习科学文化知识,为祖国的明天更加美好贡献自己的价值;"守初心,担使命"我将不负重托,以小我融入大我,以吾辈之青春,护卫盛世之中华!

永远年轻，永远热泪盈眶

群众联欢志愿者 一班 王娜

"如果2019年有什么是不能割舍的，除了我的爱与信仰，还有那个与祖国紧紧融在一起的灿若夏花的夏天。"秋去冬来，斗转间，许多或静谧或喧嚣的时光倏然而逝，但是2019年那个我作为联欢群众的一员与周遭的同学们经历的一切故事，都仍旧那么清晰。这段灿若夏花的日子，就如同回忆星海中最亮的星。

如果用一个词语来形容我的这段联欢群众志愿者的经历，我一定会用的词是"幸福"。这100天来，有无数个瞬间、无数的日子，都让我感受着人世间的美好与幸福。

作为一名大学生，能恰逢祖国70周年的大庆是幸福的。自9月以来，学校多次在下沉广场组织了"我和我的祖国"快闪活动，当我看着大家发自内心的纯真的笑容，每个人都在大声唱着"我们都是追梦人……"时，我仿佛沐浴在暖阳里，感受到了青春的活力与无限美好，那一刻是作为一名当代大学生的幸福，一名能在青春时为祖国贡献力量的幸福。

生于国泰民安的华夏是幸福的。作为联欢群众志愿者，我有幸亲身感受到了国庆当天天安门前群众的尽情欢愉与对祖国未来更加美好的期许。尤其是看到"70"图案的烟花在天安门广场上绽放的那一刻，我的脑海中像过电影般快速地闪过了一个片段：70年前的今天，有17架飞机在天安门上空盘旋而过，其中有9架飞行速度最快的战斗机在前面飞，当这9架通过天安门广场后便迅速绕一圈飞到队伍最后面，这样就能给人一种飞了26架飞机的感觉。这是70年前的开国大典，由于中国当时受阅的飞机数量实在不够，周总理不得已想出的解决方案。如今我们身处的这个繁荣昌盛的祖国曾经经历了多少千疮百孔，又有多少人为了如今的盛世太平而前赴后继？因此我更深刻感悟到这身边的一切幸福都是来之不易的，我辈当自强，更当守卫这盛世太平！

国庆举国欢腾、国泰民安的夜晚，怎能让人不为之动容，为这坎坷而终是奋进的70年而心生欢喜？国庆当天表演完后回来的那个夜晚，我们就像是"全场最靓的崽"，负责疏散的工作人员和志愿者们与我们会互道辛苦，而群众们见到我们都会彼此热情地招手打招呼，互道一声"国庆快乐"，再道一句"祖国万岁！"那一刻的我们都是心连着心祝福着祖国，更是祖国最赤诚的孩子。国庆那天的晚上，也正是因为人与人之间的温情，显得格外温暖。

在这100多天训练的日子里，我也常常会有练得疲惫的时候。过程虽然多半辛苦，但是同样培养了我们幽默乐观的心态。记得在天安门第二次彩排的时候，由于现场的安排突然有所改动与我们的反应状态不佳，合练过程出现了很多问题，彩排后我们就知道了一个必然结果——回去后的加练。也许是练的次数太多了，我们深知抱怨不会有任何的改变，所以彩排后大家反而用一种幽默乐观的心态面对，互相调侃："明天8点台头小学见啊""晚上6点多功能报告厅见"" '月饼村' 见"……那段日子里，台头小学、多功能报告厅、阅兵村这些合练常常去的地方仿佛一度成了我们的第二个、第三个家。对它们熟悉得不能再熟悉了，现在甚至还有一点怀念。

这次重大活动的参与同样让我结识了许多有趣的朋友们，学习到了许多优秀的品质。我和其他三个朋友因为站位离得近，常常在休息的时候一起聊天，聊过往，聊悲喜，我们互相倾诉着、倾听着，让我感受到人与人之间产生信任的难能可贵。即使是现在，我们四个人的关系仍然很要好，这也是此次联欢活动给予我们的缘分。

作为一名有志加入中国共产党，为社会主义建设而奋斗的人，我有幸参与今年祖国的70周岁生日。我会永远铭记那个为祖国昌盛而内心激动澎湃的时刻，铭记这段灿若夏花的日子，"永远年轻，永远热泪盈眶"。

祖国发展我成长，我与祖国共奋进

群众游行志愿者 第十二中队 李思楠

为了铭记自己曾亲身经历的伟大时刻，也希望能在未来某天牵引出记忆深处这一生荣耀的绚烂片段，我特意买来一份10月1日和10月2日的纸质版《人民日报》珍藏。平整地展开报纸，翻阅着一张张照片，思绪好像又回到了10月1日……

10月1日当天上午11点多，在党和国家领导人的检阅下，在全国人民的关注下，在无数镜头的捕捉下，国庆70周年群众游行"绿水青山"方阵迈着整齐的步伐，身着光鲜亮丽的服装，翻动色彩鲜艳的道具，整齐地走到天安门前，欢呼着、呐喊着通过天安门城楼，而后有序、快速地疏散至指定地点，乘车顺利返回学校。回想起过去几个月的经历，这其中的点点滴滴记忆犹新。

记得6月份刚接到招募通知的时候内心是无比激动的，马上和其他辅导员一同投入面向全院所有基层班级的宣传动员中去。在完成了组织报名、面试筛选、政治审查、签署保密承诺书等环节后，终于将选定的230余名群众游行人员确定下来。当时除了负责群众游行同学的组织动员工作，我还负责选拔参加群众联欢的同学。经过两轮广泛动员，还有20多个空缺，于是我又逐一给绿苑舞团和我所带班级的同学做工作，最后按照要求将80余名同学选拔完毕。前期的准备环节由于保密的要求和知悉范围的控制，不能通过微信等线上渠道发布信息，因此每每有通知都是通过电话、会议等形式进行传达，连续每天晚上开会动员，周末收集同学信息，通宵完成政治审查……这些前期工作虽然辛苦，但是当10月1日经过天安门时"祖国万岁"的呐喊响彻云霄时，当庆祝大会结束返回学校后同学发来分享喜悦的照片时，当10月2日凌晨有同学发来消息表达对动员她参加联欢活动的感谢时……觉得当时的辛劳已经微不足道了。

进入暑期，便开始了正式训练。最开始的训练在学校操场，顶着烈日进行单调枯燥的练习。为了确保每一步是标准的60厘米而在地上贴了密密麻麻的胶带，为了统一大家的步调而一起喊口号……渐渐大家的队形、排面都整齐起来。经过短暂休整后开始前往门头沟区、机场、阅兵村等地进行合练。那些日子，一群凌晨起床、睡眼惺忪顶着微凉的风集合乘车的北林学子，坐在车上看到漆黑夜色中庞大车队那一排壮观的车灯，被雨水淋湿鞋裤却还整齐行进的游行队伍，阅兵村鼓舞人心的标语横幅，群众游行开始时唱响"今天是你的生日，我的中国"的纯净歌声……一幅幅画面都深深印在脑海中，组成我们共同的难忘回忆。到9月份，进行了三次全要素彩排。凌晨长安街头辉煌璀璨的灯光，气势如虹的人民解放军，无坚不摧的大国重器，互相问候鼓劲的游行群众，雄伟而又精美的彩车，一起谈天说地畅想国庆的朋友，这样的情景或许不会再有下一次，但这一生一次的经历确实是一生难忘的回忆。终于，所有人热切期盼的日子到了。10月1日上午11点多，我们包夹着三辆彩车，昂首阔步走上了长安街……

合上报纸，将它郑重地放进那只专门放置训练服装、游行服装、道具和入场证件等纪念物的箱子里，心头思绪久久不能平息，仿佛时间定格在和战友们一同挥舞双臂、高声呐喊"祖国万岁"走过天安门的瞬间，那一刻，是我一生最荣耀的时刻。生逢盛世，何其有幸。这是一次活动、一次任务、一次历练，更是一次深入人心的爱国主义教育。祖国发展我成长，我与祖国共奋进。我们是融入十万游行群众的渺小一员，是来自五湖四海而又秉持着同一个信念的北林人，是为了完成祖国赋予的光荣使命而克服种种困难努力奋进的追梦人，在10月1日圆满地完成了任务，回报了祖国和人民的信任，以热血为祖国70华诞献礼，以青春立下为祖国美好明天不懈奋斗的无悔誓言。祝愿伟大的祖国永远繁荣昌盛！

我和我的国，血脉相通，不可分割

彩车志愿者 彩车中队 尹彩春

2008年5月12日，我经历了那场地震，我的家乡不堪一击、摇摇欲坠，我以为那场灾难将是我和我的家人挥之不去的噩梦。

但是现在一切都变了，变得更好了。

党和国家张开强大而温暖的臂弯为我们阻挡风雨！奋斗在抗震救灾一线的勇士们带给我们光亮！社会各界同胞送来遥远却贴近心灵的祝福！万万同胞被掩埋在废墟之下，又得以脚踏黄土迎接朝阳。我来到了心驰神往的城市，进入了挚爱终生的绿色学府，领悟着"把山河妆成锦绣，把国土绘成丹青"的箴言，伸手感知着着一点点接近的理想。就这样，我在关怀中茁壮成长，在感慨过去中开拓未来。

2019年10月1日，多么骄傲，我们的北林要将绿水青山呈现给全国人民，呈现给祖国母亲；何其幸运，我以一名彩车志愿者的身份参与见证了祖国的70周年庆典。

站在"众志成城"彩车的旁边，我凝视着面前"2008.5.12"的字样，内心仿佛有千军万马奔腾而过，这是何种缘分让我在如此特殊的场合亲眼见到流淌在我血液里的感动！救灾英雄丁良浩、白衣天使成翼娟、消防勇士侯正超、"敬礼娃娃"郎铮……和他们同行几日，我眼前总能浮现出救灾英雄不分昼夜、废寝忘食地奔走在废墟之上的样子，我透过时空的距离看到了他们的心急如焚、他们的疲惫不堪、他们的咬牙坚持以及成功挽救生命时的欢呼雀跃，我看到了在巨大的灾难面前，众志成城的伟大力量！我看到了艰难险阻过后，祖国70年的华丽蜕变！

尽管有着不平凡的过去，但是现在的他们在我面前，平凡而普通，焦急等待着祖国的生日，快乐激动得像一个即将庆生的孩子。我陪伴着他们的行程，用相机记录着无数欣喜的瞬间，怀着一颗敬畏和感恩的心做好我微不足道的本职工作。国庆活动结束那天，大家在微信群中表达着浓烈的不舍之情，表达着对这祖国盛世和身边人的感恩。当郎铮经常乖巧地陪在我身边问"姐姐累不累？我帮姐姐举一会儿牌子吧？姐姐辛苦了！"时，当各个领域的英雄感谢我几日的陪伴与付出时，眼中热泪夺眶而出，我只是一个小小的志愿者，还没有为大家、为祖国做过什么值得一提的事情，我暗暗下定决心，作为一名党员，我会让自己的所作所为真正对得起这光荣的称号，我会做自己力所能及的事情将面前这些勇士的温暖继续传递给他人！

　　祖国千千万万的勇士和人民啊，祖国的征程有你们的添砖加瓦，才能将这一路走得坦坦荡荡，走得一身正气；祖国母亲啊，千千万万的华夏儿女紧拥在您身旁，我们将携手向着中华民族伟大复兴的中国梦奋勇前进！

　　下一个十年，祖国又将取得什么进步？我已迫不及待。

爱是七十周年发展最美的旋律

群众联欢志愿者 七班 张钧然

爱是贯穿中华民族的旋律，如果没有爱我们的人，我们怎可能被爱？不是天下太平，而是有人替我们负重前行。70年来，我们见证着祖国对我们的爱和我们对祖国的爱。

参加晚会，心中久久不能平静，我感觉自己太幸运了。每当谈起祖国，我都会泪目，一生有幸能够参加这场宴会，我永生难忘，这是几代人的血与汗换来的啊！记得十年前国庆时，姥爷观看阅兵流下了激动的泪水，老一辈人见证了中国翻天覆地的变化，心中难免有许多的感慨。如今的国庆，我成了其中的一部分，见证着新一代的成长与发展。当响起了"一条大河波浪宽"的乐曲时，我的眼泪瞬间滑落，这是我姥姥最爱的歌，也许那时她也在天上，跟先辈一样，默默地注视着我们。我想，一个民族最强大的力量，就是铭记历史的力量。不忘先辈，这是中华民族五千年来的传统，而每一代不忘使命，带着对先辈的爱，去为祖国奉献出自己的力量。这，就发生在令我们感动一辈子、爱一辈子的家。

爱是中国民族历史发展的总旋律，虽然中国人不善于表达爱，但会用自己的行动来诠释什么是爱，为什么去爱。爱国家、爱党、爱父母，于是就有了家国、家土、家族的情怀，这是我们与生俱来的一种天赋与动力，这就是我对于中国发展的感触与思考。国庆70周年活动，不只是一个庆典活动，而是一堂可以让你用一辈子去品味去思考的课。

祖国的强大，是无数人用自己的血汗塑造而成的。国庆的夜晚，透过美丽的烟火，我仿佛看到了先辈们在烟雾弥漫的天安门前号召着中华儿女救亡图存的历史场景；烟花背后，我看到了无数先辈们前赴后继的情景；飞机盘旋，我能够想到周总理在天安门城楼上那一双充满希望与欣慰、含着泪水的眼睛。我感慨，中国是一个英雄辈出的地方，前辈们都是英雄，他们是历史上最伟大、最可爱的一代人，他们在祖国最艰难、最困苦的时刻站了出来。70年来，我们新一代寄托了前几代人的希望，他们站在历史的桥头驻足观看，他们有人离开，有人期待，共同守望我们前进的身影，这个震撼人心的画面，就是中华民族最伟大的根之所在。有时我在想，我们的父母、长辈，每一个人，他们无时无刻不爱着我们，从一个小小的家，到大大的国，有多少个家庭为了自己的孩子，去努力奋斗，很多时候，他们不善于表达自己的爱，却愿意付出自己的一切，一代为了一代人，一起伴随着祖国的成长。

我们所做的，就像他们一样，继承着，爱着，奉献着，我们应牢记历史的使命，接过上一代人的接力棒，继续向前奔跑。我们还年轻，路还很长，要勇敢向前，走在历史与爱的大路上，奉献给这个充满梦想与爱的国度，奉献给这片悠久强大的热土！

我永远爱你，我可爱的中国。

盛景之下

群众游行志愿者 第五中队 郑涵菲

阅兵已经过去有段时间了，回想起那一天以及之前三个月的种种，总觉得有许多瞬间和难言的感受值得被记录下来。

从最初学校的训练，到后来整个方阵合体，分指、总指合练，队伍一次比一次庞大。我见证了群众方阵的逐渐成型，虽然作为其中一员并不能知其全貌，却也有一种成就感，即使自己只是一个点，一颗小螺丝钉，也倍感骄傲。由于保密工作的要求，直到后来我才知道我所在的方阵叫作"绿水青山"，作为绿色学府的学子，能够参与到生态事业当中是我一直以来的愿望，成为"绿水青山"方阵的一员似乎是冥冥之中的激励和指引，内心深觉荣幸。

训练时间总是避开多数人的作息，消耗最多的不是体能，而是时间。规模庞大的排演需要每个人付出最多的是等待，可没有人有怨言，说说笑笑或是养精蓄锐，时间也很快过去了，现在想起，最舍不得的也是这些等待的时光。若说有什么遗憾的话，那便是还没有赏够长安街的夜景，还没来得及认识更多可爱的人吧。

一个月里数次的深夜训练，都与国庆那一天感受大有不同，无法言说当时的震撼和感动。军事方阵就在眼前，导弹型号多到眼花缭乱，保密了许久的东风41缓缓驶过，十足的分量使路面阵阵轰鸣；战机在头顶飞过，为共和国做出卓越贡献的老人们坐在彩车上向人群招手，几十辆彩车载着几十年来的建树驶去；接受完检阅的军人卸下了严肃面容，欢呼着与我们击掌；令人快乐的音乐再次响起来，大家像往常一样又开始集体狂欢。直到走过天安门前的那一分钟，心里的激动和欢愉一下子被点燃，短短几十秒，再难忘记。

以前曾不理解个人与宏大的国家之间何以有那么深刻的情感联系，以至于谈起祖国时激动到不能自已，直到长安街走上这一遭，与几十万人一起体会着同样的仪式感，我才真正体会到泱泱大国上下几千年为何从不曾轻视礼乐，时代的画卷在眼前徐徐展开，我们所完成的、所拥有的、所规划的，就以这样震撼的方式铭刻在了心里。熟悉的旋律响起来时，人们像快闪一般地自发加入合唱，此时心底里不约而同的默契和一瞬间的情感相通，令人不知不觉间落泪。来自五湖四海的人们也许并不相识，却共同祈愿着这盛世长治久安。

　　回首过往，印象中满是那些汗水湿透的傍晚，操场上的光亮；面包夹肉圆的味道意外地令人怀念，困到直接躺在马路上，看到了深邃的夜空而打消睡意；一个个谈笑风生的深夜，一次次走过天安门前。许多属于夜晚的回忆竟如此明亮热情，如同白昼。这些，再也忘不掉了。

锦路赞歌

群众联欢志愿者 五班 刘欣然

幸于盛世赞祖国，志在未来扬荣光。

在这个夏天，我度过了最短的假期，却又收获了最多的欢乐。虽然重大活动训练的时间很久，但是我有幸在长安街与同学们一起代表学校为祖国献礼，成了国庆联欢群众的一分子，也在长安街上看到了最美的烟花，点燃了整个夜空，也照亮了数亿国人赤诚的爱国之心。

军训期间，看到了学院下发的十月份重大活动志愿者招募通知，虽然不完全确定，但我想这可能便是为了国庆七十周年顺利完成而进行志愿者的选拔。我毫不犹豫地报名并且成功通过了考核，成为第一批舞蹈志愿者。

虽然活动所需的训练时间很长，并且训练时间还与我所在的学生会的工作时间可能有部分冲突，但权衡之后我选择了参加活动，当祖国在号召，我必定积极投入，能够成为一分子也是无上的光荣，哪怕只是成为背景中的众多身影之一，都将会是我的荣幸。但我也尽我所能将部门工作顺利完成，不辜负作为一个学生干部的责任。今后的生活，还会有更多难以抉择的选项，但我想只要能力足够强，就可以大胆尝试着共同进行、协调配合，无论如何无愧于心。

我们每个人都怀着一腔爱国热情，但没有战争的和平年代，身为学生的我们暂时还少有机会完成什么大事，但就是这样微不足道的小事也可集腋成裘，让我们在报答国家的路上迈出每一步。不遗余力地积极训练，为祖国呈现出最好的状态，就是在这次活动中最完美的表现。

"古之立大事者，不唯有超世之才，亦必有坚韧不拔之志。"虽然我参加的是晚上的联欢活动，但在一片欢乐的气氛里，在对祖国与中华儿女讴歌的主旋律里，我不仅仅看到了这一片盛世景象，还逐渐理解先人们的艰苦付出与荣光，每一次在长安街上与大家合唱着赞美国家的歌曲，每一次用自己最大的音量倾诉着绵绵不尽又汹涌澎湃的爱国之情时，都有着对我党我军和无数中华儿女守卫祖国、振兴中华之艰辛的敬佩与感动。

祖国发展至今，我更加深刻地体会到从中华人民共和国成立筚路蓝缕发展至今的艰难和我们如今所面临的机遇与挑战，中国速度给了我们如今的强盛国力。作为国家的新鲜血液，作为一名入党积极分子，我坚定了维护祖国、忠于组织、报效国家的信念。

这次的国庆重大活动不仅仅让我亲自参与了声势浩大的联欢表演，见证了国家七十华诞的全新局面，训练的过程还让我更深地体会到了团结的力量，也让我收获了真挚的友情。更重要的是，作为学生，在今后的日子里也应该一步一步地充实、完善自己，做好该做的事，多做能做的事。不忘初心，勇敢前行，就是对祖国的报答。

北林青年勇担当

群众游行志愿者 第十一中队 宋文思

我在北林以青春的名义向祖国报到！

一生一次，一生荣耀，我们做到了从来不敢想的事，这是我离习大大最近的一次，习大大两次向我们招手，"绿水青山"方阵在天安门爆发欢呼的那一刻我瞬间哽咽，但我没哭，之前演练泪奔过太多次了，这种震撼与壮美只有在现场才能切身体会，在飞机留下的彩虹下相拥是我现在能想到的最浪漫的事。有太多想说的，但是又不知从何说起。此刻，我隐约听到了南边传来的轰隆声，用心感受祖国带给我们的一切。唯有高呼：祖国万岁！人民万岁！伟大的中国共产党万岁！

这是我十月一日晚写下的一段话，只可惜，面对这样的盛景，任何语言都变得那么苍白无力，恨自己没有文采，连祖国的繁荣富强、人民的万众一心都描绘不出十万分之一。尽管当天很疲惫，但晚上我却怎么也睡不着，不想错过伟大母亲世界瞩目的任何一个瞬间，我甚至想回到六月，还想继续全要素演练，还想心里一直有挂念和期盼。9月7日、9月14日、9月21日、10月1日这四天的南衣袍胡同、长安街、天安门，我永生难忘，我还会再路过那个胡同，还会再经过天安门，还会再走过长安街，但我无法像今天一样或坐或躺地感受她们的每一寸土地了，无法像一个主人一样走在她们的正中央向她们招手，向全世界宣告她们的所属了。但今后我将会变成一个守候者，和十几亿默默无闻、无私奉献的中国人民一样，静静地、默默地守护她们。

回想起镌刻在我骨髓里的100天，我是如此的自豪与怀念，这是我20年来的高光时刻，我们真真切切地与祖国共奋进，在任何时候，我们都没有理由退缩，我们也决不会退缩！从学校操场到门头沟，从良乡机场到阅兵村，再到长安街，每一处都见证了我们的汗水与坚韧。我们可以不断突破自己的极限，完成之前不敢想象的三公里、五公里、八公里……我们可以在凌晨四点的良乡机场与出生的太阳一起热烈欢呼，我们可以在大雨中坚定执着地完成任务，我们可以在南衣袍胡同进行长达五六个小时的候场，在深夜两点四十三分准时且自由、生动、欢愉、活泼地通过天安门，我们做到了太多之前做不到的事情……在这个过程中，每个人都在不停地成长与进步，我们都在拼命地往前跑，我们争着、抢着、奔跑着去为自己的祖国、伟大的母亲出份力，去承担自己的那份责任。这段日子，整个北京林业大学，乃至北京市与全中国十几亿人民拧成一股绳，任何艰难险阻便也迎刃而解了。这一切的成功又是必然，因为我们是伟大的中华儿女，我们在伟大的中国共产党的领导下，定会谱写中华民族伟大复兴的新篇章。

  感谢中队，让我结识优秀的朋友；感谢学校，让我有机会参与，以及对我们无微不至的照顾；感谢社会各界对我们的大力支持和辛勤付出；感谢祖国，让我生逢其时，让我们心连着心、手牵着手地大步向前去；感谢伟大的中国共产党，让我亲眼见证这繁华盛世。一代人有一代人的长征，一个时代有一个时代的责任与使命，新时代正在呼唤担当民族复兴大任的时代新人。当代大学生注定是新时代的见证者和奋斗者，我们应承担起当代大学生的历史使命与重大责任，在今后的学习生活中发扬"百天精神"，不怕苦，不怕累，目标明确，脚踏实地，稳步向前！用实际行动回馈北林，回馈祖国！

十九年平凡人生中靓丽的一笔

群众联欢志愿者 四班 周卓然

距离十月一日夜晚那场庆祝新中国成立七十周年的盛大联欢已过去整整半个月了，回想起这个不平凡的夏天，从七月初到十月一日为止，包括我在内的五百名北京林业大学同学进行了长达整整三个月的国庆重大志愿活动训练。训练期间有艰苦，更有欢愉，那是五百个人聚集在一块儿，为了同一个梦想一同奋斗的难忘时光。五百北林学子不畏艰难，刻苦训练，只愿在国庆当晚，展现最好的表演为祖国母亲庆生。

这场盛大的庆祝活动，也在我这十九年的平凡人生中画上了靓丽的一笔。

还记得最初排练时，大家还有些吃力地学着大量的舞蹈动作，在门外摆着一罐罐供饮用的纯净水。那会儿各自手里还没有丰富的道具，白色的塑料管子代替荧光棒，花环灯笼什么的都靠想象。在这个难忘的夏天，大概就是和这些为了同一个目标奋斗的小伙伴们一起欢声笑语、艰苦训练的漫长时光。还记得自己最初被选为舞蹈标兵，分到了一个并不熟悉的信息学院学生们所在的班级，虽然最初不认识周围的人，但后来也和旁边两位学计算机的姑娘打得火热。我们和前面的男生组成四人组，还曾在暑假假期两次出游。这些也是训练间隙难得的休闲时光，那些愉悦和欢笑，我至今记忆犹新。

当然，迄今印象最深刻的自然还是国庆当天我们最终走上天安门广场表演的时候。在那片烟花绽放下的盛世，我们欢声笑语，欢庆祖国母亲七十华诞。

表演开始前，大巴拉来一车车的嘉宾，我们站在汽车行驶的沿途，挥舞着手中的国旗，热情地冲着一辆辆开进来的车上的嘉宾们打招呼。车上的观众们同样透过车窗，开心地向我们招手回应。当表演正式开始，大屏上出现习总书记走上天安门的画面，我们欢呼雀跃，难掩心中的激动与欢喜，那是发自内心的欢呼，我想比任何一出演唱会的气势都更为宏大吧。

那是永远也忘不了的——2019年10月1号天安门前举行中华人民共和国七十周年大庆的夜晚，是我们从未见过的盛大景象。这一天，我们见证了祖国的强盛国力与中华民族儿女们的巨大凝聚力。这一天，北京天安门的夜空下绽放七彩的光芒，火树银花，斑斓的花火，盛开的烟花牡丹，以及大家一张张愉悦的笑脸，共同构成这美好而盛大的画面。我们或牵着手欢呼雀跃，或唱着歌，每个人都发自内心感到愉悦。

我想，这样浩大而精彩的群众联欢活动绝不是任何一个国家都有能力举办的。在世界上，在地球村，大概只有中国能举行这样震撼人心、精彩纷呈的大型民众联欢庆祝活动。我们为生活在这样一个和平而繁荣的国度而欣喜，为祖国的强大而自豪。

当第三篇章的表演开启，自己最喜欢的那首歌曲《我们都是追梦人》响起，我忽然明白，我们每个人其实都是为了梦想不懈奋斗的追梦人。近三个月，虽然有时训练任务重大，有时不得不请假、熬夜、耽误课程，但艰苦的训练不曾动摇我们参与表演的决心，因为我们有一个梦想，那就是将自己最好的一面展现出来为祖国母亲庆生。平日里的我们，刻苦学习，克服生活中一个又一个困难，谁又不是在追求自己心中的梦想、为拥有一个美好的将来而奋斗呢？而在这个继往开来的新时代里，中华儿女依靠自己的双手，用勤奋铸就一个个辉煌，我们都是追求梦想的人，为了同一个梦想——中国梦而不懈奋斗着！

正值青春年少，愿为祖国献芳华

群众游行志愿者 第十七中队 林昕怡

很幸运成为新中国七十周年成就的见证者和参与者，在这样一个举世瞩目的时刻，在全世界最大的舞台，聆听祖国的心跳，向祖国报到。回顾过去的三个月，恍如一场梦，每当谈及此，太多太多的感触涌上心头，一时间竟不知道从何处落笔。记得在排队等候期间玩起翻花绳，记得领完餐券后爆满食堂的阵阵饭菜香，记得在长安街上研究如何让鸡肉圆、牛肉圆、六必居榨菜更好搭配出巨无霸汉堡……这些都是其间难以忘怀的美好回忆。在平淡中找坚持，枯燥中找乐趣就是我们这三个月训练以来最真实的写照。

破晓

故事从七月份说起，三个月来在田家炳操场的大树下乘凉、在门头沟军事基地啃着脆脆鲨、在石景山训练基地的大雨中激流勇进、在良乡机场柏油路上倒地就睡、在阅兵村集结待命，其间熬夜、通宵是常态。当然，欣赏过北京最绚烂的夕阳晚霞，更见证了蓬勃而出的绚丽日出，我们收获了更加珍贵的回忆，和同学们一个又一个夜晚愉快地交谈。记得那时候我们常常调侃，我们就像是守护者，守着北京从夜晚到黎明。"精精益求精，万万无一失"，在不断的重复排练中，将每一个细节都做到最好，国庆当日定当展现最精彩的一面。

出征

其实说实话，我平时并不是特别擅长表述自己，在公众场合不大放得开，但是踏上长安街的那一刻起，看到作战方队整装待发，有排山倒海的气势，看到彩车上那些共和国年迈的元勋及家属，看到在这座偌大的广场中，几十万人一同为祖国庆生，欢愉、兴奋、激动的心情自然而生、自然流露。我使出最大力气欢呼和跳跃，以表示我对祖国说不尽道不完的热爱。

当重型装备在眼前缓缓驶来，当机群在头顶呼啸而过，当彩车上的代表高呼"祖国万岁！"而后收到更为热烈的回应，我感到鼻子发酸，一股热烈奔涌的情感一下子涌上心头，特别是在彩车上白发苍苍的老兵庄严地看着我们开始敬礼那一块，眼泪真是绷不住。

既然生长在祖国盛世年代，生长在先辈们筚路蓝缕、披荆斩棘为我们开辟的新时代，就当感激先辈和国家，就要为这个国家更好的发展贡献自己的力量。

抉择

还想说几句，中间也有同学问过我：三个月密集训练值得吗？值不值得并没有什么判断标准，只是我觉得我爱我的祖国，这份真挚的情感使我希望作为群众游行中的十万分之一，自豪地作为祖国母亲的十四亿分之一。就算被彩车挡住，就算难以在电视机前辨认我的身影，但我知道此刻做的事是让我骄傲一辈子的事情。特别是亲历祖国七十周年大会的盛况，看到祖国七十年砥砺奋进取得的辉煌成就，越发感觉自己的渺小，坚定了更加努力的决心。感谢一直在努力的自己，并真诚祝福祖国母亲生日快乐。

我想多年以后，面对褪色的参演服饰和泛黄的证件，我一定会想起在2019年我以矿泉水瓶做枕头在长安街胡同巷子里看星星看月亮的那些夜晚，一定会想起在一起谈天说地聊人生的姐妹，一定会记得自己为祖国贡献过微薄的力量。那时的天空深邃而澄澈，快乐难以言说。作为北林的一员，能生逢盛世参与这场盛会，我感到无比自豪和骄傲。在未来的日子，更要努力拼搏，用自己的行动和力量把我们的国家建设得更好。

祖国，万岁

群众游行志愿者 第十中队 彭越

"我和我的祖国，一刻也不能分割。"一旦静下来，脑海中就会不住地回荡着这首歌曲。2019年注定是不凡的一年，祖国的七十周年华诞早已点燃华夏儿女澎湃的爱国热情。大银幕上的《我和我的祖国》，讲述了新中国成立70年间普通百姓与共和国息息相关的故事；10月1日，20余万军民以盛大的阅兵仪式和群众游行欢庆共和国70华诞，全球瞩目，喝彩不断。盛大70年，每个人都有自己的故事，于我而言，这故事中有失之交臂的遗憾，也有亲身参与的感动。

白昼流星。十年前，在念初一的我曾经有一次参加群众游行方阵的机会，但是认识尚浅的我没有加入，眼睁睁看着小伙伴们一天天地参加训练，手持缤纷的道具走过天安门，目睹战机如流星般划过天空，自此留下了失之交臂的遗憾，也种下了向阳而生的希望。当时我就暗下决心，一定要努力成长，如果十年后还有机会，一定要深度、全程地参与到庆典中去。如今努力争取后的如愿以偿，让我更加愿意相信希望。

护航。这一次活动中最大的感受，就是除了努力奋斗，我更加深切地感受到了默默奉献的意义。它是每次训练顺利发放的道具餐包，是每天早已等候并送我们安全抵达的大巴，是我们归来时热腾腾的饭菜，是整洁靓丽的长安街，是快速有序的疏散和引导，是彩车里忽隐忽现的双脚……在直播之外，有些伟大我们永远无法得知，但这些幕后的英雄更加值得我们尊敬与喝彩，默默护航的精神需要我们去品味与学习。

前夜。这一次活动给我留下深刻印象的是南衣袍胡同的夜晚。每次的训练前夜，我们都会早早出发，经过公交、安检、地铁再安检来到集结点，之后便是一生中为数不多的合情合理睡长安街的经历。同学们或以各种"美丽"

的姿势休息，或打破年级与学院的壁垒与有趣的灵魂结识。那些大家原本该在床上安睡的晚上，黄色的身影遍布胡同，没有手机的隔阂，躺在又硬又冷的地面，同学们乐在其中，没有人喊苦喊累，共度难忘的夜晚。

天安门，你好。这一次活动最为荣耀的时刻，便是我们的"绿水青山"方阵走过天安门。前夜8小时的等待让我感到身体有些飘忽，但当属于我们的音乐响起，天安门渐渐在右侧完整出现之时，疲惫和困意纷纷消散。你好哇，十一的天安门！我看到了，总书记在天安门城楼上站着向我们招手，欢呼声响彻队伍；我看到了，总书记坐下了，仍然在向我们招手，"祖国万岁"的喊声不绝于耳。目睹这一天在天安门发生的故事，更能感觉到祖国的强大，国富民强，当生逢其时，奋斗其时。

相遇。这一次活动最让我感恩的，便是这一次相遇。感恩与国家的大事相遇，得以真真切切地受到了爱国主义的洗礼，为国家大事奉献上自己的微薄之力；感恩与可爱的人儿相遇，原本不会重合的线条因为这段缘分建立起了联系，相约下一个精彩的十年；感恩与最闪光的自己相遇，让我知道，努力奔跑与祖国站在一起的自己，有多么的骄傲与自信。

回归。时间转眼已经过去了1个月，盛大的典礼之后，参与国庆活动的大家都回归了各自的岗位，同样的上班下班，熟悉的见面问好，仿佛一切同往日一样。但我们都知道，我们不一样了，因为我们能深刻感受到自己的心跳与祖国紧紧相连，这段经历将永远激励着我们每个人在各自的岗位上努力工作，接续奋斗！

每当国旗高高飘扬，每当歌声嘹亮激荡，我们都将唤起同样的回忆，发自肺腑地、骄傲地表达——祖国，万岁！

眼里有光的新时代青年

群众游行志愿者 第四中队 李佳璟

刚接到这个任务的时候,我内心既忐忑又兴奋。面对国家重大任务,刚刚参加工作的我,能否带领同学们圆满完成训练任务,我在心里画了一个问号。

我的担心是多余的。

随着学校任务的下发,"重大活动"正式在学生中亮相,一周时间,3个年级、27个班,我们对学院每名同学进行了充分动员,生怕因为我们的工作不到位,让孩子们错过了宝贵的机会。报名截止的前一天晚上,我一夜都没有睡好,反复和班级负责人确认班级同学报名情况,我很担心:同学们真的理解了保密要求中渗透出的活动的重要意义吗?临近暑假,孩子们真的愿意改变原有安排,奉献出自己宝贵的假期时间参加训练吗?

第二天一早我发现自己的担心是多余的,有些同学担心自己报名不成功,主动到办公室来咨询,有些同学立刻退掉了回家的车票。学生们报名十分踊跃,一沓厚厚的报名表很快摞了起来,一上午时间报名学生已经超出了要求人数。一名来自贵州省贫困县的学生因为错过时间没有被列在上报名单里,她委屈地来办公室找我谈心,眼泪在眼圈里打转,对我说:"我是贵州来的,我看到很多青年人都到我的家乡来帮助我们,我很感动,我也想为祖国做点什么,希望老师能给我一个参加重大活动的机会。"经过多方了解,我得知这名同学平时工作学习都很努力。可是学院已经没有名额了,我很着急,马上把她的情况向其他学院辅导员反映,终于,有希望了,一个学院刚刚空出了一个名额,我马上为她争取到了这个宝贵的机会。报名工作顺利结束,我悬着的心也放了下来,第一个任务顺利完成了。

训练的过程无疑是艰苦的。天气炎热、训练强度大,为了避免同学们出现厌训情绪,我想了很多办法,小游戏、运动打卡等,没想到都没派上用场。同学们热情高涨、毫无怨言、努力坚持，我也曾高烧39度仍坚持参加训练。但是很快，我迎来了本次任务中甚至是我辅导员工作以来面临的最大考验——中期考核。筛选的前一天，同学们都十分紧张，当晚有同学主动加练，迟迟不肯离开训练场，还有同学到寝室来找我谈心。尽管不想面对，筛选结果还是出来了，作为辅导员我要承担起通知替补同学，并尽一切努力安抚他们情绪的工作。经过了激烈的内心挣扎后，我迎来了第一个来办公室面谈的同学，刚听到被选为替补的消息，她就哽咽了，点了点头说道："老师，我能理解。"我认真准备了一下午的话却如鲠在喉，我当然明白她的难过。我们就这样沉默地坐了许久，最后我只说了一句话："爱国有很多种形式，努力成长，你一定会在祖国需要你的地方闪光。"她抬起头，我从她满含泪花的眼里就看到了那光，我知道，那是对祖国深深的爱。

当我拨通另一名同学的电话后，只说了一句"我是你的辅导员李佳璟"，电话那头顿时传来了她的哭声："老师，您是要通知我不能再继续参加训练了吗？我知道我做得没有别人好，但是我以后可以更努力，老师，可以不让我退出吗？"我连忙安慰她，并鼓励她继续参加国庆相关的其他志愿活动。她用颤抖的声音问："老师，我可以什么福利保障都不要，就一直跟着你们训练吗？"我的眼眶一下子湿润了，我感受到了她对这次机会的珍视和渴望。虽然她无法像希望的那样一直跟队训练，但从未放弃参加庆祝活动的想法，还写了一封长长的信给我，她说："我不知道要怎样说才能让他人知道我对这个国家热爱的一分一毫，有时觉得文字太过苍白无力，就算是通篇的'我爱你中国'也表达不出来。只要有一丝希望，我都不会放弃。"在这名同学的一路坚持下，最终在10月1日她作为一名正式队员光荣地走在了"绿水青山"游行群众方阵。这段经历深深地触动了我，我知道，队伍里的学生们不仅代表着自己，还代表着无数没能走在队伍里的爱国青年，更代表着每一位中国青年！

10月1日的长安街上，550米的表演区，107米的核心区，我们走过无数遍，每一步都已记在心里。但当我们走上长安街的那一刻，当"绿水青山"方阵音乐响起的那一刻，所有的期待与激动都汇聚成了自发的、抑制不住、停不下来、一遍又一遍的"祖国生日快乐""祖国万岁"。面向城楼上的党和国家领导人，面向观礼台上的群众代表，面向默默奉献的志愿者，面向坚守岗位的武警官兵，面向喜临中国盛事的国际友人，所有人一遍遍喊响："祖国万岁！"那是为祖国庆生的喜悦，更是青年人喊出的时代最强音！

中国梦是国家的、民族的，也是每一个中国人的。长安街很长，长到感觉就像走在通往民族伟大复兴的路上；长安街又很短，短到那一段路上的每一步都印刻在心中。10万人一起走在长安街上，就像中华儿女一起走在追梦的路上。为期三个月的训练结束了，同学们都回到了各自原本的学习工作岗位，他们有的是学生组织骨干，有的是科研人才，有的是学习天才。他们的生活看似和原来一样，但我知道其实完全不同，经过了这次活动的洗礼，他们感受到了党带领人民取得伟大成就的不易，也更加懂得肩头的责任。就像新闻联播中，我校学生代表杨舜垚说的那样："走过天安门只用了短短的2分46秒，但我必将那一刻澎湃的赤子之心、报国之志融入今后学习、科研中的每一分每一秒。"

都说"喜欢一个人，眼里有光"，那同学们眼里的光就是因为他们对祖国的热爱。而我，也因被这些眼里有光的孩子包围着而信仰更加坚定，更加充满力量。

伟大的祖国，你好

观礼志愿者 观礼中队 梁潮

演练的那晚，我被抽调到核心区做观众疏导工作。我突然就站到了最中间的位置，在我还没搞清楚状况的时候，飘来了"我和我的祖国，一刻也不能分割"的歌声，一个中年妇女突然热泪盈眶，我赶忙给她递上纸巾。"谢谢你，小伙子，你应该不知道吧，今天夜里来的观众，十一当天都不会来的，我们都是争取的票。从我入党的那一天起，就盼着能看一次阅兵，我等了三十多年了！"不只她一个人，当天晚上，我分明看到，有的老人，走路已经不便，还要坚持爬楼梯上高区；我分明看到，在国歌响起的时候，我们观众席上的党员前辈们用袖子轻轻拭泪；我分明看到，当一辆辆载着领导人画像的彩车驶过时，观众们起身踮脚仰望，仿佛看到了自己的希望！我看到了我们中华民族不可战胜的真正原因，绝不仅仅是航母飞机，绝不仅仅是经济实力，更重要的是我们祖国的中坚力量，都怀着一颗赤子之心！想到这里，我再也不能平静，这股热情，深深感染了我，一想到按照时间安排，我今年下半年也将被发展成为党员，一想到我们这一代党员不久之后将从那些前辈手中接过接力棒，吾辈更当自强，勇担为人民服务之大任。

十月一日当天，披星戴月，踏上征程，天安门的日出，格外鲜红耀眼，一轮红日，爬上了中国尊的肩头。

志愿者到岗！班长下达了命令。

"您好，低区这边走，中区右手边走，谢谢配合。"

"您好，饮水点在人民大会堂一侧，您穿过马路就到。"

"您好，需要给您加水吗？"

……

这简单的几句话，在国庆阅兵式及群众游行的演练现场和十一当天，在我和众多志愿者口中一遍又一遍地重复。

"多少离别怨憎会，换得明月照大江"，当年，无数革命烈士带领苦难中的中国人民摆脱了混沌和黑暗，走向光明的未来，在那几辆载着革命先驱的车驶过的时候，当这些人真实出现在我的面前的时候，时间凝固了，岁月穿梭到那个战火纷飞的时代，我仿佛在他们的脸上看到了祖国的奋斗历程，看到了那一道道星星之火发出的光，他们就像树的年轮，一圈一圈定格祖国的历史，最令我感动的就是这些前辈出现在了阅兵现场，他们的到来告诉我们：不忘初心，要永远记得老一辈革命家的奋斗，永远从他们的奉献精神中汲取营养。

我突然发现，这并不是一次简单的志愿服务，这是对我们所有青年志愿者的最好的爱国主义教育。我们虽然和革命先驱们处在不同的环境中，但我们做的也是为人民服务的事；我们虽然没有向他们一样上战场，但我们能做的就是在平凡的岗位上做好一颗"螺丝钉"；我们远不如那些协调人员和参演人员劳累，但是能参加这次活动，我们的幸福却是相同的。活动结束后，我们都兴奋地发了朋友圈，就以一首小诗作为我感受的结尾吧。

你好
或许你我并不相识
或许我们在不同的岗位
但请让我说一句：谢谢
为你，也为我自己
为我们能在这个特殊的节日
一起向祖国报到
看哪
祖国是多么强大
人民的脸上洋溢着幸福的笑容
我们欢聚一堂
缅怀先烈，歌颂发展，憧憬未来
谢谢祖国能给我们这样的机会
作为一名党员
能为国庆服务
我荣幸之至
更自豪之极！

从此生动

群众联欢志愿者 五班 康郡

愿做浪花一朵，奔流于海，自在澄澈，成她华彩。

自六月报名参加国庆联欢以来，我觉得自己改变了很多。自然，每时每刻都有各种大大小小的改变在发生，但这几个月带给我的改变，相较以往，更加深刻、积极和生动。

我反思自己，捡起仍旧清晰的脉络，记下一些改变的始末，这样，等到年老之时，或许还能依凭此，回忆起这段时光。

天安门前，十里长街，在场数万人，每个人都拿着独特的发光道具，大家一起随音乐舞动。我站在人群里，挥舞着荧光棒和国旗，头顶是宽广的夜空，明月悬于中天，向前看到雄伟的天安门，向后看到几面大荧幕，转播现场的精彩画面；当我跳起来，东望长安街，瞬间满眼光芒——一切都很"宏大"，天大地大间万人光海一望无边，而这海洋中的每个人都跳着、笑着、欢呼着……每一次在天安门的表演都是这样：无论从各处赶来有多劳累，只要音乐响起，大家便都欢欣鼓舞了起来，满载着热情和力量"奔流入海"。海纳百川，波澜壮阔。

我们是朵朵浪花，因我们汇聚，海才得以为海；每一朵浪花都不可或缺，因我们舞动，海才美丽多姿。十一联欢的光海，由台前幕后每一位工作人员汇成；而祖国这一汪大海，由每一位国人汇成，五千年来中华儿女血脉传承，于是中国之海洋奔腾不息。我愿奔入这片海，在其中澄澈自在，亦成她的浪潮华彩。

我学会了主动去"感受"，感受"祖国"，同时也感受"生活"，并且我更清晰地感知到"自己正活着"。

首先，不要害怕，去尝试想做的事儿吧！舞蹈不会、唱歌自卑的我，在歌舞里沉醉上了几个月，像是终于成功开启了艺术细胞般。不去尝试只能一直停滞不前，害怕没有用，自卑也毫无必要，开始学习就不怕零基础！所以，既然觉得会跳舞的女孩儿很好看，那我也努力去学！既然觉得音乐很好听，那我也要张口唱出来！学习和改变的姿态都是美丽的，谁会介意呢？即便有人有异议，那也无须管他，做自己就好！只要知道"我在成长"。

　　其次，既然是在好好地生活着了，那么"快乐"吧！记得是十一当天正式表演那次，因为有电视直播，我一下子有了"小野心"：镜头快来、快来拍海淀！拍下咱们超优秀的特色表演，或者能拍到我就好啦！但是没怎么拍到，哎，一点点不开心。还没自我开导，第三部分结束了。大家唱着笑着朝天安门的方向跑，自由联欢开始了：烟花树再次绽放，欢快的歌曲响起，人们围成一个个小圆跳起舞来，认识的、不认识的都聚在一起，那一刻大家同谁都熟悉、都亲密，海淀和西城共舞，朝阳和东城共舞，笑着的人和其他所有笑着的人共舞，对各类镜头挥手，跟中心区域表演人员打招呼……我们在盛世的盛会，像歌里唱的那样，我们正"在一起""多开心呀！"我蹦着跳着唱着歌，觉得自己从头到脚都开心，毛孔冒着开心，发丝也飘着开心。我此时此刻在此地，本身就很快乐，不用管那么多、不为了再得到什么——我突然通透了。有这样纯粹的快乐，不为其他，只因我在这里跑着、跳着、鲜活着，就很好。

　　这些改变，和其他潜移默化的影响一起，让我有了相当的成长。实在有幸参与了这次联欢，感谢"十月重大活动"，让我度过了充实、向上、意义不凡的三个月，收获了一段愿意久久珍藏的经历，也在成长路上有所前进。从"现在"开始的所有的现在与将来，我想一直带着这种心情，主动"感受"这大千世界，并努力生动地生活其间，不断成长，有所奉献。

祖国的脉搏在我的血液中流淌

群众游行志愿者 第七中队 刘奕璇

我的骄傲,是因为祖国的脉搏,此刻在我血液中流淌。 ——泰戈尔

国庆假期结束后,坐在返回北京的高铁上,我才后知后觉地意识到,10月1号那天中华人民共和国70周年的庆典,是真的结束了。为了这份庆典,参加群众游行方阵的我暑假只放了两周假,但回味起那几个月的排练与一日的精彩,我想如果时光倒流,我还是会做出相同的选择。

我记得开始训练时,誓师大会上老师的号召,"时代的责任赋予青年,时代的光荣属于青年",想起中队长领回来的酸奶,想起烈日和疾风,想起晚训时奔跑的身影。

我记得有一次合练的时候正好下起大雨,雨水浇在我们每个人的雨衣上,但我们的精神状态却出奇地好,笑着跑着却又秩序井然,得到了审阅人员的一致表扬。一大群人一起畅快地淋雨?有人打趣说这是补上了童年的回忆。

我记得日出前广袤天空的颜色变换,比我见过的所有海洋更深邃宁静,那种瑰丽的色彩宛如气势磅礴的大片开场,点缀的星子闪闪发亮,驱走一夜未眠的疲惫。和几千人一起看日出,也是难得的经历。

我也记得彩排的时候,看着花车的雏形一次次被完善时内心的欣喜,长安街街头灯火辉煌,造型各异的绿篱与华灯交相辉映,熠熠生辉,年轻的面庞上写满对祖国的祝福。

我记得,最后一天,军人早操时的飒爽英姿,国家主席乘车检阅部队时军人发出震耳欲聋的呼喊。第一次,我和传说中的东风系列导弹的距离不超过15米,空中护旗队、歼-10战机带着五彩烟雾从头顶呼啸而过,随着队伍中的军事迷激动地科普,我也为祖国的富强热泪盈眶。此刻,我深深感受到

了国家的强大与富足,又想起了那些为了"中华之崛起"付出汗水、泪水乃至血水的人们。当满头银发的"中国脊梁"坐在大巴上朝我们挥手,当那位遗孀举着一幅黑白的相片,我仿佛听到有人跨过岁月的呼喊:"到那时,到处都是活跃的创造,到处都是日新月异的进步,欢歌代替了悲叹,笑脸代替了哭脸,富裕代替了贫穷,康健代替了疾病,智慧代替了愚昧,友爱代替了仇恨,生之快乐代替了死之忧伤,明媚的花园代替了暗淡的荒地!"我们替你们见到了,无数人共同为之奋斗的,可爱的中国!

我更记得,走过天安门的那128秒。分秒不差,我们昂首阔步,挺胸向前。我们代表着广大林业工作者们,"奉献绿水青山"。当远远望见习总书记朝我们和蔼地招手的时候,气氛达到了巅峰,我们欢呼着,沉浸在国庆群众游行的欢愉气氛里。60多天的排练,只为了此刻,为了万无一失!热情洋溢在每个人的脸上,祝祖国母亲生日快乐!

回忆零散地在脑海中浮现,我窃喜,又收获了一份珍贵的体验。当我经历了真正的国庆群众游行,再看电影《我和我的祖国》,便有了更深层的体悟:万无一失的背后,是无数人夜以继日、焚膏继晷的付出!

实际上,共和国历史的高光,也正是每个人的生活追光。那些平凡的不平凡的时刻,构成了国家的历史,也定义了我们的人生。

手中的书翻到某一页,诗句映入眼帘:"我的骄傲,是因为祖国的脉搏,此刻在我血液中流淌。"

我的骄傲,是因为祖国的脉搏,此刻在我血液中流淌!

我想起了这些,再次热泪盈眶。

彩车志愿者日记

彩车志愿者 彩车中队 王界贤

祖国荣誉感、民族自豪感，在日常学习生活中时时被人提起，我却从未像这一刻感同身受。当震天的礼炮轰鸣，当激昂的国歌唱响，当动彻天地的口号声响起，我们热泪盈眶，泪水承载的意义是喜悦，是激动，是看到祖国从贫瘠落后、百废待兴到如今日新月异、欣欣向荣的无比自豪。

我是幸运的，有机会在举国欢庆的节日参与其中，无比荣幸地为国庆大典献出一份力量。我是祖国七十周年大庆活动中彩车志愿者的一员，是一颗光荣的小螺丝钉。虽然距庆典已有半月，但每每想起工作的点滴，仍然激动不已，那份"我参加了今年国庆！"的自豪感难以掩抑。彩车志愿者是服务彩车上人员的，因代表们来自五湖四海，志愿者们需要提前到达酒店准备接待工作，国庆期间负责引导彩车人员在酒店的一切活动，庆典结束后，需等代表们离开酒店，进行善后。因此，我们是最早出发、最晚返程的志愿者，但没有人觉得辛苦，反而因为这份独特而感到骄傲。

两次岗前培训，四天实地演习，到最后三天的正式活动，是志愿工作的全部内容。犹记得培训之初，负责老师反复强调我们工作的保密性，逐步加强了大家的心理防线；播放的志愿者礼仪学习视频也让我们表现得更加专业。经过两次培训说明，我们迎来了第一次实地演练，那是中秋节的第二天，很多同学放弃了回家团圆的机会，留在学校待命。9月14日晚上，彩车志愿者秘密集合向彩车停靠点出发，准备现场踏勘，正是在那一天，我在长安街第一次见到轰隆而过的坦克，大地都在颤抖，也真切地体会到了光荣的参与感，如此一来，深夜长久的等待和疲累都显得不值一提。在确认自己所负责的彩车点位之后，我们于凌晨五点左右返校，在校园里遇到游行方阵的学生训练归来，寂静的校园充斥着无声的热闹，想到他们已辛苦集训两月有余，心里升起一阵敬意。9月20日、21日、22日，是全要素演练的日子，我们在长城饭店模拟国庆服务流程，所有彩车人员也抵京报到，志愿者们引导彩车人员办理签到、入住、引导就餐以及其他服务工作，送代表上彩车的志愿者和迎接代表游行后下彩车的志愿者与指挥部人员默契配合，各司其职，每个人的工作都有条不紊地进行着，为最终大庆做努力。转眼到了9月30日，我们便正式上岗了，迎接第二天的重头戏，由于工作原因，我有机会亲眼见到所有受阅装备。当听到不远处阅兵的声音，看着那些武器装备一排排地驶过，所有人都在感叹，是无数人的无私奉献，给予了我们如此稳定的生活环境。在这片土地，即使凌晨，你也可以安然放心地走在街上；在这片土地，你能感到一种力量保护着你的安全、你的财产；在这片土地上，你能感到每一个人都守着一份规矩，让我们安心放心；在这片土地上，我们再也不用担心战乱，不用担心流离失所。因为，我们的祖国是中国。

我是幸运的，生在这样的中华。牢记历史，不忘初心，我们这一代，没有经历过山河破碎的中国，没有经历过浴血奋战的中国，没有经历过百废待兴的中国；我生在长在腾飞的中国，奇迹的中国，这盛世，山河犹在，国泰民安。

你从战火走来，但凤凰涅槃，光芒万丈；你从历史走来，但永远青春美丽常驻。我热爱这个时代，我同样对祖国的未来充满希望，作为后辈，我们每个人都应该做好身边的每件事，当所有人都能完成自己的梦想，我们伟大的中国梦也必将完成，让我们恪尽职守，守护好我们伟大复兴的中华！

我是一滴水

群众游行志愿者 第十四中队 何雅娴

2019年10月1日，这是我参与群众游行以来第四次走过天安门广场，在经历过三次深夜彩排后，这一次，我终于在白天见到了属于70周年国庆的天安门广场，也是在这一天，我留下了一张人生中最珍贵的照片。照片中，我们的"绿水青山"方阵是一个椭圆形的异形方阵，远远看去就像一个巨大的圆形水滴，蕴含着人与自然和谐共生的新发展理念。10月1日那一天，"绿水青山"方阵这个大水滴融入了其他35个游行方阵中，10万人的队伍如同奔流的大河，在天安门广场滚滚向前，汇入新时代国家发展的伟大历程中。

而我也作为一个小水滴融入"绿水青山"方阵中。人员排布的时候，得知自己被分配到了第一排，内心有不止一点的小窃喜，因为在我的印象中，第一排的同学最有机会得到十万游行群众都梦寐以求的电视机前的一个特写镜头。但随着训练不断推进，我渐渐明白第一排队员该有的远不止于此。作为队伍排头兵，我们不仅要做位置上的第一排，更要做动作和训练的第一名。可能很少有人知道，群众游行和受阅士兵一样，有着每秒1.16米、每步60厘米这样严苛的量化要求。这样的要求落在身处第一排的我们身上就是一个绝对值。为了将这个绝对值走成整个队伍的标杆，第一排的队员主动放弃了休息时间，在7月的北京地面温度达到42摄氏度的情况下，一遍又一遍枯燥地重复，只为将这个标准变成不假思索的肌肉记忆。作为大水滴中的2228分之一，每一个小水滴都有自己的努力，每一个小水滴都不可或缺。

3个月的训练后，我们终于迎来了在天安门广场的精彩绽放。看着无数国之重器从眼前呼啸而过，听着十万人共同呐喊"祖国万岁"，激动又兴奋的心情久久无法平复。回到学校，周围的队员都在朋友圈写着小作文，而我却迫不及待地将这样的兴奋分享给一群特殊的孩子们，他们，是我在内蒙古伊金霍洛旗支教时教过的孩子。视频电话打通后，听说我参加了群众游行，屏幕那端的孩子们叽叽喳喳地喊着："老师，你在哪？你在哪？"我拿出那张照片，放大了无数倍之后放了一个小箭头指向我自己。他们都笑了，用稚嫩的语气问我："老师，你为什么小的只有一个点呀！"我说："老师是方阵的排头兵，虽然渺小的就像一个小水滴一样的像素点，但方阵中的每一个小水滴，都不可或缺。每一个小水滴融入其中，才有了美丽的绿水青山。"说完这些，孩子们安静了下来，若有所思。我接着说："孩子们，老师希望你们能快点长大，快点到北京来，和老师一起做一个平凡的小水滴，为国家发展贡献自己的力量。"

身边许多老师同学问我，作为一名研究生，为什么会选择在课业压力繁重的一年级参加这次活动。我说是支教时这些孩子们带给我的力量，让我义无反顾。我这辈子都忘不了我从支教学校离开前一个孩子塞给我的一张纸条，上面写着："希望老师可以继续留下来给我们上课，真希望。"这种被人需要、被孩子们需要的感觉让我热血沸腾，原来我们青年人也可以用自己的方式为国家发展做出绵薄的贡献。也正是这样强烈被需要的感觉让我在6月接到学校关于"十月重大活动"的电话时，义无反顾地再次选择奔向祖国。将支教返程车票的目的地从家改到北京，我从祖国的西部奔向了祖国的心脏，从一个祖国需要的地方，奔向了另一个祖国需要的地方。

事后我常常在想，3个月，100天的时间里，是什么原因能够让方阵中两千多人，到最后的十万多人一起流汗流泪，荣辱与共呢？一天我无意中在朋友圈中看到一位同学的国庆回忆录，对于初期体能训练时的夜跑，她这样说："当一千多人同时朝着一个方向奋力奔跑时，身体已经到达极限的我突然又充满了力量，就像一滴水汇入奔涌的江河，被集体的力量裹挟着，不断地向前，再向前！"那一刻我突然明白：一滴水，只有融入奔腾的洪流中才能汇入汪洋大海；而一个人，只有融入国家和民族的伟大事业中，我们所作的一切，哪怕只是成为十万游行群众之一这样的一点点，都是超脱于我们自身意义的存在。因为在国家奔涌的洪流面前，我们每一个小水滴都有了寄托和依靠。

从小水滴到大水滴，从小我到大我，我们就是新时代的奋斗者，一路披荆斩棘，纵横万里山河，勇闯远洋大海，不断向前，再向前！

今年我最骄傲的事
——记参与国庆汇演

外围志愿者 外围中队 李元壮

对于我个人来说，今年可谓是有了很多的收获，申请到了市级大创项目，拿到了国奖，参与了今年的国庆70周年志愿者活动。最最让我骄傲的，应该就是能够参与这个盛事吧。

起初，当开支部会听说我们有这个机会的时候，我就下定了决心，一定要参与进来，这将会是我一辈子中难忘的回忆。作为一个共产主义的接班人，我们在成长的过程中，享受了社会给我们的福利，享受了国家给我们带来的安定美好的生活，从小到大，我们几乎都是在向这个国家、这个社会索取着，当我们真正有机会能够为这个社会、这个国家做一些事情的时候，我们应当毫不犹豫地参与进来，这本应是我们的义务。

作为志愿者，我们所做的工作就是方阵游行前的安检协助，我们没有机会进入天安门广场，这或许会是我们的遗憾，至少是我的遗憾。但是，当我想到雷锋同志所说的，作为一颗螺丝钉，我们就应该把自己留在需要我们的地方。而我们的国家，我们的社会，不正是像我一样的这样一颗又一颗小螺丝钉组成的吗？我们虽然没能出现在电视机的荧幕上，但是整个过程的顺利进行，我们的保障工作一定是必不可缺的，这是我所骄傲的。

我之所想，或许也是大家所想，或许也是全国上下的爱国儿女所想。当我们离开我们的岗位，坐在直播前，看着电视上一个又一个方阵整齐划一地走过天安门，心中一股浓浓的自豪感油然而生。我在想，这样的盛况，也有我的一点贡献，这样的盛典，也包含了我的一份努力。

这次志愿活动，让我发现以前的我们，对于爱国，都是藏在心底，不会像我们的上一代人一样无所顾忌地表达,但看到国家有了成果,变得强大,在内心深处还是非常开心和自豪的,这也许是属于我们这一代人曾经的倔强。这次盛典之后,我发现我周围的人慢慢开始不再顾忌,开始真正地去表达对祖国的爱,对祖国未来的信心。爱国,我们不再想要去隐藏什么,而更多的是主动和身边的人分享,以我们能够为祖国做一些贡献而开心,而骄傲,而自豪。

少年强则国强,我们这一代人,有着无限的热忱,对于祖国的热爱,对未来的渴望。我们也有信心在未来真正地能够为国家做出贡献。我们会在未来用实际行动证实这个理想。

下次,祖国的八十华诞,如果有机会,我一定要参加。或许等我老了,我也可以在天安门前跳舞、欢娱,能够肆无忌惮地通过实际行动表达我对祖国母亲深沉的爱。

此生无悔入华夏,来世还做中国人!

那永远的百天

群众联欢志愿者 七班 吕美萱

排练了三个月的"迪"在那天晚上终于"蹦"完了！看到了站在城墙上的习大大，看到了在头顶绽放的无数个烟花，呛人的烟火味是十月最好闻的味道。我只记得自己又蹦又跳却完全不知疲倦，只记得尖叫欢呼变成了号啕大哭。

我是七十周年联欢活动海淀区块的一员，我一生荣耀。祝祖国永永远远繁荣昌盛！

我深深爱着，又恋恋不舍的这一百天。

感想真的很多，每每想到要将这些写下来，就觉得可以写一本书那么多。这次活动带给我的洗礼是彻底的，是心灵上的震撼。

从未缺席过一百天里的每一次训练，很多话和很多的启迪，我相信会有很多同学和我一样，在这一百多天的训练中收获的多之又多。我想在这里主要从爱国主义教育这个方面，谈一下这次活动对我，和对我们这些青年人乃至中国人的影响。

社会主义核心价值观的第一个，就是爱国。爱国教育应该从娃娃抓起，从小培养。大概是我爸爸当兵的缘故，小时候家里阳台上总悬挂着一面飘扬的大国旗，从外面望去，一眼就能认出哪个是我家。每逢国庆，我们一家三口都会带着红领巾，随着电视机里冉冉响起的国歌，朝国旗敬礼。也正是这样的熏陶和教育，让我从很小的时候就有了很浓厚的家国情怀。

那时老师还没有说国旗不能掉在地上，身边同学对这件事情从来没有重视过。

那天是大型志愿活动第一次去阅兵村彩排，一直淅淅沥沥下着雨，大家穿着雨衣背着湿漉漉的包，拿着被雨水淋得黏兮兮的道具，还要跑着队形跳着舞,手忙脚乱,自顾不暇。这时我发觉脚下掉了一面国旗,被踩来踩去,泥土混着雨水变得脏黏,我心里一沉,立刻弯腰将它抓起塞进包里然后继续跳舞。后来结束后同学朝我竖起大拇指,我还疑惑着,她说是因为大家当时都看到了那面掉在地上的国旗,都很难受,但没有一个人把它捡起来,所以要给我点赞。

当时并没有想过会因为这样一件小事被夸赞。爱国并不是什么需要培养的良好习惯,它只是一个人与生俱来的能力。一个人爱国,那是再正常不过的情感,无须养成,出厂自带。

今年是中华人民共和国成立七十周年,庆祝氛围从年初就开始深入人们的生活,直到今年九月彻底地爆发出来。这次爆发,是家国情怀的喷薄,是民族热血的奔涌,是十四亿华夏同胞的呐喊。爱国作为社会主义核心价值观个人层面的排头兵,是一种生而为人的本能,这种本能的力量,将牵引出其后跟随的无数优秀品质。而国庆,这一象征着我国富强民主文明和谐的节日,自然而然就与一个人的内心深处相呼应上,共鸣共生,交错盘旋。

我所感受到的,是这个国家蓄势待发的力量,是他低调却富有实力的能量,是捍卫,是宣誓,是自豪,是希望,是党和国家对人民的承诺和誓言,是人民对党和国家的信任和支持。我热泪盈眶,并不是因为祖国如今的繁荣昌盛,而是这繁荣昌盛背后,无论是过去还是未来,都有着一群向上的人民,或用鲜血熔铸,或用信仰支撑,或用知识推动着这个国家的前进。无国无民,无民无国。这国家与人民之间永生永世不可磨灭的深缘,久久触动着我的心弦。

"绿水青山"向祖国报到

群众游行志愿者 第二十五中队 陶继雪

3个月来，我终于可以讨论这件事了，终于可以骄傲地说：我参加了70周年国庆，我作为"绿水青山"的一员向祖国报到！

6月的一个晚上，班主任宣布了十月活动志愿者招募的消息，我便毫不犹豫地填写了报名表。6月底校级组织动员会观看国庆60周年动员视频，短短几分钟，却极大地激发了我们的爱国热情，鼓舞了我们的高涨士气。我们意识到即将要做的事情是重要的、伟大的、神圣的，作为北林学子，我们应该将自己奉献到向祖国报到的征程中去！作为一名组织骨干，我们应该在未来的训练任务中承担应有的责任与担当！作为一名预备党员，我更是意识到，我应该努力发挥党员的先锋模范作用，不怕苦不怕累，在完成好训练任务的同时积极为他人服务！

热情高涨，我们在炎炎烈日下感受青春的张力、生命的跳动。当动员大会上所有人激情澎湃地喊出那句"向祖国报到"的口号时，我们热血沸腾！我们深刻地感受到，我们在这新时代的召唤下，即将共赴这一场盛世壮举！

整个训练的过程，我们的训练从齐步走，逐渐踏着音乐，再加上道具动作，最后形成整齐划一的排面和波光粼粼的湖面；训练的场地从学校操场到门头沟训练场，到雨天的朝阳、良乡的机场、阅兵村，到最后正式的长安街。我和一群信心满满、热情昂扬的同学们一起努力，一起拼搏，我们每个人是星星之火，却有着燎原之势！

在十一当天，我们乘着月色出发，迎着朝阳到达目的地，我们每个人听从指挥、服从安排。走上长安街，注意力高度集中，我们心中是激动，是自豪，也更紧张。在听到那一声"30方阵，准备，出发"，响亮的口号声铿锵有力！听到《看山看水看中国》的音乐响起，我们齐刷刷地打开道具，跟着节奏做谨记于心的动作，走过天安门那一刻，所有人都沸腾了，高声呼喊着：祖国万岁！祖国生日快乐！我爱你中国！我激动得频频落泪，我们终于来了！我们看到雄伟的天安门，我们看到风云迎来东升的太阳，这时我更加深刻地体会到，我们的一切汗水和努力在此刻无比荣耀！我们是这七十年来赫赫成就的见证者，我们用挺拔的身姿向祖国的明天问好！远远望着主席台，拼命地挥手欢呼，我们的祖国多么伟大！我们又是多么幸运能够生在这个时代！那天很多很多的细节我不记得了，但每每回忆起走过天安门那一时刻，心里总是按捺不住的激动，总会忍不住感动得哭出来。

何其有幸，我生在这个时代，我能作为这绿水青山的一分子参加庆祝新中国成立七十周年的游行活动。在这段近3个月的经历中，我和一群可爱的同学们一起训练，收获了志同道合的朋友，打下了坚定的革命友谊，同时也学会团结身边的人。烈日下的训练以及晚上的体能训练也磨练了我的意志，让我不断突破自己挑战自己，锻炼了身体的同时也塑造了坚韧的毅力。同时，后勤保障员和小队长的经历让我更加细心耐心，让我学会更周到地为别人考虑，为他人服务，主动承担起应该承担的责任。

一切的背后，都离不开工作人员的辛苦付出与支持！学校的后勤保障人员、安保人员、各个岗位上工作的领导老师，你们辛苦了！十分感谢你们对我们的关怀与体贴：炎热的下午会准备生理盐水、绿豆汤、酸奶，还有饮料；为了保证我们训练半夜也会有热水洗澡，更是24小时不断电；为了让早起外出训练的我们吃上热乎的饭菜，食堂叔叔阿姨们会半夜起来为我们做饭；为了让我们有充足的能量训练，每天都有分好的零食饮料……还有许许多多的细节，甚至比我们自己考虑得还要周到，真心感谢所有在背后默默付出的人，你们真的辛苦了！

林心似火，强国有我！十分荣幸，也感谢这个时代给我们这样好的一个机会，让我们以"绿水青山"的一分子向祖国报到！我们祖国七十载惊涛拍岸，九万里风鹏正举，我们生逢其时！今后我一定会更加努力学习，以自己的青春和热血向祖国报到！

那天我们在现场

广场合唱志愿者 女低音中队 常皓媛

2019年10月1日,是值得我永远铭记于心的一天。这一天我有幸参与到建国七十周年庆典的广场合唱中去,从最初的报名选拔到最终的正式演出,经历了三个多月的时间,在这过程中,我想辛苦之外更多的是收获。

回想起刚刚得知这个神秘而又庄重的活动,我毫不犹豫地报了名,因为我觉得能够亲自参与到举国欢庆的活动中去是一辈子难得的机会。很幸运后来我通过了选拔,那时正值暑期,眼看着身边的同学纷纷回家享受暑假生活,而我们合唱团成员还在每天训练着,虽然也有羡慕,但是现在回想起来那时收获的友谊更加珍贵。

后来我们开始了外出的合练,每一次都有着很深的感触。到今天我仍能够想起在中国人民解放军联合军乐团驻地第一次与军乐团合练,每个人的身体都能感受到他们吹奏的音乐产生的有力的震动,和我们的歌声结合起来,当时的感受只能用震撼来形容。在阅兵村我们和群众游行进行了合练,看着一个个方阵走过,听着他们的欢呼声,尤其是看到我校所在的"绿水青山"方阵,我们的眼眶都湿润了,虽然大家都是凌晨集结身体格外疲惫,但是那一刻我们都舍不得休息,想把看到的一切都深深地刻在脑海里。

时间飞逝,我们迎来了正式的演出。那天我激动地一夜未眠,终于等到了钟声敲响的时刻,人生第一次看到了长安街对面天安门城楼上站着的习大大,近距离目睹了升国旗的全过程,军人们整齐划一的步伐让我们感到敬佩,见到了全国人民期待的东风-41,坦克也从我们面前的长安街驶过,我们的心也随着地面震动着,天空中飞着战斗机,隐隐约约感觉到它飞过时带起的一阵风,最后放飞鸽子和气球时,影子从我们身上掠过逐渐地布满了天空。在唱第一首国歌的时候我就已经泪眼模糊,心中油然而生的是民族自豪感,我为自己在这个和平富强的时代、能够亲自为我所热爱的祖国母亲庆生、亲眼见到祖国的繁荣感到无比的骄傲和幸福。尽管那天我们站立了很久,又累又饿又热,但是每个人都全身心投入歌唱,收获到的是永生难忘的经历,现在回想起当天的所见所感仍然感到激动不已,这种情感是不会随着时间的流逝而消失的。

十一重大活动告一段落了,心存不舍之情,但是我们的学习生活仍在继续。我想我们应该做到的是铭记当初在天安门城楼下听到的习大大的讲话,我们能生活在如此美好的时代多亏了曾经无数伟人的奋斗,我们也应不忘初心,牢记使命,坚持爱国的同时也要努力学好科学文化知识,提高自身的综合素质,争取将来为祖国的建设献出自己的一份力量。幸福都是奋斗出来的,我们正处在最美好的年纪,要不辜负祖国对我们的期望,以今后的实际行动来回报祖国,向祖国报到!

西区1414，圆满完成任务

广场合唱志愿者 女高音中队 郭明纯

今年的我们，都没有暑假。

七月初开始在校秘密训练，训练过程严格保密，每天不只要练歌还要锻炼体能，假期时间被国庆活动彻底地占领了。从清华大学的六所学校片区合练、分指挥下校指导，到中国传媒大学北京建筑大学的千人合唱团合练，到军乐团驻扎地、阅兵村和天安门全要素合练，再到最后清华大学的动员大会与最后一次合练……从清华再到清华，我们完成了一个轮回！

这期间，我们与分指挥、军乐团进行了无数次磨合，经常凌晨出发下午回校，或下午出发凌晨回校。而从八月中旬到开学期间，我们不只有国庆活动的训练，还有校合唱团的暑训。那段时间真的很累，但这大概是我大学期间最快乐最单纯的时光了，每天和好朋友们一起练歌、自习、锻炼，为了同一个目标努力着，这一起奋斗的过程是闪闪发亮的令我永远难忘的回忆。

在国庆训练的过程中，我们也曾有过怨言，埋怨在烈日的暴晒下、冻得发抖的深夜里唱歌，埋怨不能大口喝水不能上厕所，埋怨因为太累在阅兵村天安门的广场坐在马扎上睡得东倒西歪，嫌弃餐包里只有零食，嫌弃火腿肠太咸、面包太硬、士力架太齁、橘子太酸……但这一切的一切，在十月一日飞行梯队飞过我们头顶上方投下巨大的影子时，在群众游行最后合着我们的歌声、漫天的气球与和平鸽飞向天安门时，在结束返校的路上兵哥哥们和路过的路人们不断冲我们招手竖大拇指时，在看到网络上对合唱团的夸赞时……都变得微不足道。

现在回想起来，占据记忆的也全是美好的画面。

军乐团的驻地，有我见过的最美的云和月亮，夜晚天空中的闪电合着军乐团的鼓声，每一声都重重敲打在心里。第一次与军乐团一起合练的那个晚上，当歌声与军乐完美融合在一起时，我突然觉得为这个活动付出的所有时间、精力与辛苦，真的值了。

阅兵村，有我见过的最美的朝霞和日出。有次合练，我们是到得最早的学校。日出东方，我们亲眼见证了绝美的朝霞。山峦在云雾缭绕中渐渐露出它最真实最粗犷的曲线，通宵的困意也逐渐消散。值得一提的是，广场合唱应该是最早目睹分列式的了！我们在阅兵村第一次看见护旗梯队、徒步方阵、装备方队从我们面前经过时，伴着豪迈的军乐，油然而生的震撼和自豪感是其他任何都给不了的。并且我们至少四次全程目睹了除飞行梯队的完整版分列式，也算见证了兵哥哥兵姐姐们每一次的进步，这个经历真的太特殊、太难忘了。

在天安门广场，我们第一次离习大大那么近，离三军仪仗队那么近，第一次站在天安门的旗杆下参与升旗仪式，第一次在傍晚和凌晨的长安街上奔跑睡觉吃餐包，把除了合唱的一切全部抛在脑后。之前在阅兵村每次合练，装备方队的东风导弹、巨浪导弹都是盖着迷彩布的，而十月一日我们终于真正看见了它们的真实面貌，激动地泪目。当《钢铁洪流进行曲》奏响、战旗方队的战车驶来，尘土飞扬中，我感受到人民军队90年的光辉历史与荣耀、无数英雄的精神与气血，仿佛都融于鲜艳的战旗上。

整整三个月的训练，最终呈现出了一场空前的盛宴。我最爱的歌是无伴奏混声四部合唱《今天是你的生日》，童声领唱，清澈的声音响彻云霄，分指挥缓缓抬手，我们　起合唱……可能最后整场的演出并不是这三个月中最好的，但绝对是最有感情的。我们眼含热泪，以最饱满、最昂扬的姿态为祖国高歌，大家也都在努力控制情绪抑制住眼泪，尽量不影响发挥。

我永远无法忘记这次经历。我们置身于十四亿欢呼呐喊的中央，我们站在祖国的心脏，我们并肩于钢铁洪流与普天同庆的现场。滚滚时代，汹涌澎湃，历史沧桑，砥砺后来，此时此刻它们全部凝结在我们脚下的路上。我们与祖国同呼吸，共成长。我们情难自禁，热泪划过脸庞，声音哽咽，却同万众欢唱。十八首歌谣，与我们的满腔热忱与自豪，都在这一刻共鸣发声，重叠激荡……

一生一次，一生难忘，一生荣耀。回校之后完整地看了回放，依旧忍不住热泪盈眶。"我们战胜了多少苦难，才得到今天的解放。"感谢无数曾经为了祖国奉献青春、奉献生命的英雄们，感谢祖国的繁荣昌盛，感谢父母把我生在这样一个伟大的时代，感谢国家、学校和校合唱团提供的这次机会，让我站在祖国的心脏，聆听祖国的心跳。小时候在电视上看阅兵会偷偷抹眼泪，以为那只是单纯的对军人的仰慕和震撼；而如今站在现场、看回放甚至听《钢铁洪流进行曲》时依旧情难自制，我才懂得，那是我对我的祖国最深的热忱与自豪。小时候也不懂周总理的"为中华之崛起而读书"有何意义，如今我终于认识到，我们是这个国家的接班人，少年强则国强，这是我们的义务，更是我们的责任，我们有责任为了祖国更好的明天而不懈努力。

参与这次活动，是我大学期间做过的最有意义的一件事。"沧桑巨变五千年，中国永远在这挺立。"我感受到了，我们每个人都与祖国紧紧相连，祖国就是每一个我们自己。我愿守护你，我的中国，不论何时何地，不是一人之力，而是十四亿分之一。而我也将带着对祖国的热爱与忠诚，时刻谨记接班人的身份，不断充实自己，我相信终有一天会贡献出自己那份独一无二的力量。我和我的祖国，一刻也不能分割！

70周年国庆广场合唱，西区1414，圆满完成任务！

逐渐坚定的信念

群众游行志愿者 第十中队 史晓迪

在知了都闷得喘不上气的低气压酷暑中,一天又一天地拖着疲惫的身体去训练,既期待又犹豫,想着自己要不要坚持呢?

转头回想,后知后觉已经完成了一个月的训练,和一同参加活动的对床舍友相视一笑,一脸坏笑地说:"你好像黑了不少哎!哈哈哈……"上肢和下肢形成了完美的色差,好似一根饼干棒,从头顶浇下浓黑的巧克力酱,正好到了半腰凝固住。这漂亮的黑麦色皮肤,是阳光在脸上雕刻的美丽,是一次又一次练习中太阳哥哥颁发给我们每一位志愿者的勋章,是让我们即使"黑"也勇于扬起笑脸、向看台欢愉挥手的自信。

不论是初始训练中的每晚3公里、5公里、队员选拔,还是合练中的每日5点钟早起,都是艰难的考验,但是,在这些考验当中,一定要坚持的意义越来越凸显出来。最艰难的是通宵作战,半夜出发,清晨四点半下车集合,冷气直钻到心肝肺里头去,迷迷瞪瞪地盘腿坐地昏睡过去,忽的不知哪个方位的小姑娘"哇"的感叹,于是有了集体到飞机跑道上看日出的浪漫经历。红日的光芒透过飞鸟的翩翩翅膀射到我们眼睛里,我把那东方火红的艳阳刻在脑海里,难以忘记。

进入9月份之后,有时需要请假去训练,回来时听舍友帮我录的音来学习功课,也不嫌辛苦。在最终时刻到来之前,学校组织了两次快闪活动,充满设计感的下沉广场,被一排排可爱的"海盐柠檬"包围,还夹杂着嫩粉色服装的舞蹈队员,余音缭绕、高亢嘹亮的合唱团体、护旗手们,最令人心潮澎湃的是中间的大面五星红旗,足足能盖住下沉广场的喷泉。大家一起放声歌唱《我和我的祖国》,拉歌现场一阵阵掌声、一声声欢笑、一面面国旗,站在阳光下的我们都露出了灿烂自豪的笑容,祖国的昌盛强大,在每个人心中都扎实有力。

那天晚上，终于到了最关键的时刻，我的心思早已冲出教室，冲出了学校，紧张、激动、不安、期待，几种复杂的情绪混合在一起，不知道该怎么办好，于是变得多言，与大家一起聊着天，啃着餐补饼干，累了就沉沉靠在公交椅背上睡去。到了站，跟以往每一次演练一样，过安检，看帅气英俊飒爽的兵哥哥和兵姐姐，大饱眼福过后大家挤在地铁狭小的空间里，有的男生一个叠一个同享一个座位，有的女生互相拽着胳膊以防摔倒，地铁里吹着凉气，又闷又冷，出来后坐在路边等待了许久，夜里寒气直往腰部窜，我紧紧地抱住自己的小胳膊，把头埋在小伙伴肩膀上，虽然艰苦，但是无人喊累，而是都在叽叽喳喳地激动着，不知疲倦。

长安街旁边小巷里，玩了一会儿，吃了一会儿之后，我们扛不住月亮的催眠，互相依偎着进入梦乡。"呼"的一阵冷风拂过肩膀，不由得打了个寒颤，睁开眼，天蒙蒙亮了，快要进入战斗准备了，我们如往常一样包扎彩车，但是每个人都比平常更认真了。

在经过天安门的那一段几百米的路的经历，我可能一辈子也不能忘记，习主席一直在招手，现场的感觉真的与电视上完全不同，一生一次，此生荣耀，那时候的我确实是笑也是我、哭也是我了。

作为一名预备党员，很幸运能够赶上这一批参加国庆群众游行活动，在这里，遇到了一群可爱的人们，不怕苦、不怕累，互相扶持、互相打气，这就是中国人民的灵魂气质和团结一致，正因为大家都齐心协力做一件事，才有了举世瞩目的成功的70周年阅兵，中华人民共和国的强盛伟大是中国人民一手创造出来的，是上亿人民的伟大中国梦！我们，是为人民幸福、民族复兴而扎根拼搏的新一代力量！我和我的祖国，一刻也不能分割！

亲身祝国庆，一生难忘

广场合唱志愿者 男低音中队 区舜智

一切向前走，都不能忘记走过的路，走得再远，走到再光辉的未来，也不能忘记为什么出发。古老的中国、年轻的中国、充满希望的中国，遥远的世界、连通的世界、命运与共的世界，将共同见证我们这一代人的新长征。

在庄严热烈的新中国成立七十周年系列庆祝活动上，活跃着北林人的身影，从前期报名选拔到后期集训参演，他们吃苦耐劳、坚韧不拔，他们心怀感恩、善于思考，用火热的青春和超群的才华，以实际行动为祖国献上一份属于新时代年青人的厚礼！

我很荣幸，也很骄傲成为其中的一员。

国庆已经结束了，但我所目睹的这一切都在我脑海里，挥之不去。

从暑假训练到国庆正好七十天的训练，为了国家七十周年庆典而准备的训练，辛苦，但是充实、值得，从一开始暑假的校内训练到八月份分区合练、到军区去集训，基本上每一次训练都是从起床到睡觉，以及最后几次的半夜出发中午回来的演练，每一次都陪伴着汗水、欢笑和满满的收获与记忆。

国庆当天，两点起床，两点半集合，三点多出发，六点半到达广场。虽然已经去长安街排练过两次了，但是马上就要站在全世界最大的舞台上唱响国庆的乐章的激动感情，我无以言表。九点正式准备演出，九点四十五分全体起立准备开始，十点整，正式开始。军乐团奏起乐曲，拉开了庆祝活动的大幕。升国旗唱国歌，当"135565"的前奏开始，我们合唱方阵带领全场唱国歌，看着国旗冉冉升起，那是我唯一一次哭出来了，想着近三个月的训练，非常值得。这一刻，我因我是中国人而无比骄傲。

看到了坦克带着黑烟和柴油味在颤抖的地面走过，看到了战略方阵卸下伪装，看到了一队队飞机喷着彩烟飞过。近距离看着的那种壮观是电视上无法感受的。

　　结束了之后是如释重负的感觉，也有一点点失落，在这里，我认识了很多优秀的小伙伴，性格更加开朗。十月重大活动给了上大学以来有些迷茫的我一个奋斗的目标，让我对大学的生活和未来的自己更加自信。

　　感慨我们伟大的祖国，生活在中国强盛年代的我们，在祖国的心脏看着国家繁荣强大，感到自豪与光荣。"没有任何力量能够阻挡中国人民和中华民族的前进步伐。"

　　这种大型活动本身就是一种无形的爱国教育，就是一种凝聚力。虽然在现场，我们不能像在电视机前观看阅兵那样完整，但现场能看到的场面极为震撼，是观看电视转播所不能比拟的。作为北林学生，看到北京林业大学对于可持续发展做出的贡献，看到长安街的每一棵树，每一坪草。这次活动平日里的一点一滴都告诉我，其实这些伟大的设计者就在我的身边，只要我们足够努力，也能实现自己的梦想，成为那些社会精英中的一员。

　　我想我会永远记得那两次实地彩排和国庆大典这一天，因为这数万人几个月来不间断的艰苦付出，向全世界展示了团结一心、奋发向上的中国精神。

此生不悔入华夏

群众游行志愿者 第十四中队 齐潇洋

作为一名"00后",我能感觉到在自己成长的每一个阶段都能赶上中国的新变化。赶上新机遇的好运伴随着我每个人生的重要转折点,但这次参与70周年国庆活动的机遇,让我一生难以忘却。

我的爸爸是一名军人,于是每当有与国同庆的重大活动,我们全家都会坐在电视机前一起激动地观看,对我而言,最令我震撼的,便是每次阅兵。当看到军队踢着整齐划一的正步走过,听着犹如一人步伐的踏步声,我内心总是十分感动,不仅为身姿挺拔帅气的军人感动,还为日渐强大的祖国感动。

当听到有这个机会能参与70年阅兵游行活动,我积极报了名,父母对我也予以支持!更有幸的是,我能站在整个方阵的第一排!

参与活动的过程中,我也克服了很多困难。我的皮肤有点特殊,会对紫外线过敏,每当蝉鸣在树梢响起,其他同学穿着短袖走在校园里,我只能长袖长裤戴着帽子避开烈日。训练的过程中,我总是穿着长袖长裤,戴着帽子,每次回宿舍脱下衣服都湿到能拧出水来。两个小学期的课程让我更加忙碌,早起上课,下午训练,晚上体能,回宿舍还要准备小学期课上需要展示的内容和练习题目,每一天都安排得满满的,也没有时间和家人朋友聊上一句。

慢慢地,不知道什么时候,最初的热情开始被消磨。总是盼望着不训练,盼望着不用早起坐车,盼望着不用一层又一层地抹防晒霜,盼望着演出的那一天快快到来。

终于,那一天到来了。但当我走出地铁站的那一刻,我就有了一种浓浓的不舍的感觉。10点,我站在长安街旁,看到那些最先进且代表着国家力量的武器从面前经过,看到训练整齐的军队和站姿挺拔的兵哥哥,胸腔中总有一股热流回荡。当看到载着老兵的花车经过,向我们挥手、敬礼,我眼睛已经开始有些酸涩，直到看到举着照片的那些老兵的家属，我真的有些忍不住，眼前逐渐开始模糊。我真的难以想象，也不愿想象，如今的盛世，是他们怎样用血肉之躯换来的，还有多少像他们这样的人为我们扛起了"中国"两字。

很快，我们的"绿水青山"彩车到了，我站在长安街上，站在方阵的第一排，伴着响彻长安街的音乐，抬头看到再也不用飞两遍的新型战机从头顶飞过，彩带挂在头顶，"70"的数字是多么夺目呀！

走到天安门前，向主席台挥手的时候，真的是心都化成了一滩水，我的心放松下来了，我圆满完成了任务，我也紧张起来了，我需要更加努力，为祖国美好未来填上一笔色彩。

不长不短三个月的时间，我走过学校操场、阅兵村、机场、深夜2点的长安街和神秘的军区；睡过阅兵村的水泥地、长安街的沥青地、一号地铁的车门旁；每次演练都是披着月光脚步匆匆，10月1号那天，是我们第一次走出地铁迎接朝阳。训练是真的累，课程是真的忙，但当我们坐在地上看到习大大在面前检阅，当我们亲眼看到DF-41从身边经过，当我们抬头望见拉着彩烟的飞机从头顶飞过，当我们对着国徽彩车大声喊"祖国万岁"，当我们亲口向老兵致敬，看着他们向我们挥手敬礼，当我们向一辆辆彩车上的人挥舞双手，我真的觉得一切都很值得。

那些熬过的夜，通过的宵，流过的汗，到最后都化作了天安门前的一腔热血。

此生不悔入华夏，来世还做中国人！

七十周年国庆观礼志愿者日志

观礼志愿者 观礼中队 高宁

七十年披荆斩棘，七十载风雨兼程。在祖国迎来七十华诞的这一天，我特别荣幸能够作为国庆七十周年的志愿者，参与到这场气势恢宏的盛大庆典中。

回忆三个多月以前，我怀着紧张又激动的心情填好了那份"志愿服务报名表"。这一举动源于心中炙热的爱国之情，源于作为一名北林人承载着"替山河装成锦绣，把国土绘成丹青"的使命，源于参加过六十周年庆典的身边人讲述他们十年前经历时的那份激动和自豪。

幸运的是，我得到了学校及指挥部的认可，成为庆祝活动志愿者中的一员，并意料之外地加入到观礼台志愿者的团队中。负责与观礼嘉宾前期对接，于观礼当天做好嘉宾的引领工作，将嘉宾在五棵松统一集合乘坐地铁专列带入指定位置，待观礼结束后再统一疏散撤离。我们要保证每一位观礼嘉宾在活动当天做到安全、准时、有序、有素。我们每一位志愿者很平凡，平凡的面容，平凡的身影，平凡的制服。但我们汇聚到一起，每个人淡淡的一笔，就能汇聚成志愿者不平凡的精神，汇聚成五星红旗灿烂的光华。

从工作前期到活动结束，我想用三个词来概括我的感受——自豪、热爱、感恩。自豪于我是一名中国人，在此次盛典中见证了祖国在政治、经济、文化等方面取得的辉煌成就，在经历了七十年磨练之后走向繁荣富强；自豪于我是一名北林人，能够以"北京林业大学优秀学生"的身份获得观礼嘉宾的殊荣，也因此能够亲眼看到母校代表的"绿水青山"方阵从我面前走过，亲身感受到了北林学子在用林业精神向祖国献礼；也自豪于我是一名志愿者，在有嘉宾主动与我合影时，那一刻照片定格下的笑容代表的是北京志愿者的笑容。

新时代要求我们每一位青年都热爱伟大祖国。热爱不是嘴上说的，而是每一个热爱的举动、每一个热爱的细节,将彼此的小我融入祖国大我之中。我感受到的"热爱"是每一位参与庆祝活动嘉宾心中的激动。当我通知我所负责的观礼嘉宾们要在当天6时10分到达集合地点,而小组成员于6时就已全员到齐;我感受到的"热爱"是中国人民的异口同声。当广场上响起音乐,所有人都情不自禁地跟着一起歌唱,唱起《我和我的祖国》《歌唱祖国》《今天是你的生日》《我的中国》这些歌曲;我感受到的"热爱"是革命英雄与新时代青年的深切对望。当21辆礼宾车缓缓驶过天安门前,老一辈建设者和老兵们庄严敬礼,每一位党和国家、军队领导人的亲属表达着对已故亲人的缅怀,勾起全国人民心中的涟漪和眼中的泪光……热爱不仅在国家领导人的心中,在庆祝活动参与者的心中,还在每一位中华民族儿女的心中。

母亲赐予我生命,祖国滋润我成长。我感恩伟大祖国和民族先辈们为我们创造如此美好的物质生活和精神生活。感恩学校给予的机会,让我们承担起青年力量,将青春奉献于祖国。

于我个人而言,无论是之前的辅导员工作,还是接下来的研究生生活,这段经历都将伴随我不断成长,将爱国之情、北林精神、志愿者精神贯穿于学习、生活、工作当中,内化于心,外化于形。中国红、北林绿、北京志愿者蓝,也将是我永远热爱、追求的色彩。

阳光路上的闪亮记忆

群众联欢志愿者 一班 柳晨静

"阳光路上,无限风光,前进的脚步日夜兼程,不可阻挡……"回想国庆以来的点点滴滴,一切都承载着我们如梦般的闪光记忆。从报名到训练,再到最后的正式演出,这将近三个月的日子说来不短,但仔细回忆只剩下联欢当晚的热泪盈眶、脑海里挥之不去的音乐旋律、愈加熟练的舞蹈动作与有幸收获的珍贵友谊。

日常的训练充满乐趣与挑战,并没有太多辛苦困难,可能是大家心中的信念化艰苦为力量,我们在烈日下尽情舞蹈,也会在细雨中依然坚持。我们在训练中不断地进步,也会找到问题及时调整。联欢音乐响起的那刻,我们便"心动"了,从《红旗颂》到《歌唱祖国》,一首首气势磅礴的歌曲让我们在大声跟唱的同时热泪盈眶;看到巨幅国旗冉冉升起,孔雀开屏火树银花,"人民万岁""祖国万岁"的字样闪耀天际,我们再也无法抑制那种作为中华儿女的自豪感,鲜艳灿烂的荧光棒伴随着"70"的烟花字样闪闪发亮,一切都在这个伟大难忘的夜晚汇聚成收获与值得。

十月一日晚,当宣布联欢结束的那刻,好像有什么重要的东西从我们身上剥离出去,我们依然欢乐地舞蹈高歌,与每一位熟悉的陌生的亲爱的同胞们击掌、拥抱。这次难忘的经历,让我感叹祖国的强大,不仅是阅兵式中大国利器、英勇士兵体现的军事国防实力,在日常的训练生活里,充足贴心的保障更是给予了我们最大的支持。我也赞叹这么多人的队伍居然可以在短时间内顺利集结,联欢群众从小学生到花甲之年的叔叔阿姨,虽舞动着不同的动作,但为祖国祝愿的心情是一样的热情饱满。

"一生一次,一生荣耀"是联欢结束后我看到最多的总结了,将近三个月的训练的苦累,在天安门广场歌声响起、烟花绽放的那刻全部化为无限的感动荣光。"你是我的一切、我的全部,向往你的向往,幸福你的幸福",愿祖国母亲繁荣富强,人民幸福安康。

　　七十年里,中国的经济发生了翻天覆地的变化,我们这一代青年,已经成为新时代的见证者、受益者,国庆让我们每一个华夏儿女的爱国热情充盈高涨。未来,我们也要勇于承担时代的责任使命,去做下一个伟大新时代的参与者、推动者。阳光路上的我们斗志昂扬,何其幸运生逢强国时代,我们当代大学生必将励志鸿鹄、不辱使命、艰苦奋斗、圆梦中华!为实现中华民族伟大复兴而奋斗!

我的喜悦与骄傲

群众游行志愿者 第十九中队 徐竞怡

十一盛大的阅兵式和群众游行早已结束，但每当我回想起这段经历，每一个瞬间都历历在目。

时间被拉回到了今年夏天，我怀着满腔热血报名参加了十月重大活动的群众游行志愿者。我不会忘记在烈日下，我们为了一个动作的整齐划一，一遍遍练习直至汗流浃背；我不会忘记在大雨中，大家互相搀扶、互相激励只为达到最完美的表现；我更不会忘记在北林的夏夜，为了锻炼我们的体能，我们一圈圈地在操场上奔跑。

说实话，以前看阅兵式，不了解举办这样一个大型活动需要付出什么，也不了解其中真正的意义，但9月份的几次全要素彩排让我真正感受到了这样一个国家大型活动的背后有多少辛勤的人在默默付出。安检姐姐认真细致的检查，警察叔叔负责有序的执勤，医疗救援团队的时刻准备，环卫工人的无言劳动，地铁站、等候区里志愿者们热心贴心的服务……一切的一切都是为了同一个活动，为了国家交给我们的任务，更为了我们心中的信念。

我们看到了深夜3点的北京，也看到了比以往更圆的十六的月亮；我们顶着寒风吃过早饭，也尝到了比以往更加美味的六必居榨菜；我们睡过长安街冰冷的马路，但收获了比以往更加真切的友谊。

一切的一切到了十一当天就都变成了内心的一份喜悦、一份激动和一份责任。当我再次走过十里长街，走过欢闹的人群，走过这里的每一个建筑，仿佛那些庄严、冷峻的建筑都因节日的氛围带上了一点温度。当我看到军队整齐地走过，当东风-41从我身旁驶过，当排列成"70"的飞机从我头顶上飞过，那一刻我真正感受到了国家的强大。当彩车上的革命先辈向我们敬礼，当沿途的志愿者和工作人员向我们挥手加油，当原先严肃的指导老师向我们每个人致以微笑，那一刻我的眼泪夺眶而出。

这一次的方阵行走一定是我们最欢愉活泼的一次，我们每个人都怀着激动、喜悦走过了天安门，接受了党和人民的检阅，我们向着主席、向着人民疯狂地挥手，向着摄像机展现我们最灿烂的笑容，当走过天安门城楼有一段距离后，不知前面谁喊了"一二三四"，在从没有事先彩排过的情况下，我们竟齐声高呼了一句"祖国万岁"，那一刻巨大的归属感包裹了我，像水滴抛入大海。一定有一个瞬间，所有人暂时地抛开了烦恼，抛弃了孤独，一个群体短暂地成为一种新的生命，我们都是她的一部分，没有人会孤独。

前几天，在朋友圈看到一个问题："中国为什么要阅兵？而且是空前盛大的阅兵？"有一个答案让人泪目：因为有一支人民的军队要用这样一种方式告诉我们，他有足够的能力捍卫祖国的每一寸土地，他更有足够的底气保护好14亿中华儿女！

我毫不后悔参加了这次活动，相反，我为我能亲身经历这场盛事而感到喜悦，为能亲眼看到祖国的强大而感到骄傲，为我是一个中国人而感到自豪！

少年人，有滚烫的热血

群众联欢志愿者 七班 尤诗佳

古人常说"报国无门"，我不是劳动者也不是纳税人，但却能在十九岁的年纪，参加阅兵。向祖国报到，何其有幸。

三个月时间说长不长，说短不短。可以追两部电视剧，考三次雅思，看九遍《红楼梦》，刷十五套试卷，或者，呈现出一场天安门前的万人狂欢。

刚开始的时候，真的很累。一天天连轴转，根本不能停。每天都要疯狂地学习新动作，对于我这种手脚能力不太协调的人来说，简直是噩梦，常常会发生下午学晚上就忘的情况。

并且我还要兼顾实习，那段时间，常常是早上六点起床，一刻不停坐一个多小时的地铁去朝阳，下午再回来训练，一练就要练到八九点，连一口喘气的机会都没有。

最噩梦的是室外训练，八月的北京可真热啊，用冰袖擦一擦脖子，都是白花花的盐。九月北京的晚上可真冷啊，忍不住穿上雨衣来抗寒。晚上的大巴可真好睡啊，平时在床上还要翻来覆去才能入睡，可在大巴上，入睡只需要一首歌的时间。这些，在当时都是苦涩的，可现在回忆起来，竟甜出蜜来。

心中有一个信念，很多事情也就不是很难了。你要问我在大马路上睡觉难不难？你要问我深夜三点返校，七点起床去上课难不难？不难！那时候的我特别有劲，也无抱怨，因为我们在做一件伟大的事。

在这么多次的联合排练中，我所接触到的来自各行各业的联欢群众，他们呈现了无比饱满的精神状态。大家见面时会击掌问好，休息时间"插科打诨"。我想，正是我们心中都有这样一个信念，才能让我们聚在此，为一个共同的目标努力。

天安门广场上空的烟花，是我见过最美的烟花，不论以后我去向何方，在哪里耀眼，我永远会记得，十九岁这年的初秋，有我见过的最绚烂的烟花。这烟花，也是对我这三个多月努力最好的报答。我相信现场的很多人当时和我一样，有一万个想要落泪的瞬间，我从未想过，祖国的风骨已经牢牢刻于我的心中。这是一个伟大的国家，有一群伟大的人民，生于一个伟大的时代，这七十年，我们要感谢我们的先辈，同时，我们更应当传好我们手中的接力棒，让这个国家变得好一点，更好一点。

  少年人，有滚烫的热血、赤诚的信仰。通过这次活动，我似乎对祖国又多了一层次的理解。我们的信仰，其中应该有我们的祖国，不论是想做一个大科学家，还是一个普通的企业职工，我们都应该在心中有一片崇高的天空，那就是祖国。将祖国放进自己的信仰，向祖国报到。

第三十方阵"绿水青山",向祖国报到

群众游行志愿者 第四中队 周艺涵

这个夏天,我做的最正确的决定就是加入国庆群众游行方阵。十月一日国庆阅兵式上的种种,都已成为我最美好的回忆,这是我一辈子的光荣与骄傲。

如果你问我2019年最自豪的事情,我的回答一定是"作为国庆群众游行的一份子,走过天安门"。

当祖国展示她的伟力,我被深深地感动与震撼着。

累吗?累是肯定的。从最初的选拔到十月一日当天,我们经历过白天训练,晚上几公里体能训练的前期;经历过每天凌晨坐上大巴车,忍着困意与晕车去几十公里外的训练场地训练的中期;也经历过半夜出发去天安门过场彩排的后期。说不累那是骗人的,但更多的其实是内心的震撼和感动。

训练过程中最让人印象深刻的莫过于某一次的合练。那天我们早早出了门,在车上焦急又兴奋地等待着通知下车。凌晨的温度有一些些凉,我们都抱着胳膊跺着脚排着队,试图让身子暖和一些。大家跟随着队伍慢慢往前移动着,天空由最开始的漆黑一片伴随着几声嘹亮的鸡鸣声逐渐有了温暖的色调。在移动队伍的过程中,天空渐渐出现了朝霞。那是多么温暖又明亮的颜色啊,周边的云彩也随之染上了或是红色或是橙色的光芒。我们一步三回头,贪恋着这在平日里罕见的景象。我们在场上等待着召唤,却在不经意间发现太阳将要升起。我眯着眼睛看着一点一点跳出的太阳,心中涌起无限的激动与莫名的力量。

和四中队的相遇也许是最好的安排。从最初在学校操场的8—12圈,到在门头沟训练场的蓝蓝天空上一团一团的白云,到凌晨去机场路上的昏昏欲睡、丰盛的食物包和那一跃而出的太阳,再到长安街上演习时数不完说不尽的欢乐,最终我们站在天安门前向祖国报到。

我们像一支神秘的部队穿梭在满是夜色的北京城中，迎接每一天更接近祖国生日的第一缕晨曦。我常被感动得热泪盈眶，当我身处在这一支队伍里，当我耳畔唱响着乐曲，我感觉我和祖国血脉相连；当我目睹军人的英姿风采，近距离看到 DF-17，当祖国的强大和繁荣就铺展在我的眼前时，我不禁感激100天前的自己，做出了这个无比正确的选择。未来的我也会永远记得那一圈圈的跑步，那一次次的训练，那飞机场的日出，那长安街上的陪伴。这一份记忆会一直伴随着我，一路前行。

"我们的飞机再也不用飞两遍了。"回学校后，我看着回放，泪水总是忍不住。七十年的变迁，我们不再是那个受人欺负的国家，我们挺直了脊梁从容地面对八方来客，庇护着人民。不忘初心，牢记使命，用最好的姿态，向祖国展现最青春的自己。我会谨记这份美好，做优秀合格的党员，把青春与奋斗书写在祖国的大地上。

我很荣幸，七十年的见证，有我的足迹。

不负青春，不负使命

广场合唱志愿者 女低音中队 陈姝橦

"我和我的祖国，一刻也不能分割……"现在每每听到这首歌曲，心中总会泛起阵阵涟漪。或许是因为唱过太多遍，这旋律已化为血液中的一部分，再也不能忘怀。

参加这次庆典的初心，是源于一份淳朴的热情，那是一种想置身于人民之中，体会千千万万的心凝聚在一起向祖国表达那份热忱的情感。这是一份责任，是一种荣光，需要我们坚定前行，需要我们不负使命。

音乐，是我与这次庆典连接的桥梁。在日积月累中，我们的歌唱技巧得到了提升，情感的表达也更显充沛而富有感染力。情感是歌曲的灵魂所在，而如何表达情感，如何让听者感受到我们的情感，是我们学习中很重要的一部分，也是我们能够最终完成任务的基础。当三千人有了同一个理想，当三千人秉持着同一种情感，那必是恢弘壮阔的一番景象。

在大型合练的过程中，凌晨出发、深夜练习，是我们的常态。困倦是不可避免的，寒风是必须克服的，但我们从未放弃，因为我们知道，只有通过一次次的磨合与练习，我们才能够整齐划一，最终取得震撼人心的效果。我们为之努力着，在一次次的惊喜中期待着那一天的到来。当我们唱响这些充满着祖国之爱的作品时，那种情感是油然而生的，或深沉，或激昂，或欢乐，或敬肃，那都是我们表达爱的方式。虽然我们只是万千群众中的背景音乐，但我们愿以一颗颗火热的心为祖国的生日献上我们最真挚的祝福。

十月一日那一天，我们带着满腔的热情，站在天安门广场上，聆听着习主席温柔却有力的话语，感受祖国的伟大进步与飞跃。当和平鸽在天空绽放的那一瞬间，唱着"我和我的祖国"，激动的泪水终于落下。没有任何力量能够撼动我们伟大祖国的地位，没有任何力量能够阻挡中国人民的前进步伐，我们的祖国母亲啊，历经多少沧桑变幻，在一代又一代中国人的艰苦奋斗中，成了令世界瞩目的东方巨龙。

当帅气的兵哥哥、靓丽的兵姐姐走过天安门前，我知道我不是一个人；当联合军乐团站立几个小时与我们相配合时，我知道我不是一个人；当千万群众在我们身后欢呼时，我知道我不是一个人……我的背后是强大的祖国。将热情付诸实践，以小我熔铸大我，是我对祖国母亲的誓言。前辈们挥洒热血为我们创造出如此美好而平坦的道路，我们唯有不忘困苦、继续前进，才是不负青春，不负使命。

这将成为我永生难忘的经历，因为我在其中，与那么多人一起，一同学习，一同感受，一同回味，那是青春的幸福记忆，是我对祖国的美好祈愿。

人生中浓墨重彩的一笔

群众游行志愿者 第四中队 万晶

还记得十年前和父母坐在电视机前看国庆六十周年，小小年纪懵懂无知的我对电视机里新奇的一切都惊叹不已，连声惊叫，兴奋得到处蹦跶。那时的我就在想，要是能亲眼见一见阅兵就好了。

我想，来北京读书，很大程度上是因为刚好能赶上国庆七十周年吧，但我从未想过我会以这样一种方式去见证历史性的这一幕，也从未想过我会从一个观众变成参与者。

很庆幸我能顺利参与到群众游行方阵，和成千上万的人共享这份荣誉和喜悦，从一开始的步速、步频的练习，到整体效果的多次彩排，从北京林业大学的操场、门头沟、阅兵村，再到天安门。

从夏日的烈阳到秋日渐凉，操场上有我们挥洒的汗水，天安门前有我们留下的脚印。和大家一起待过白天，熬过夜，一起分享一包榨菜，多的是欢声笑语。

在校训练那段时间，我知道了自己也可以跑下三千米五千米，我知道了自己也可以连续锻炼而不至于第二天浑身酸痛，我知道了原来大家一起努力真的可以冲淡内心的疲惫，人真的能在这样的氛围下坚持下去。体能训练可以说是让人期待又让人抗拒的，还记得那时候老师带着我们一起跑前热身，一起跑后拉伸，让人仿佛觉得自己进入了一个健身组织，高强度的训练感觉全身的脂肪都在燃烧，当然，仅仅几天的训练虽然没有让我减重，但是却让我的身体素质得到了提升。

2019年10月1日，是我一辈子也忘不掉的记忆。军人整齐划一的步伐，形状各异的彩车，庞大的装甲车，各种各样的叫不上名字的武器，一样一样刺激着我的眼睛，实在是震撼人心。阅兵的路上和志愿者们招手，和兵哥哥击掌，直播的镜头里也许很难看到我的身影，但我知道，我在路边无数人的手机里、相机里留下了灿烂的笑容，我很满足，无比满足。这样的一次经历，为我的人生添上了浓墨重彩的一笔。

希望八十周年，九十周年，一百周年……我也能有机会参与其中。祝愿祖国未来繁荣昌盛，早日实现中国梦！

我会努力成长为一粒质子

群众游行志愿者 第十九中队 刘玥

时间它溜溜地转呀，从黑夜转到了白昼，从明明皎月、漫天繁星转出了红日东升、绯云满天，从茫茫炎夏转到了飒爽凉秋。在祖国七十周年这个重要节点上，我们终于留下了自己的名字。

胳膊酸了，汗滴下来了，摆臂摆累了，怎么还不休息呢？作为一名学生骨干，我能做的，就是把自己的动作做到最好，不辜负学校的信任。虽然训练日复一日，十分辛苦但是没有人抱怨，因为或许这场盛宴一生只能经历一次，也必将终生难忘。

当训练了一天后，晚上在操场进行体能训练。伴着音乐声，我听着脚步踏在地上溅起灰尘的声音，看到汗滴落下来浸湿衣服。我想，尽管身体是疲惫的，但我的心一定是跳跃着的。每天训练之后我们躺在操场上，夜空辽远，而梦想近在咫尺。我不是一个人，我和身边志趣相投的朋友们，我和有理想有抱负的新时代青年们，一起为着同一个目标努力着、奔跑着、奋斗着。

或许正是这些经历难得，我们才能在最后一刻感受到那么大的震撼。

作为一名后勤保障员，我深知团委老师和同学们的辛苦。老师们负责学校几千名同学的保障，常常深夜里还在奔波联络；后勤组的同学们提前整理出几千份的服装和物资，牺牲了自己的休息时间。尽管你们默默无闻，但是是你们的付出和努力，为咱们学校的成功表现画上了浓墨重彩的一笔。

七月流火，八月未央，九月授衣。兵哥哥们持枪跑过，整齐的脚步声好像踏在我的心上。老兵们带着岁月的痕迹向我们敬礼，军功章承载的是那些我们未曾经历过的沉重岁月。

恍惚梦里，谁曾说尽长安，便也合欢。不过再也不是梦了。东风导弹开过去了，那些上个世纪老一辈科学家兢兢业业研究导弹原子弹的时代过去了，那个贫穷落后任人欺侮的国家不复存在，飞机再也不用飞两遍了！

强国盛世，生逢其时。

当蓝色的反光板和挥舞的双臂逐渐模糊，有一些东西模糊了双眼，自豪感汹涌袭来，但紧接而来的是巨大的失落感，因为我意识到，那些烈日下训练的日子，那些睡眼惺忪的凌晨，那些熟记的动作，都已经随着震耳欲聋的欢呼声喝彩声成为过去。

当我们行走在长安街上，当路过主席台，当习大大出现在大屏幕上，我的爱国心强国梦永远地留在了祖国的土地上，我的青春留在了2019年的这个夏天，一切都值得了。

"我和我的祖国，一刻也不能分割"，我不是在最好的时光中遇见了你们，而是遇见你们，才给了我这段最好的时光。

祖国正在光速向前，我会努力成长为一粒高素质高专业性的质子，早日加入建设祖国发展祖国的大军中。七十周年，与国同庆。愿祖国前景光明，繁荣昌盛！

付出？值得！

群众游行志愿者 第十二中队 何柳诗

如果有人问我什么事情可以让我一生骄傲，我的回答一定是参加国庆70周年大阅兵。那是一次如梦一般的经历，无论什么时候回想起来我都会心潮澎湃、热泪盈眶。

前前后后我们准备了将近3个月。从普通的训练到最后的长安街彩排，我们在烈日下晒过，也在大雨下淋过；有多少次的夜晚出发，就有多少次的清晨归来；我们踏遍了学校操场和各个郊区的基地，睡过了长安街边清冷的胡同巷子；我们在大巴上待过了数不清的时光，却也乘坐过专为我们驾驶的地铁；我们啃过了不太好吃的餐补面包，却也享受了学校为我们准备的无数次丰盛的午餐。这一切的一切，都只为了十一国庆那一天。

那天，我们走在中国最著名的长安街上。当哨兵喊出"第三十方阵，直接通过！"那一瞬间后，我紧张而兴奋的心情瞬间被点燃。我情不自禁地看了看周围的大家，发现所有人都面带着微笑，整齐而有序地挥着手，脚下踏着无比谨慎却坚定的步子，整个方阵在经过天安门前发出了真正的雷鸣般震耳欲聋的欢呼。我看到坐在天安门中心的习总书记站起身来，朝我们挥手致意，当时觉得所有的辛苦都得到了满足，哪怕我的脸上已经布满了汗珠。所有人都在尽情地呐喊"祖国万岁""生日快乐"，尽情地挥舞手中的道具，近乎疯狂的状态持续了一分多钟，仿佛整个世界都是属于我们的。三个月漫长艰苦的训练，只为一分多钟的绽放，那一刻我才感受到，付出的所有都化为两个字——值得。

怎能不值得？14亿中华儿女，有多少人想要为祖国的华诞盛宴献出一份力？又有多少人想要亲眼见证天安门前的那一片盛世？作为参加祖国七十周年华诞庆典的一员，我感到无比光荣，无比骄傲，无比自豪。

生于华夏，我无比光荣。这片山河无时无刻不散发着希望的光辉，如同明天的旭日让人追随着、信仰着。令人难以置信的是，我的祖国曾在黑暗与硝烟中度过数个年头，那是一幕幕血的记忆：先辈奋战驱赶外敌，经历同胞间的互相残杀，用血与白骨堆砌安宁，以生命换取祖国的大好江山。每当五星红旗缓缓升起，仰望那迎风飘扬的鲜红旗帜，我无比骄傲自豪。因为我生在一个让人敬佩的国家，纵使身在黑暗，心却因无畏而永远光明。

现在，我的祖国已经站起来了，它站直了腰脊，它充满了朝气！在中国共产党的领导下，充满希望的祖国令人骄傲。祖国已经走上了繁荣富强的道路，一步步向着梦想前进。在共产党的领导下，祖国一改落后的面貌，加入强国的行列中。小农村变身大城市，落后山村走出封闭，贫民因制度改革解决生计，人民由困苦走上富强。祖国由农业大国走上经济大国，我们拥有了自己的飞机大炮，拥有了自己强大的科技。这一切奇迹，都诞生于中国，都来自我们伟大的华夏民族！

今日，我们不再是令人耻笑的无能之辈，身为华夏儿女，我感到光荣无比。一代又一代青年才俊为祖国奋斗，一辈又一辈英雄为守护国家而艰苦拼搏，试问有谁不佩服这斗志昂扬的民族？中国即是信仰！

我坚信祖国的明天将越来越好，我为祖国而骄傲。当五星红旗高高升起时，世界的东方将闪耀中国的光辉！

祖国的将来由我书写

广场合唱志愿者 女低音中队 张梓墨

"我们祝福你的生日，我的中国，这是儿女们心中期望的歌。"

这是2019年10月1日，我们广场合唱方队站在天安门国旗下的第一首歌。除了我们在广场上空袅袅回环的歌声，天安门广场一片肃然，不光在场的所有演员和观众正屏息凝神，几亿电视机前的观众也正注视着广场上发生的一切。隐没在一片黄衣里的我，感受着有生以来第一次为祖国零距离庆生的激动，滚滚热泪已经从脸颊上淌下，但还是尽力保持着最美的笑容。

我想在我之后的人生里，每一次回忆起那个绚丽多彩而庄严盛大的上午，都会暗自心潮澎湃。在为了这个活动日夜兼程、反复排练的日子里，我对北京和对国家的感情逐渐步入了一个新的阶段。幼时的我就曾多次跟随父母来到北京，这里的许多大大小小的地点早在上大学前我就去了个遍。我尤其喜欢南锣鼓巷那种典型的胡同文化，也爱故宫的红墙金瓦，享受冬日里走在结了冰的什刹海边，感受着厚重的老北京味道与现代多元文化碰撞出的特殊烟火气息。北京的一切建筑和气氛都在向我诉说着这座都城过去厚重的历史和当代的崭新故事。在参加了这次活动后，我觉得北京更多了几分值得留恋之处，似乎这里的一切都已与我融为一体，他将来的故事也将由我来书写。

对祖国，我也有了更深层次的感情。这次活动让我深入细致地了解了中华人民共和国自成立以来的艰辛曲折的发展道路，我们不断传唱的那些歌词里，就饱含了各个时代人民对国家的炽烈感情。在排练的最初阶段，我们只是在校内的排练厅内，像平时排练合唱团的表演曲目一样单纯地记住旋律、背诵歌词，并没有感到明显的使命感。而随着排练阶段逐渐推进，我们先是和其他四十多所高校和中小学生统一合练，后来又与军乐团共同演奏，再后来又加上了群众游行的队伍一起表演，最终进行了全要素彩排和最终表演。

每一次加入新要素的排练都带给我们惊喜，也用越来越多元的手法向我们讲述了新中国成立七十年以来的光辉历史，那些感人的历史转折点与中国的每一个进步都不再是历史书上一段平实的文字，而是生动呈现在我们眼前的值得被传唱的故事！

对祖国的真挚感情在10月1日上午的庆典上达到了高潮，尤其是当习总书记站在城楼上时，我在合唱队伍里热泪盈眶地凝望着习总书记的身影，奋力高歌着，想用赤诚的歌声告诉他，我也是即将为了祖国的伟大复兴而拼搏逐梦的新一代！我再也不只是那个只能在书上读到、在作文里写"我爱你，中国"的少年，站在这里的我感觉自己真实地与国家联系在了一起。

活动结束后的我依然沉浸在一腔爱国热情中，所以几天后我又迫不及待地去电影院看了《我和我的祖国》。自从参与了这次活动我便对中国的发展史了然于胸，因为每一次完整的排练过程都是对中国复兴之路的倒带回放。即使我是出生在千禧之年的"世纪宝宝"，我也可以和电影中发生在我出生前的故事产生共鸣。不同的时代有不同的故事，而不同领域的人们以各自的欢笑与泪水推动着大中国的发展。我相信虽然我只是个平凡的大学生，我也可以在大中国的伟大复兴之路上以特有的方式贡献一份力量。

三月辛苦排练，一朝华美落幕。对于我来说这不只是一场紧锣密鼓的大型表演，而是一部关于北京情愫、家国情怀和青春梦想的动人故事。

延续不懈精神，为伟大祖国献力

群众联欢志愿者 二班 薛影

我们是强国一代，用优异的成绩向祖国报到。训练中我所领会到的坚持不懈、无私助人、大家团结友爱，劲往一处使的精神与感受也会在之后的学习与生活中一直伴随着我向前。

列宁说过："爱国主义就是千百年来固定下来对自己的祖国的一种最深厚的感情。"这种感情，表现了我们每一个人对养育自己的祖国应该采取的态度。不管祖国处于顺境还是逆境，热爱祖国，这是作为一个中国人最起码应具备的觉悟。

当听说这个暑假我们有机会参加"重大活动"时，我心中只有一个坚定的声音——一定要去。从前观看国庆节庆祝演出的时候内心便悄悄想过，如果有一天，我也能参与这场为祖国母亲现场庆祝的活动，那该多好。没有想到有一天这个梦想竟然真的实现了！至今想起都满怀激动与惊喜，甚至不可思议地认为这是一场梦。

回首过去的70年，我们看到了一个有骨气的中国，即便面临重压也绝不低头；我们看到了一个博大的中国，虽然饱受伤害却依然向世界敞开胸怀；我们更看到了一个蓬勃发展的中国，就算阴霾袭来也挡不住大国崛起的势头。回首过去的70年，不过是弹指一挥间。然而就是这短短的70年，中华民族迎来了从站起来、富起来到强起来的伟大飞跃。这70年的征程，让我们有理由相信，一个铁骨铮铮的民族，一个不卑不亢的民族，终有一天会完成她大国的使命——实现中华民族的伟大复兴！

在暑期的训练中，作为舞蹈标兵的一员，我总能做到积极快速学习舞蹈动作，当身边的同学看不清动作或者肢体不协调时，我也会努力地给予帮助。在每一次的训练中，我都做到不迟到、不早退。我十分珍惜这次训练机会，我也因能参与到训练中来感到骄傲与自豪。

虽然10月1日国庆联欢活动已经过去了，但是那天的景象依旧一幕幕清晰存在我的脑海中，仿佛就发生在昨日。志愿者服务活动培养的不仅仅是一种精神，于我，更是培养了自己的极限和耐力，同时也看到自己的潜力。当我们奉献自己一份力量的时候，心里会觉得很幸福，更不用说是在这个伟大的日子为人们奉献自己，在此次活动中我找到了自己的价值，它教会了我思考人生的态度和看待人生的机会，更历练了自己。

在人生漫长的岁月中，我将不断磨练意志，为自己定位，发挥自身优势，面对社会，心平气和地做出一些选择，确立自己学习和生活的目标，服务社会、传递爱心、传播文明，为社会的和谐发展贡献自己的力量，为祖国的繁荣富强贡献无尽的努力！

愿祖国繁荣昌盛，愿中华走向辉煌。

我为我的祖国骄傲

彩车志愿者 彩车中队 赵倩弘

2019年10月1日,这是多美妙的一串数字,又是多伟大的一个日子。我是本次庆祝大会的彩车志愿者之一,我非常荣幸和自豪参与此次庆祝大会的工作筹备中。2次演练,1次正式,7天服务,时间跨度为半个月之久,我知道相比群众游行的同志们,我们并没有那么辛苦,没有几乎整个暑假顶着烈日时而夹杂暴雨的训练,也没有几首歌来来回回演唱、配合的训练……我们也并没有出现在镜头里,我们一直是幕后工作者。

9月29日,在彩车志愿者出征的前一天,我们学校组织了"快闪"活动和出征仪式。当我站在二楼看向闪电广场慢慢展开的国旗,看着下面和周围人手中挥动的国旗,听着一首首爱国的歌曲在耳边响起,那种油然而生的感动在不经意的时候从胸口迸发出来,我们唱着,喊着,挥舞着国旗,期待着庆祝大会的到来。

我知道我们在用各种不同的方式欢迎国庆,期待着中华人民共和国成立70周年大阅兵的到来,并不是期待这一场庆祝,而是期待着我们无数先烈可以看到他们为我们打下来的江山,不仅依然存在并且蓬勃发展,希望我们的先烈可以看到这盛世如他们所愿,并且这盛世我们会更进一步发展。

终于,9月30日,号角吹响了。我们彩车志愿者,或许有很多人羡慕,因为我们能看到很多业界翘楚、各行业代表,但其实并不是,我们有着周期最长的服务时长;每次演练需要站着保持七八个小时之久;国庆联欢的时候,大家都在看烟火、拍照片,而我们依然坚守在岗位,站在大堂为我们的彩车志愿者离店进行服务。

我很荣幸能参与这次活动,很开心能够圆满完成任务,身为当代青年,必将为中华民族之复兴而读书,身为共产党员更要成为国家的中坚力量!

声声不息，只为了那一份托付

广场合唱志愿者 女低音中队 史鸿毓

从组建合唱团体到最终站在天安门广场的国旗下，从分声部学歌到合练与全要素演练，正值毕业之际的我接到了广场合唱的任务，之后一起容纳新的伙伴，融合新的声音，只为了这样一份托付和光荣。

几十次的训练过程中，明白祝福的含义，体会丰收的喜悦，了解小岗村的历史，赋予希望再出发，共同追梦……这是歌曲的内涵，也是我们想要表达的真切情谊；记得上一次失落，因为还可以更加努力。"小腹用力，咬字清晰，位置靠前"是分指挥认真给予我们的指导；记得在清华大学第一次合练时感到的震撼，眼眶湿润；记得在军乐团驻地看到最美的粉色晚霞，正在训练的战斗机冲破气流划开画一样的天空；记得在中国传媒大学合练突然下起阵雨，大家混乱地跑回看台穿雨衣，但分指挥们仍然挺直地站在指挥台上；记得在阅兵村与分列式和群众方阵合练，嗓了干干的却不敢喝水，看见坦克和导弹从几十米的面前驶过，震撼地张大了嘴；记得在天安门全要素演练，国旗就在头顶飘扬，赶着休息的时间间隙学习十九大报告……同样的经历与爱国情怀使我们发出和谐的声音，我想这就是合唱的魅力吧，可以使和声共振共鸣，可以使情感经久不衰。

虽然因为保密没有留下任何影像记录，但是我们一起在朝阳公园看星辰转为淡淡的日出，一起看军乐团总指挥切菜一样的手势起起落落，有吃不完的面包和牛肉干的日子，好像也并没有太苦涩。

2019年10月1日，当我站在天安门广场上看见彩车上的老兵们，眼眶一热，新中国的成立是太多前辈与先烈们的牺牲与付出换来的；我校的"绿水青山"方阵已过，恰巧接着"我要把最美的歌儿献给你，我的母亲，我的祖国"的歌词，实在忍不住哭起来，周围的广场合唱成员们也都在抽泣。就那样边哭边唱到和平鸽盘旋、五彩的气球从背后升空的时候，大概也明白了总指挥告诉我们"到时候感情就到了"的话。

结束坐车回学校的路上，经过的每一个二环桥上都有好多人和我们招手，我们也挥手回应着。和路上的交警挥手，也和路边的环卫工人们挥手，和同样参加这次重大活动的朋友们挥手，和我校的方阵同志们挥手。大概这就是，接受党、国家和人民检阅的真正含义吧！同心共筑中国梦的路上我们一起走。

中华人民共和国成立70周年，我有幸作为广场合唱的一员，见证70年中国发展的历程与辉煌。声声不息，只为了那一份托付。把最美的歌儿献给你，我的母亲，我的祖国！

那一天，我们热泪盈眶

群众联欢志愿者 七班 邵晋敏

2019年10月1日，新中国昂首阔步，走过了七十个春秋，亿万中国人开拓了光辉的历史进程。这一年，华夏儿女，把历史一同见证；这一天，我们何其有幸，用青春献礼祖国！

不知不觉，距离国庆联欢结束已经有一个多月了，但从开始训练到正式演出的那段美好的时光，我至今都难以忘怀。

作为舞蹈联欢方阵七班的带队教师，从学院开始招募志愿者的那一天，我的内心就充满了紧张与期待。紧张的是担心报名的志愿者人数过多，不能保证每位报名的同学都拥有这次难得的机会；期待的是要是真的能站在天安门广场上为祖国庆生，那该是一件多么荣幸的事啊！

七月中旬，我们开始了第一次训练。那时候，班里的六十位同学还互相不认识，也有一些小伙伴比较羞涩，动作放不开。尽管如此，我仍看到每一位同学在训练时认真学习舞蹈动作，当同学们记不住动作时，还会互相请教。再后来，我们通过自我介绍、一起做游戏、个人才艺展示等团建活动慢慢熟悉了起来，因为我们明白，我们都有着共同的目标：用自己的青春向祖国报到！我们也拥有着同样的一腔热血，为祖国而沸腾！

回首过去的三个月，我们严守训练保密纪律，承载着家人、学校、导演组的期望，一同经历过风吹日晒和似火骄阳，也一同在凌晨欣赏过长安街的月亮，完成了每一项被赋予的任务，也收获了一次次欢乐和感动。一滴滴汗水，撒遍训练场；一颗颗红心，跃动在胸膛。我们不断坚持，只是因为心中有二字："值得"！这河清海晏值得我们赞颂，这丰饶盛世值得我们高歌，三个月的训练是三个月的联欢，将我们的心紧紧相连，让我们和祖国更不可分割！

到了正式演出那天，我们都比平日里更加激动，站在天安门广场上，心中充满了使命感。从小就学习舞蹈的我，遇到过各种各样的舞台，但是这一次的舞台，却广阔到令人终生难忘。感谢为祖国庆生这个坚定的信念将我们的心系在一起，也让我们和祖国母亲的心紧紧连在一起！回想起当"祖国万岁"和"70"字样的烟花从我的眼前升起时，我的双眼模糊了，那一刻，我再也难以抑制住自己的眼泪，我为祖国而自豪，也为自己是一个中国人而自豪！今生无悔入华夏，来世还做中国人！那晚的北京火树银花，今天的中国繁荣昌盛！

此生至高无上的荣耀

群众联欢志愿者 三班 董芸郦

2019年10月1日的晚上，北京城是那么的热闹与喧嚣。

那一晚，我以一名见证者和参与者的身份，与数万名同胞一起向全世界讲述关于五星红旗的故事，那用鲜血染红的旗帜在中华大地上猎猎飘扬了七十年，颜色愈发鲜艳，姿态愈发昂扬；那一晚，我们向全世界讲述关于共和国的故事，风雨兼程七十年，沧桑巨变七十年，始终不忘初心，砥砺前行。

回头细想张望，那一晚的盛况始终清晰如昨：当八点的钟声响起的那一刻，整个天安门广场上鸦雀无声，随着宣布庆祝中华人民共和国成立七十周年联欢开始，瞬间爆发出震天的欢呼。这一刻我们期待已久，牺牲掉的假期、不能回家的遗憾、所有烈日下星光下挥洒汗水的辛苦训练都是为了此时。

我无法形容当我看见70根烟花柱从长安街两头向天安门汇集，在我头顶绽放时的心情，我甚至还在震撼中，还未曾反应过来，眼泪早已夺眶而出，这是真正的喜极而泣，却还是为了不影响妆容，为了渺小的上镜机会而努力抑制自己的心情，小心翼翼地擦拭眼泪。可以说，那一晚的烟花盛宴绝对是有生之年系列，一定是我此生在最佳观看位置看过的最盛大、最绚烂、最耀眼、最美丽的烟花！多少训练，多少苦累，多少抱怨在那一晚那一刻都化为值得；多少感慨，多少收获，多少喜悦，多少深情凝结在那晚那时，情不自禁地想要与身边人一起大声说："我爱你中国！"

当巨大的五星红旗在广场正中冉冉升起的时候，当到处亮起红色的荧光棒的时候，我终于明白为什么中国红那么好看，为什么自己会买那么多红色的衣服和用品，为什么那么喜欢红色了。不仅仅是因为这个颜色明亮，热情，充满温暖，更因为这鲜艳的红色是融进中华儿女血脉中的颜色，是在我周身每一寸皮肤下流淌的颜色，是支持我生命的颜色，是每一次心跳都迸发出对祖国自豪的礼赞的颜色。

那一晚，每个人脸上都洋溢着最真挚、最开心的笑容，我也不例外，我很庆幸自己当初选择来北京上大学，到北林读书，并报名参加了这项志愿活动，也只有身在其中才能真正明白什么叫一生一次，一生难忘。

我从这次的国庆活动中感受到了真正的大国之风。我要在今后努力学习，努力工作，为梦想前行，为梦想拼搏，为理想耕种，为幸福收获，只有这样才不枉生活在一个和平安定、繁荣富强的国家。

生为一个繁华盛世的中国人，大概就是我此生至高无上的荣耀吧。

最美的青春

群众联欢志愿者 一班 陈佳慧

从炎热的夏,到清爽的秋,历时近3个月的保密训练,150多次小合练,8次区合练,2次阅兵村全要素合练,2次长安街全流程演练,到最终10月1日天安门广场正式出演。这是我20岁的夏天,这是青春的色彩,这也将是时光里的记忆,是我这辈子最值得纪念的事情。我庆幸用自己的青春在这荣耀的时刻向祖国告白!

在三个月的训练过程中,我们所有人团结一心,齐心协力,只为了十月一日那晚以最昂扬的姿态给祖国庆生。训练时间虽长,训练过程中虽有乏味与苦闷,但是我们在训练过程中亦收获了许多欢乐和难忘的回忆。在休息时候,我和身边的小伙伴们一起说笑一起打闹,并且利用休息时间练习自己不太熟练的动作;在训练过程中,我们一起加油鼓劲、相互督促。在这个过程中,我看到一些同学身体不舒服仍然坚持参加训练,因为我们都明白谁也不希望因为自己个人的原因,而影响整体的训练进度和效果,我们500个人,每一个人都是不可或缺、不可分割的,正所谓"星星之火,可以燎原",我们个人虽微乎其微,可500个人汇聚在一起就是一簇熊熊燃烧的烈火!

一起淋过阅兵村的大雨,一起看过凌晨三四点的北林校园。每一个人,都在为完成祖国与学校交给我们的任务而不懈努力,也正是在这个过程中,我们深切感受到发自心底的爱国情感,这种情感无须形式与赘言,她就存在于我们为了演出成功的一点一滴奋斗中——所有人都团结一心,为了一个共同的目标而奋斗。

训练的背后,还有一大群工作人员为我们提供安全有效的后勤保障:饮用水、道具、餐包、服装、乘车等,每一样都考虑周全。在这里,我想对演出背后的导演、工作人员、保安、警察、食堂的叔叔阿姨们道一声:谢谢你们，你们辛苦了！

10月1日的那天晚上，我们怀着激动、喜悦、澎湃、自豪的心情同歌共舞，当红色的海洋中响起《歌唱祖国》的歌声，当璀璨的烟花照亮天安门广场的夜空，每一位参演的北林人都深刻体会到，我们个人的生命是与我们伟大的祖国紧紧联系在一起的。看着美丽绚烂的烟花不断升起，那一刻，我泪流满面，那炽热的感情、那强烈的爱国之心、那深深的民族自豪感，全在那一刻化作眼中的泪水，化作高声的欢呼！眼前的一切，使我能真切感受到什么是大国气象，什么是举国同庆。中国的七十岁，光风霁月，大国气象；中国的七十年，风雨兼程，上下求索。

那天晚上回去后，我难以入睡，迫不及待地看了白天的阅兵重播，更加感叹国家军事力量的强大、人民军队的严谨求实。看着视频中纪律严明的威武之师，看着中国自主研发已达世界先进水平的武器，我心里感到无比的骄傲和自豪。我为祖国母亲的强大而无比自豪。同时，作为北林学子，作为当代青年，我庆幸自己能够成为时代的见证人，能够成为中国人的一分子，参与并见证到此次新中国成立70周年群众舞蹈联欢活动。这些耀眼的瞬间不仅仅会载入共和国历史的诗篇，也必将镌刻在北林人的集体记忆中，激励一代又一代的北林人奋发进取、扬帆远航！

如今，"十一"的烟花已经散去，但我们仍需不忘初心、砥砺奋进。牵引我们相遇的红线，是对祖国的热爱，是对北林的自豪。祖国今天的繁荣昌盛离不开一代代领导我们艰苦奋斗的中国共产党人和无数将自己的生命与青春热血融入祖国事业建设的时代楷模，因此，无论身处何时何地，我们都要有理想、有信念，做到知行合一，脚踏实地。队伍中的每一位同学，都不要忘记当初参与时的初心，要一如既往地热爱祖国、热爱学校、热爱科学，作为本科生，我们更要不断充实自己，为成为一名真正的社会主义接班人蓄力！

幽幽中华魂，拳拳赤子心

群众联欢志愿者 一班 张赟

很荣幸能参加本次70周年庆祝活动，历时近三个月的保密训练，150多次小合练，8次区合练，2次阅兵村合练，3次长安街全流程演练，其间有过压力，有过疲惫，但无论怎样也都有一腔热情，如果说训练前期觉得这是任务必须完成，严格的考核考勤制度使大家聚于此高密度训练。那我觉得后期是大家的情怀，是对祖国的热爱使大家无论何时合练都能保持高度的热情到多功能报告厅、到台头小学、到阅兵村、到天安门，这些地方也都留下了同学们的欢呼和激动的泪水。

在十一联欢活动当晚，站在长安街上，看着那些经过的老兵，我泪目了，这是为共和国成立立下汗马功劳的英雄呀！这是见证新中国成长的一代人呀！"这盛世中华，如您所愿！"这句话一直浮于我脑海，这是来自对伟大祖国的骄傲，更是对千千万为中华人民共和国成立"鞠躬尽瘁"的先辈的最好告慰。

那晚的烟花是我见过最美的烟花，那晚的笑脸是我见过最幸福的面孔，那晚的长安街是我见过最闪亮、最有活力的大道，那晚的"最"太多太多，我想这是大家的爱国热情吧。外人不解"为什么中国人这么爱国"，其实如果我来回答这个问题，可能我说不出个一二三，可真爱何需理由呢？我们国人的这些行为，不仅仅是表面上的爱国行动，它代表的是在新时代我们年轻人的精神面貌和状态。我一直很喜欢这段话，虽然听过看过很多次，但直到现在我看到还是会热泪盈眶："你所站立的地方，正是你的中国；你怎么样，中国便怎么样；你是什么，中国便是什么；你若光明，中国便不黑暗。"

有人说，爱国主义其实是自信心的表达。我十分赞同，因为我们自信，我们相信我们的中国是最好的，所以会有"帝吧"，会有"饭圈女孩"为"阿中哥哥"打榜,有海外留学生合唱团高歌爱国歌曲。我们能真真切切感受到我们国家的进步,我们不能容忍我们的国家被抹黑。因为肯定所以更加呵护,因为值得依赖所以倍加热爱。

　　这种自发的情怀,是广大的"90后"乃至"00后"们的标签,这个标签所饱含的深情,是来自祖国的疼爱,我们是在国家强大的环境下成长起来的,是祖国呵护了我们的成长。曾经我们这一代人被诋毁是"垮掉的一代",而事实证明了我们是最自信的一代,张扬的自信,像旗帜一样高高飘扬。高举爱国主义旗帜,是我们这一代人的使命,是我们青年人的传承,亦是我们这一代走到任何地方做任何事情都不会忘却的!我爱我的中国,爱得赤诚热烈!

向祖国报到

群众联欢志愿者 三班 蔡兴达

七十周年国庆很美，但是已经回不去了，那么下个十年，我们天安门见，以后的每个十年，我们都要好好的。祖国，我们永远不分开。

——致祖国母亲

"我和我的祖国，一刻也不能分割……"每当《我和我的祖国》在耳旁响起，心中总是十分温暖，不知是什么时候，这首歌真正地烙印在了我的心头。

70周年国庆一个半小时的联欢是由五个篇章组成的，而每一个篇章都是由许许多多的基础动作和队形的变换组成，这些动作和队形都是与伴奏相联系的，其中一首，便是《我和我的祖国》。在近三个月的训练中，伴奏、动作、队形，每个篇章都经过了成百上千次的调整、修改，其间，《我和我的祖国》在一次次修改和播放中也从一首老歌变成了一首全新的歌曲。

参加联欢活动无疑是耗时耗力的，从暑期开始到暑期结束，再到九月份的每个周末，到最后的十月一日的天安门前；从每个学校的分练，到海淀区的合练，到北京市的合练，到全要素彩排，最后到十月一日晚上正式的联欢；一步一步地，我见识到了一个国家的力量，见识到了中国的力量。联欢时蔡国强先生导演的烟火，以及一株株烟花树，所展示的是一个大国的力量，一个强国的科学技术。曾经，中国用火药制作烟火，外国却用来制作火炮；今时今日，中国不仅仅拥有举世无双的烟火表演，更拥有东风、长剑、无侦等先进武器。当在手机上看到阅兵的直播时，当亲身参与联欢之时，当因为长安街前这一场盛世烟火而落泪时，我真正地感受到了人民的力量，感受到了我以及无数个"我"与祖国都是不可分割的，也就是这一刻，我体会到了《我和我的祖国》这首歌的精髓。十月一日之后，每当听到《我和我的祖国》这首歌，我内心都涌出一股温暖，也相信这份温馨，会伴我这一生一世，生生世世。

  这近90天的训练中，我付出了许多，但收获了更多。最为首要的便是有幸为一件国事出一份力，万千群众，我便是其一，这是何等幸运。再者，便是朋友，因为队形要求，我和我熟悉的同学分开，被分到了一个陌生的环境。我是一个内向的人，虽然我的心中充满了热忱，每一个朋友对于我来说都十分重要，但我仍不擅长于交朋友。可是，这次活动让我收获了更多的朋友。当训练累了，我们在一起小声抱怨；当歌声响起，我们就一起欢呼雀跃；如果感动了，我们就一起哭，一起喊"祖国万岁""我爱你，中国！"，一起歌唱《我和我的祖国》。国庆，因为身边有这些朋友更具意义；国庆，因每一位中国人团结一心而具有意义。

  中国，是每一位中国人的国，中国梦，是每一位中国人的梦，祖国和我们一刻也不能分割。祝祖国母亲70周年生日快乐！祖国，万岁！我爱你，中国！

北京林业大学理学院数学18-2班蔡兴达，向祖国报到！

属于我的国庆回忆录

群众游行志愿者 第一中队 涂天欣

2019年10月1日，对中国、对中国人而言都是意义非凡的一天，于我而言更是如此。非常幸运地，我加入了群众游行的第三十方阵——"绿水青山"方阵，并在祖国七十岁生日的当天以游行群众的身份为祖国献礼。回想从7月开始的训练，直至最后一次正式地走过天安门前，仍旧有许多画面难以忘却……

伊始

最初的训练是在校内的，正值夏日骄阳似火、烈日当头，不过学校的后勤保障工作的到位冲散了我心头的燥热。说起最初的训练，最令我印象深刻的应该就是每天晚上的长跑体能训练和大家奔赴澡堂的热情了。刚刚听说晚间训练要跑三千米的时候我是震惊的，而更令我震惊的是我真的跑完了我人生中的第一个三千米。跑步的时候，同伴的脚步声、背景的音乐声、被男生套圈时的打趣声慰藉了我因为汗水而湿透了的衣服和酸胀的肌肉。

不同于跑完八百米后满口的血腥味、燃烧的胸腔，许是因为跑得不快也没有冲刺，跑完三千米以后，我有的更多是一种释放的感觉，甚至让我有点爱上了跑步。

"我们也是睡过长安街的人了。"

几次合练，训练时间总是和凌晨挂些关系的，有时凌晨出发，有时凌晨归来。对合练记忆深刻的事就多了，集体坐在或躺在地上睡觉、在良乡机场看到的冉冉升起的太阳、在长安街旁玩的"狼人杀"、在等待训练或彩排开始前大家从专业课程到日后规划的畅所欲言……都说饭局和一起熬夜是相互之间熟识的最好途径，而且如果没有手机打扰则效果更加，所以我们也都慢慢熟了。

颠倒的作息会带来疲惫，我才发现原来没有手机的我竟困得如此之早。但是我们对每一项指令的反应也是认真的，毕竟咱也不能给北林人跌份儿。

"祖国万岁"

那天早上十点，礼炮轰鸣。我们的休息区离天安门前有一定距离，因此看不到升旗仪式，但当国歌奏响的一刹那，大家都自然肃立，齐声高唱中华人民共和国国歌，那一刻我深刻感觉到了我们是一起的。

这一天有许多瞬间都让我的眼泪不禁夺眶而出……

当习总书记检阅时，我确实地听到了受阅官兵的响亮回答"为人民服务！"，也听到了在主席乘车驶回天安门时，那声震长空的"听党指挥！能打胜仗！作风优良！"。我想他们为了这一刻一定练了很久、吃了很多苦、付出了很多，就是为了在全中国、全世界面前展示出中国军人的昂扬与斗志，正如我们在方阵行进时遇到休息的官兵时喊的那样："你们是最可爱的人！"

当那些老战士乘着彩车从我们身前经过时，看着他们胸前的勋章，看着他们手上举着的他们的战友们的照片，我的眼眶又一次湿润了，我们开始自发地喊着"爷爷奶奶身体健康"，不同于我大多说"身体健康"是图个吉利，这次是我真正的愿望。喊着喊着我们统一了"口号"——"身体健康，英雄万岁"，真心希望民族英雄们一切安好。

当然了，这一天我的大部分时间都是激动的。看着飞机从我们头顶轰鸣而过，听着身边的男生高呼着这些飞机的机型，真的感到激动与自豪。随着队伍离天安门越来越近，我也越来越兴奋……我们的音乐响起，完成翻板动作，走过天安门正前方，然后一起欢呼、高喊"祖国万岁"，继续行进，疏散，一切像彩排时一样……

很幸运能参加这次大型活动，在长安街上感受祖国的强大，愿祖国母亲更加繁荣昌盛！

献给二十岁的自己，七十岁的祖国

群众游行志愿者 第一中队 封昌炜

祖国，就像家人和朋友一样，我们与她一起生活，不可分割，为她的成长历程而喜怒哀乐。为之富饶兵强而喜，为心怀不安之人破坏祖国安宁而怒，为逝去的一位位时代贡献者而哀，为山川之美、新时代来临而乐。

"我和我的祖国，一刻也不能分割"，我从未想过有一天能在国家最高领导人的注目下走过"无垠"的长安街。

2019年6月，一个突如其来的消息打破了我繁忙平凡的学习生活——国庆重大志愿活动。在和父母的一通电话后，我决心参加群众游行，因为这或许是一辈子唯一可以离国庆阅兵那么近的机会。从小听着外婆唱"一条大河波浪宽"，和外公看革命影视，"中国红"从我懂事起就染红了血脉。以前的我坐在电视机前热泪盈眶观看阅兵，将来的我就要阔步在长安街迎接世界的目光，这一切在下定决心的那一刻是遥不可及又近在咫尺。

7月，训练开始了，巧合的是我参加的专业竞赛与训练时间重合，于是开始训练的那两周：上午外出20公里调研，下午晚上参加训练，凌晨熬夜设计画图，高强度的作业和吃不安稳的每一餐，我曾一度觉得自己快撑不下去，但每天的训练反而给我无休止的画图生活添了一抹亮光，看似劳累，却充满激情，每天夜跑是一天最快乐的时光，壮观的人流，广播里播放着我喜欢的歌曲，放肆朝前跑，是一种释放也是一种感动，这里的我们都将会听着同一首歌走在同一条路上。训练时光让我感受到大学生活除了画不完的图纸还有操场上挥洒汗水的青春和一腔爱国热血。

和7月不同的是，我们多了门头沟的"绿水青山"，每天清晨四五点的大巴车，似乎大家都不用休息一般，总是准点出现，还有每天凌晨开始为我们做饭的食堂工作人员和所有后勤人员，大家的辛苦让我们的训练更加有成效，热腾腾的早餐和中午的"大鱼大肉"让本着减肥为宗旨的我竟然胖了四斤。

门头沟训练的日子是不同的，来自两个地方的人们站在一起的第一天就如此的合拍，默契，这种感动像艳阳下海浪拍打着岩石激起的浪花，涤荡着我的心灵，温暖而热烈。有着有趣灵魂的黄书记，默默付出的幕后人员浩然哥哥，主席台上严格又耐心教我们动作的女老师，所有为我们付出的工作人员，我们永远都不会忘记。那些日子烈日下的风吹暴晒，以及后来机场、阅兵村、长安街的无数次合练，从凌晨等到太阳升起，从冻到瑟瑟发抖练到烈日当头、晒到睁不开眼，看过北京的星空，看过北京的日出和晚霞，看过北京的浩瀚蓝天，也淋过北京的大雨；躺在地上静静地思考过人生，也饱含热情欢愉地走过主席台；劳累到能席地而坐，站着、暴晒、寒冷中也能睡着，激动到走过主席台挥舞着双手，直到到达人车分离线才感觉到双臂酸痛到无法放下。当第一次到阅兵村全体合练突然听到小朋友们的纯净无瑕的歌声"今天是你的生日，我的祖国"时，当第一次经过重重安检走出地铁站在长安街看到威严的武器时，当听到军人们一次次高呼"向右看"时……我热泪盈眶，是激动，也是感动，上万的人齐聚，我们就是想把最美好的祝福送给祖国，为祖国献上最壮观的庆生大典！

　　十月一日零点，我们终于"出征了"！一路交警开道，行人目送，下车，安检，等待，地铁，二次安检，步行至指定地点，这次行进过程犹如做梦一般，不知是因为疲倦还是过于想将每一个细节记住而用脑过度。70声礼炮响，全体齐唱国歌，从夹缝中窥探站在汽车上一闪而过的习总书记，那一刻才发现原来汽车开得那么快，比电视上看起来至少快10倍！阅兵，彩车驶过，包夹，难以置信，电视上见到的人物，如今只离我十几米，每次想到当时老兵们举着相片，向我们挥着手，都忍不住流下泪水，但当时，不能哭，因为我们要把最好的状态展示出来。听着熟悉的音乐，群众游行正式开始，我们是第三十个方阵、"绿水青山"方阵、"唯一的椭圆方阵"。那一次，时间过得特别快，长安街变得格外短，当走在天安门城前，习总书记站起来向着我们挥手，当时的长安街却又是如此的宽阔壮丽，仿佛世界都是我们的。现在想起，一切都还历历在目，却又感觉那么不真实，那一刻我和我的祖国紧紧相连！

　　一次参阅，一生荣耀！我和我的祖国，一刻也不能分割！

我的祖国母亲

群众游行志愿者 第二十九中队 岳婷

"我和我的祖国，一刻也不能分割，无论我走到哪里，都流出一首赞歌……"清风吹拂，激起了心中的碧浪轻波；歌声嘹亮，我们的激情永不干涸。

为了庆祝中华人民共和国成立70周年，2019年9月29日，在北京林业大学校园广场上，2000多名师生齐聚，开展"我和我的祖国"大型快闪活动，歌颂祖国火红辉煌的前程，用热烈的形式表达对祖国最衷心的祝愿。歌声悠扬，绿色学府激情咏唱祖国山河；红旗飘荡，北林学子爱国之心热烈似火。当那乐声响起，汪洋一片，浪卷涛涌，如洪如钟，那是藏不住的心底拳拳爱国心，洋洋洒洒，是抒不尽的胸中殷殷爱国情。何其有幸！能够在有限的人生中参加这一伟大的盛典，为了成为数十万游行群众中的一员，我已经记不清多少次深夜出发，凌晨归来，或是凌晨出发，下午归来，从门头沟到机场，从阅兵村到长安街，风尘仆仆满身疲惫地归来，却也不忘调侃一句"我们也是睡过长安街的人了"。然而这一切只能无声地进行，因为这一切的一切都必须高度保密，除了我们自己，没有人知道，那些在本该休息的时间，我们经历了什么，又付出了怎样的努力，于我而言，最难熬的是作息时间错乱，凌晨三四点需要打起精神，走过那灯火通明的长安街。而在艰苦的日子里，回忆最动人，在良乡机场训练的日子，深夜三点的星空真的很美，他们似乎也闪耀着明亮的双眼为我们加油打气；哪怕遇到恶劣的环境，身上的雨衣早已千疮百孔，但是没有一个人放弃，大家浑身湿漉漉的，但是这并没有浇灭我们的激情与活力，响亮的呼喊穿透厚厚的云层，"祖国万岁"响彻整个天空。

无论是烈日暴晒还是狂风暴雨，这一切的一切都是为了一个共同的目标，努力做一件事，那就是在10月1日这一天为我们伟大的祖国母亲庆生。"五星红旗迎风飘扬，胜利的歌声多么响亮……"当五星红旗缓缓升起的时候，心中的自豪感油然而生，我亲爱的祖国，你像一个伟大的母亲，呵护和哺育着我们，而我是你亿万儿女中的一员，我忠心地祝福你。五千年的蕴涵和积淀，七十年的扬弃和继承，一个东方巨人用自己的实力和努力对着世界不平等不公正说"不"，不管曾经的风吹雨打、饱经沧桑，千百次的历练造就了我们大中华的不卑不亢、不躁不惊，和平与发展是你的信条。我的祖国，你从历史悠久的远古走来，向着美好的未来奔去，就像歌中唱的"我为你骄傲，我为你自豪"。70年前的10月1日，亿万中国人民经过了艰苦卓绝的抗争和奋斗，终于迎来了我们的新天地，当毛泽东在城楼上用庄严而有力的声音向世界宣告"中华人民站起来了"，这也意味着一个沉寂了数十年的大国在东方崛起。我们老话常说"不蒸馒头争口气"，中国人的铮铮傲骨从未泯灭，我们靠着一口气，从不向任何困难低头，我们压不扁，折不弯，顶得住，吓不倒。这70年一路走来，我们用自己的成就打响了中华民族响亮的口号，用行动让世界见证，虽然我们曾经饱受伤害，但仍然笑看这个世界，我们看到了一个蓬勃发展的中国。70年，弹指一挥间，但也正是这短短的70年，中华民族迎来了从站起来、富起来到强起来的伟大飞跃。

祖国，我的母亲，在这70年诞辰之际，数百年的历史似乎凝聚成一个缩影，千言万语也诉说不完我对您的爱，表达不完我的情，我很幸运，也很骄傲，我代表着千千万万中华儿女，在这一天为您庆生，大声地喊出："我爱你，我的祖国，祖国万岁"。先烈们用热血为我们创造出了今天的美好生活，我们也将把科学、理性、进步作为自己前进的目标，用高尚的品德、优异的成绩回报祖国，用中华儿女的豪气与龙的传人的胆魄融进自己的青春，献出我对伟大祖国的智慧和爱。

我们也真正将承载着北林人的"替山河装成锦绣，把国土绘成丹青"的绿色誓言，和门头沟组成的"绿水青山"方阵走进了全中国的视野，我们因是北林人而自豪，北林也因为我们而自豪。我们要让鲜红的五星红旗迎风飘扬，屹立不倒，在这红旗下宣誓，巍巍高山，浩瀚江海，愿以梦为马不负韶华！一生一次，一生难忘，一生一次，一生荣耀！

致校党委书记王洪元老师的一封信

尊敬的王书记：

您好！感谢您对服务和保障国庆活动宣讲团工作的指导与支持，感谢您对宣讲团全体成员的关心关怀与鼓励！

时光飞逝，距宣讲团正式成立已过去两个月了。从十里长街到革命圣地，从绿色学府到科右前旗，宣讲团共开展校内外集中宣讲19场、座谈交流等7场，直接覆盖中小学及高校师生、党政干部、林业系统工作者等共计6500余人。我们将庆祝活动所激发的精气神和正能量传播给大家，把时代青年的昂扬斗志、报国理想展现给大家，把"我与我的祖国，一刻也不能分割"的幸福与快乐传递给大家。人民网、澎湃新闻、凤凰网、中国大学生在线、中国高校之窗、江西新闻、江西日报、江西教育网等17家主流媒体对我们进行了专门报道。

回想宣讲团成立之初，我们既兴奋又忐忑。为了完成这个重要政治任务，不辜负领导、老师们的期待，我们把国庆活动沉淀下的宝贵精神财富凝练和升华在宣讲的筹备中，全力以赴、追求卓越。我们仔细阅读上千篇志愿者日记，生怕错过任何一个感人的细节；一次又一次将主题与内容推翻重来，在不断自我否定中升华宣讲的思想内涵；来自专业老师的演讲技巧、PPT美化、仪容仪表等培训持续几个通宵；近十次面向不同群体试讲，如饥似渴地记录听众们的建议……我们深知此次宣讲是学校交予我们的光荣使命，更明白我们8位宣讲员讲述的是2364名全体参训师生对祖国深深的爱。

最难忘的，是您给我们亲切的关怀和鼓励。还记得校内首场宣讲会后，您亲自给我们逐一指导；还记得第一次离开学校奔赴江西，您亲自带队，在宣讲前给我们鼓励、结束后给我们肯定，还在百忙中亲自为我们考察江西省林草局宣讲场地、关怀宣讲事宜；还记得返校后，您又为我们搭建平台，把宣讲的故事带到科右前旗……这一幕幕，成为我们前行的不竭动力！

在反复宣讲中，我们每名宣讲员身上也产生了奇妙的化学反应。我们被一个个爱国故事感动，更加坚定了跟党走的理想信念；我们被观众真切的反应所感染，更加理解中国人民对祖国的赤诚之心；我们更加从容、自信、笃定，也更明白了肩头的责任。

宣讲已经告一段落，我们都回到了各自的学习工作岗位，但宣讲带给我们每个人的影响仍在继续。面对未来征程，我们会更加坚定理想信念，扎实学好专业知识、全面提升综合能力，立志做为青春代言、为祖国奉献、为时代赋能的社会主义建设者和接班人！

祝王书记新年快乐！祝福北林的明天更美好！

服务和保障国庆70周年庆祝活动宣讲团

刘国庆 李晖 杨梦琪 何雅娴

曾祎明 任宝 李世鑫 李佳璟

2019年12月30日

04

青春摘录

三个月，我看过阅兵村美丽的星光、长安街璀璨的灯火，当然最动人的，还是我们的歌声。我深切体会到了集体的温暖、集体力量的强大、祖国母亲的伟大，也感受学习到了许多品质：对自己严格要求、自强自立、勤奋认真，对待任务一丝不苟、热情盈盈、充满干劲……

——广场合唱志愿者 女高音中队 缪宜轩

十年前我羡慕阅兵现场的人们，十年后我成了活动的参与者。这三个月认识了好多可爱的朋友，我们一起被歌曲"洗脑"，一起吃着不怎么好吃的餐包，一起在天安门夜跑和熬夜。这所有的所有都将是我很美好很美好的回忆。十年后的我不知在哪里，但2019年10月1号的我就在中国，在北京，在天安门，与无数中国人一起为祖国母亲庆生。

——广场合唱志愿者 女高音中队 周雅璇

不管是吐槽不完的《快乐星球》（少儿剧剧名），还是荧光棒的北林绿；不管是《我和我的祖国》快闪，还是在各种镜头中找寻自己的身影；不管是第二乐章圈中跳的现代舞，还是那不停删减更改的队形动作……所有的一切，都呈现在2019年10月1日的天安门联欢之夜。当烟花点燃天安门前的万里夜空，点燃了一代青年人最单纯炽热的赤诚，这样震撼人心，这样思绪纷涌，无从宣泄，只泪盈睫。

——群众联欢志愿者 四班 吴柯薇

七十年沐雨栉风，七十年风雨兼程，我有幸成为"绿水青山"方阵的一员，但是百日训练，无悔青春！作为新青年的我们，带着满腔热血，我们将共同谱写新中国新时代的美好篇章。

——群众游行志愿者 第十九中队 罗颖

我们踏着耳熟能详的乐曲，开始了属于我们的"战斗"，最后一次从天安门走过，我们紧张又时刻保持警惕，不断关注自己的站位，向全国人民展现出绿水青山的美丽画卷。一个椭圆形的湖面环绕青山，层层浪花碧波荡漾，活泼的白鳍豚在水中游戏，朱鹮和小蝴蝶迎风飞翔，这不仅仅是绿水青山方阵的深刻含义，更是每一位生态建设者的毕生追求。

——群众游行志愿者 第二十五中队 李艺欣

　　　　　　　现在我能记得的
　　　　　　　是我曾经看过
　　　　　　　最美丽的烟花
　　　　　　　绽放在庄严的城楼上空
　　　　　　　感动着每个热血澎湃的灵魂

　　　　　　　犹记严格漫长的安检
　　　　　　　堆积成山的餐包
　　　　　　　队伍冗长的厕所门口
　　　　　　　密封条内的闪烁荧光
　　　　　　　明亮宏伟的天安门广场

　　　　　　　记忆中那一列不停站的地铁
　　　　　　　拥挤着困倦疲乏的学生
　　　　　　　霓虹灯上放射出来的光线
　　　　　　　大巴车上回校的入梦少年
　　　　　　　那是我们曾经走过的步履阑珊

——群众联欢志愿者 三班 吴丹咏

　　最令我感动的莫过于国庆联欢活动中烟花绽开的那一刻——硕大的"70"就璀璨绽放在我眼前。在温暖的火光里，我仿佛看见了过去十数年间发生在祖国大地上的沧桑巨变，那些被柴米油盐的平淡生活掩藏的恢弘壮丽的万象更迭，刹那间，我的眼眶盈满了热泪。白驹穿隙而过，我会始终将这段经历铭记于心，怀揣热忱去追逐梦想，继续前行。

——观礼志愿者 观礼中队 马贤惠

我只是这场盛会中小小的一员，在场的也只是为美丽中国而奋斗的小小的一部分，就是这无数个小小的"我"，每一个在奋斗着的平凡而又伟大的中华儿女，成就了今日富强的中国，也将继续成就未来更加辉煌的中国！

——观礼志愿者 观礼中队 李鑫遥

人生能有几个十年，我们又有多少次机会能参与这样的活动，这是我第一次参与庆祝祖国生日的大型活动（而且是在天安门前），也许也是我最后一次参与这样的活动了吧！就算以后有机会参与，也绝不会是以大学生的身份参与了。这将是我一生难忘、一生自豪的事。

——群众联欢志愿者 五班 韦宝兵

要问我们累不累？我们回答，身体上的疲乏早已被一颗激动的心冲淡。国庆那天，不知道有多少同学们和我一样，嗓子都喊哑了。有人总比自己辛苦，所以我们不会觉得有多累。现在同学们也会互相调侃道：我也是在天安门广场前"蹦过迪"的人了。所以，我们的付出值当！

——群众联欢志愿者 七班 薛舒苋

我们只是万千联欢志愿者中小小的一分子，在我们身后，仍有更多的人为支持我们而默默付出着。老师们加班加点，凌晨参加方阵彩排后又马不停蹄地带我们出发，只为确保我们的行程一路顺利；食堂的师傅们兢兢业业，为我们提供了有力的就餐保障，即使是晚上十一点多，也为我们准备了丰盛的宵夜和刚出锅的馄饨，倍感温馨，他们都是我们身边的榜样，是最可爱的人。如果奇迹有颜色，那一定是——中国红！

——群众联欢志愿者 四班 齐子薇

在阅兵时，当受阅部队喊响"为人民服务"时，我的心受到了极大的触动，因为，这正是我在党课上频频听到的一句话，这正是中国共产党的宗旨。在唱响"请你检阅，亲爱的祖国，请你检阅，伟大的党，请你检阅，英雄的人民"时，一种使命在肩的责任感自我心底油然而生。我明白，国家呵护着我们，我们也守护着国家，中国，在党与人民的共同努力建设下，必将愈发强大，党与人民，在祖国的支持下，必将以挺拔的身姿，立于世界的大舞台上。

——广场合唱志愿者 男高音中队 黄宇鹏

最后的通宵已然有点麻木，明明近在升旗台边，从听到象征庆祝大会开始的钟声与礼炮声响起开始，瞬间清醒了一点。东风驶过，大地震颤，"捍卫民族尊严"的解说词在心中回荡，歼击机掠过在天安门投下影子，头顶感受到阵阵风浪。群众游行开始后，每一首歌都以从未有的全力去演唱，几次热泪盈眶。最难忘是临近结束时身后传来的欢呼伴随那七万只和平鸽和色彩斑斓的气球……

——广场合唱志愿者 女高音中队 杨雨婕

最令我感动的不单单是辛苦训练的同学们，更是那些在我们背后无数次默默奉献的后勤人员，仍记得食堂叔叔阿姨早起忙碌一天给我盛菜，叮嘱我"多吃点"；仍记得每次晚训后浴室阿姨疲惫的笑容，关心我"早点休息"；仍记得每次天安门合练后身穿黄色马夹清洁人员的背影，"练完了"那一声问候；仍记得警察叔叔，仍记得大巴司机，仍记得导演们，仍记得团委老师们，仍记得，仍记得……这个完美盛宴的背后，有太多太多触动心底的感动，更有太多太多这一辈子都会将之埋在心中的美好回忆。

——群众联欢志愿者 三班 刘美含

联欢当天在天安门的表演，每一个区块都是一个完整的表演，是所有人训练了两三个月，共同完成的一个长达一百二十多分钟的表演。大概我很久以后也会记得那无比热烈而又盛大的场面，我们是其中一个个的光点，没人纠结谁做最亮的那颗，却执着于每一颗都要发光。

——群众联欢志愿者 三班 张一扬

最令我骄傲的是东风导弹的受阅。东风系列，大国重器，DF-17、

DF-100等，还有DF-41压轴出场，这更是展现了我党我军的强大实力，也为自己曾是火箭军的一员感到自豪！

——观礼志愿者 观礼中队 隗航

从天安门走过来到上车我们要走很长一段路，这一路上，我们和沿路的志愿者、警察、消防员、军人打着招呼，互诉辛苦。我不后悔辛苦了这几个月，这将是我一生珍藏的回忆。作为新的一代，我们必将接过时代的大旗，不忘初心、牢记使命，继续奋斗！

——群众游行志愿者 第二十五中队 张为一

到现在，我犹记得我们校内训练时导演的一句话："五百个人一起蹲下，一起举手，都是一件很壮观的事情。"我觉得这句话的关键是"一起"，我们要一起做一件事。那是因为我们有同样一份爱国的热情，同样一份愿意为祖国奉献自己的决心。

——群众联欢志愿者 五班 周晓红

那一刻，我眼睛里照映的是长安街烟花衬起的五星红旗，眼眶含着的是为这盛世来之不易的热泪，喉咙里欢呼的是为这新中国激动不已的兴奋，胸腔里跳动的是生而为中国人自豪骄傲的中国心。我相信，在场的几十万人和我一样，从没想过自己爱这个国家能爱得这么赤诚与不加掩饰。14亿，聚是一团火，散是满天星。

——群众联欢志愿者 四班 刘书言

党员这个身份所涵盖的责任、党组织的精神力凝聚力、国家的发展奋进给了我动力。我们没有经历过民族和国家风雨飘摇、艰难困苦的时代，而是生于和平盛世年。我不想错过每一个建设家国、每一个见证发展的时刻，虽是小我，可是参与奉献于其中，大我之使然。这份属于国家的归属也必将是我一生的使命责任，感怀与爱。愿贡献小我，建设大我，建设家国，期待与每一个十年更好相逢！

——群众游行志愿者 第十中队 顾菁

那是吃着丽华餐包的日子

那是晚上出发早晨回来的日子

那是在天安门广场上赏月的日子

那是在华灯初上的长安街上奔跑的日子

那会是我这一生中刻骨铭心、熠熠生辉的日子

是一段永不磨灭的记忆！

中华人民共和国成立70周年大会——广场合唱——西区2103

圆满完成任务！向祖国报到！

——广场合唱志愿者 女高音中队 韩书悦

我不会忘记出征仪式上用我们两千多人的名字排列而成的"祖国万岁"，不会忘记那趟专门为我们而开的地铁专列，不会忘记长安街上那一张张北林的地贴，不会忘记千千万万为我们服务的警察和志愿者们，更不会忘记习总书记在联欢当晚向我们挥手的慈祥模样。

属于我们的还有很多个"不会忘记"，这些都将是我今生永远铭记的时刻。

——群众联欢志愿者 三班 田昌园

参与完整个活动，心中的激动之情久久回荡。放眼整个世界，唯有中华民族才有胆量、有能力、有实力做出这样隆重的庆祝大典。我们同样可以感受到爱国思想已经深入每个国人的内心，民族意识日益强烈，中国特色社会主义道路自信、理论自信、制度自信、文化自信已经在中华大地上茁壮成长。

——彩车志愿者 彩车中队 孙晓宇

在活动中，我们一起熬夜、一起玩过、一起笑过、一起坐在长安街上吃着夹着咸菜火腿的面包，喝着橙汁、桃汁一起挥着荧光棒摇着花环，唱着红歌，欢跃在长安街上，一起赏过多年来未出现在北京夜空的焰火表演，为习大大的亲临现场而欢呼呐喊……经历的这一切，都将一直被印刻在那最珍贵的记忆中。

——群众联欢志愿者 七班 胡昊哲

我们队的志愿者分成不同的小组，有在地铁内部引导的，也有在安检进出口引导的，而我归属于18人组，负责站在7号安检口前引导游行群众有序排队进行安检，平衡各安检口的人流。这看起来是一件小事，但要保证每一个方阵都在规定时间内到达指定地点，就必须要求我们引导每一个人花最少的时间完成安检。这就是我们的工作，渺小而伟大！

——外围志愿者 外围中队 何慕

在我所服务的代表中，有一位是澳门东南学校的老师。她来到长城饭店之后，就主动要求和我们的志愿者合照，并且还给我们带了东南学校学生自己手工做的校徽。她告诉我说，她要把这几天的经历都拍下来，拿回去给她的学生看，让她的学生都知道，内地的青年人是怎么度过国庆节的。即使不曾相见，但我们都流着中国血，我们都是中国人！

——彩车志愿者 彩车中队 张仪辉

这三个月，磨练了我的意志，让我懂得了坚持所带来的收获，还收获了一群有趣的朋友。三个月的训练，数十次的排练，有阳光也有风雨，有澎湃之情也有报国之志，最后都凝结在天安门前走过的166秒里，也将融在我们往后生命里的每一分、每一秒。

"绿水青山，是我们的使命。"

——群众游行志愿者 第二十一中队 梁艺盈

群众游行开始后，每一首歌都倾尽全力去表演，好几次热泪盈眶都忍住继续歌唱，却在接近最后时，身后传来欢呼声，随着欢呼声一同从身后飞来的，便是那七万只和平鸽。望着散去的鸽子，蓝天中被气球包围的五星红旗，跑调又破音地歌唱，只想起三个月前的自己，做了一个多么美好的决定。

——广场合唱志愿者 男低音中队 张曦

祖国，我把我的整个灵魂都给你，连同它的平凡，庸俗不堪，忽明忽暗，一千八百种坏毛病。它真讨厌，但有一点好，爱你就像爱生命。长安街真的很长，长到我这么多次都没有走完过，但我曾在那里看过最美的夜空。

——群众联欢志愿者 四班 牛永烁

英雄的祖国，是我生长的地方，在这片古老的土地上，到处都有青春的力量。虽然三个月的经历结束了，但是我们的爱国热情永远不会结束！我是一个中国人，是广阔中国的一粒小小微尘，但是，我深深地爱着我的祖国，我那炽热的心和祖国无时无刻不在一起。

——群众联欢志愿者 五班 吴晓维

在最后一首《歌唱祖国》的时候，看到空中放飞的白鸽和彩色的气球，心中涌起感动的情绪。看到花车上的女排队员，想到了她们为祖国献礼的十连胜，继而想到了我们这么多人，为了伟大的祖国，齐聚在长安街上，给她庆生。这样盛大的场景，我能够亲身体会，何其有幸。

——广场合唱志愿者 女高音声部 姚雨欣

我记得那日大雨倾盆，我们在雨棚下等着，等着雨稍稍小了一些，我们又开始进行队形的训练开始动作的训练，眼镜被雨水模糊了，没事，摘掉继续训练；雨衣破了衣服全部湿了，没事，夏天湿了也不冷继续训练；鞋子里面全是水，脚都泡皱了，没事，回去休息休息就好了继续训练……

——群众游行志愿者 第二十六中队 张健

不曾想过会有这样一天，在天安门广场中央表演区唱响祖国的伟大盛世；不曾想过会有这样一天，在五星红旗绚丽的身影下见证祖国强大的军事实力；不曾想过会有这样一天，在北京城中心"活捉"一枚《中国日报》的小哥来帮我们拍照；不曾想过会有这样一天，当唱起《我和我的祖国》的时候竟然热泪盈眶；不曾想过会有这样一天，在离开天安门广场的路上，迎来全城欢送的目光。三个月的训练，每次都能有不一样的收获；一百天的努力，换来的一生无憾；一次正确的抉择，带来的是无悔的人生。

——广场合唱志愿者 男高音中队 张同庆

也许再也不会有什么事情使我们像正式上岗那天一样凌晨一点顶着星月出发，清晨七点踏着朝晖而归。2019年10月1日，当我们望着远方的太阳缓缓升起，我们眼前的光、心中的光越来越亮，我们嘴角的笑容也不曾停滞，因为这一天是我们亲爱的祖国母亲70岁生日。我们的工作不像方阵游行一样轰轰烈烈，也并不是默默无闻，70周年庆典这个动人故事值得我们诉说千万遍，这份意义值得我们铭记一生。

——外围志愿者 外围中队 王峥

北京湛蓝的天空，浮着朵朵白云，白云下面是庄严肃穆的天安门。习总书记注视着国旗、党旗、军旗，随后向各方阵中的战士们问好，战士们响亮雄浑的回答，一下下撞进我的心里。七十年前，我们经济落后、军事落后、科技落后，但如今已经发生了天翻地覆的变化。让我祝福你，我的祖国，愿您永远年轻，如红日初升，来日方长！

——群众联欢志愿者 七班 赵明艺

几天下来，嗓子哑了，膝盖也肿得厉害，但是我们始终都没有缺勤，共同在风雨中走过；中午炎热的太阳、雨中泥泞的道路、傍晚蚊虫的叮咬，这些并没有阻止或减少大家的热情和对祖国母亲的爱，我们众志成城，齐心协力，在彼此的鼓励中我们痛苦并快乐地走过每一天。这段难忘的日子让我们深知：我们是一个整体，需要紧密地团结在一起，集体的凝聚力，祖国的发展，民族的强大，就是要从这一点一滴的小事做起！

——群众联欢志愿者 五班 高家乐

大概以后再也不会有这样的日子，听到唱完歌之后军乐团的掌声觉得自己好厉害，暗自开心很久；在阅兵村回学校的路上和军乐团互相挥手很久还没够，非得偷偷地看路边的兵哥哥；餐包里各种小零食换着样地吃，路过的简易厕所每一种都要尝试个遍，凌晨的大巴车上尝试各样睡姿；看到自己学校的"绿水青山"方阵走过时扒头看朱鹮翅膀扑腾得快不快；气球飞过很久还在找天空中的小白点……

——广场合唱志愿者 女低音中队 冯雅雯

为了方便参演人员通行，地铁站出口的自行车道设置了禁止通行的路障，自行车、电动车、行人在两旁不耐烦地等待着。

"国庆快乐！祖国万岁！"一只只欢快的手举到空中等待着回应。

"前面怎么回事，是封路了吗？"等来的不过是行人们交头接耳的话语。

他们知道今天是国庆吗？他们知道这些孩子的兴奋吗？

他们不知道。

但这群孩子的热情丝毫没有减少，因为他们为自己承担的这份使命而骄傲。

——群众联欢志愿者 一班 马骏

临行前，我爸妈叮嘱道："你从小到大在舞台上表演了无数次了，这次有多重要，你比我们都清楚，排练了这么久，好好享受就是了。"国庆当天，我们三千人的完美演绎直到现在回想起来，那普天同庆的梦幻场景依然历历在目。

——广场合唱志愿者 男高音中队 李潇

从暑期深夜的彩排到十一的现场，我们赶过首班的地铁，看过夜晚的长安街，站过连续几小时的岗，身处最默默无闻的岗位，所有的观礼志愿者都付出了最大的努力，做好国庆活动中一个小小的螺丝钉。我们身在幕后，负责维持着观礼台的秩序，引导观礼台嘉宾的入座，搀扶不方便行动的老人，熟记附近的洗手间、饮水点、急救点、地铁站、疏散路线，以求保证进场退场有序，为当天的嘉宾提供最好的服务。我是一名人民大会堂北侧观礼台志愿者，我向祖国致敬，为祖国骄傲。

——观礼志愿者 观礼中队 董雨

三个月里我收获了一段不一样的友谊。我们一起在无数个凌晨互相叫醒对方出门排练，我们一起感叹军乐团演奏的震撼人心，我们一起在凌晨四点的北京街道坐在马扎上嬉戏打闹，我们一起在长安街上瑟瑟发抖赏一整晚的月亮，我们一起感叹祖国的强大，一起用最真挚、最嘹亮的歌声表达对祖国的热爱，我们一起把人民过上美好生活的幸福唱给祖国听！

——广场合唱志愿者 女低音中队 詹靓

我们就像从乡下进城的孩子，瞪大眼睛感受着一切。我们去了闻所未闻的阅兵村，在那片山脚下完成了前期的彩排工作；我们睡过深夜2点长安街的大地，躺在地上头被硌着疼却依旧感到开心；我们坐过很多次地铁专列，轰鸣的地铁声在耳边嗡嗡，整片的蓝色在眼前熠熠。就这样，我们度过了很多个夜晚，与月色相约，与星星为伴。在那些午夜的时刻，我们每个人在陌生的长安街上，满心虔诚。

——群众联欢志愿者 七班 杨靖渊

合练阶段一起坐公交，大家从学习聊到闲暇娱乐，整个车厢总是充满着欢快和谐的氛围；一起挤地铁，累到靠在对方身上保持平衡；一起睡马路、一起玩"狼人杀"……一起走过不同寻常的三个月。我的青春是国的青春，国的梦想是我的梦想。我将以薄弱之力、微弱之光献于国的方向，知山知水，树木树人，以此一生，生生不息。

——群众游行志愿者 第十九中队 王柳琴

亲眼所见，这繁华盛世来之不易，是无数战士牺牲自己的生命创立起来的，是无数中华民族的儿女们奋斗一生建设起来的。这对于我们青年人来说，是一种责任，祖国的美好未来需要我们新鲜的血液；是一种压力，紧逼着我们不断向前向上发展；是一种爱，我们努力着也享受着这盛世带给我们的幸福。所以，青年人们，站起来，挺直腰板，往更美好的未来出发，为我们祖国的未来创造出不一样的色彩。

——观礼志愿者 观礼中队 范嘉霖

训练结束了，国庆节过去了，但脑子里这种训练仿佛已经变成了一种习惯，空闲的时候总会有服从指令去训练的无限憧憬。我很开心，为期三个月的高压训练，我竟然毫无怨言地坚持下来了，并且也为有这个经历而骄傲，心里总在想起"替山河装成锦绣，把国土绘成丹青"这个关于生态的绿色誓言，我为作为北林人而骄傲。

——群众游行志愿者 第二十五中队 马秀萍

虽因为保密要求不能给亲人朋友透露我去干什么了，但当他们问起来，我都会特别自豪地说一句："向祖国报到！"我不后悔参加这个活动，还经常感慨自己是何其幸运，能够刚好在祖国母亲70岁的时候来到首都北京读书。

——群众联欢志愿者 五班 陈威丞

热爱自己的祖国是一件理所应当的事情，表达对祖国的爱意也是一件极其自然的事情。我的国家如今蒸蒸日上，生活也变得更加美好，昌盛繁荣在七十周年庆祝活动中得到了很好的展现。作为参与者，这份珍贵的记忆将会被我铭记一生。

——观礼志愿者 观礼中队 郭晓婕

有的人说互联网时代足不出户也可以知晓天下事，我觉得这么说是错误的。有些事不亲身体会是绝对感触不到那种震撼的。我们经历过一段凌晨出发在车上睡三四个小时的生活，数着天上的星星，或在地上坐等朝霞，迎接第一缕曙光。在长安街彩排的过程辛苦却美好，三五成群地在地上睡倒一片，冷得不行了就抱团取暖。敢在长安街上压马路的就只有我们这些游行群众了吧。从下午五点一直熬到凌晨五点，从东单走到西单，路过北京饭店和天安门城楼，无数的灯光都在为我们闪耀。

——群众游行志愿者 第二十一中队 周玥琪

我爱祖国，有多爱呢？我愿意付出我的所有，没有人可以质疑我的这句诺言，因为我用三个月的时间证明了它，我在天安门广场上证明了它。

祖国的生日，在我和朋友们的干杯和呐喊中过去了。

——群众联欢志愿者 五班 刘涛

当全体起立奏唱国歌时，当合唱《我爱你中国》各省彩车经过时，我热泪盈眶。每次鼻酸，我都会忍忍，再接着合唱。到了最后，当满天的气球飞过我的头顶，身后的观众与我们一同歌唱祖国之时，我忍不住了。用尽自己所有的力气，带着哭腔并且破音地歌唱，心中感慨万千。

——广场合唱志愿者 男低音中队 李玖德

烟火晚会结束的那一刻，大家都没有停下联欢的意思，也许是希望这份快乐能够持久一点，再跟所有人都打一次招呼，好好告别，这里没有任何隔阂，不存在任何尴尬，只有欢乐与热情。

——群众联欢志愿者 七班 任思雨

我没有机会成为军人,将全身心奉献给维护祖国大地和平;我没有机会成为警察,为祖国维护法治社会的平安,惩恶扬善;我没有能力成为像航天科工一样的人,为祖国的航天事业奋斗……

但是这次联欢活动,让我有机会参与到祖国的活动中。我们拥有最好的祖国,希望自己以后更加努力奋斗,成为更好的我们,有能力为建设更强大的祖国贡献出我的一份力。

——群众联欢志愿者 一班 孙佳诺

话说上次看星星是在2018年的12月,特意找了一个夜晚没有一点灯光的乡村,铺了一块防潮垫就躺在上面,看流星。经历了这个不一样的九月,那条在印象里只能走车的长安街,第一次在我的眼前站满了人,轻轻触碰地面,只被地面的干净与温暖所惊讶,轻轻地躺在地面上,眼前的夜空竟然没有被周围的灯光影响丝毫,伸出手想要拥抱这个夜空,抱住了自己,抱住了一颗爱国心,眼前竟是漫天五星闪耀。

——群众联欢志愿者 四班 刘源

国庆结束后与爷爷一起吃饭,看到他努力寻找我的身影的样子非常可爱,整场阅兵下来,一向不轻易表露自己心声的他不由得感叹了一句,真好。可能作为老一辈人的他们才能更加深切地体会到这几十年来的变化,从贫穷走向富裕,共和国一路走来,太多困难,太多心酸,这美丽的祖国,更需要我们用我们的双手去建设。

——广场合唱志愿者 男低音中队 耿鑫智

那段乐调、那段旋律、那段记忆,不论何时想起抑或听见,还是会情不自禁地心潮澎湃,热泪盈眶。每当陪伴了我们100天的舞曲不论何时何处响起,便仿佛时光倒流,我又置身于那段训练的时光之中,那段辛苦又快乐的日子。

下次邂逅,联欢志愿者独属的接头暗号便是轻轻哼起那段熟悉的舞曲。

——群众联欢志愿者 一班 任紫娴

我会记得每次围圆时候大家的欢呼，记得新食堂窗外的落日，记得台头村湛蓝的天空，记得天安门的烟花和西边钟楼上的钟表，当然，最不会忘记的就是你们。

——群众联欢志愿者 七班 王衍

今年的国庆节，我对国家的情感从未像现在这样强烈、透彻，2019年10月1日，这个将载入史册的日子，会深刻记忆在我的心里。中国，这是铭刻在我的骨子里的名字，再过三十年，等到百年大庆时，我很期待到那时我们的祖国又将是怎样的一番景象。

——广场合唱志愿者 男高音中队 许钧泽

我们笔直地站在军乐团身后放声高歌，为祖国唱响一首又一首或激情或柔美的歌曲，向祖国诉说我们心中汹涌澎湃的爱国之情。从群众游行开始一直唱到结束，每个人都不止一次因感动而落泪和哽咽，当和平鸽在广场上空飞翔时，大家泪流满面又带着笑容，唱起《歌唱祖国》，为祖国母亲送上最真挚的生日祝福。

——广场合唱志愿者 女高音中队 龙鉴

我虽然还没有入党，但是在这一刻，我下定决心要为国家复兴做出自己的一点贡献，要让中国永远屹立在世界前沿！要让全世界都看到中国的伟大！不能让70年前的开国英雄们失望！

——广场合唱志愿者 女高音中队 刘枚燚

自然，我窥得见那些辛劳。一遍遍练习排演，从夏日的炎热到秋日的微凉。我们这500人，谁没有为训练流过汗，没有为此放弃学习和休息的时间？而全国数以亿万计的国庆活动工作者，不敢想象付出了多少心力。言"窥"，是因为我能看到的，不过是那一切的千万分之一罢了。

——群众联欢志愿者 三班 刘紫泓

当十月一日站在国旗杆下，唱着国歌，想到先辈们为我们当代青年创造下的环境，不禁热泪盈眶。当站在长安街对面，唱着"我爱你中国"，看见代表各个省市的彩车从面前路过，不禁潸然泪下，我爱我的家乡，更爱我的祖国。

——广场合唱志愿者 男低音中队 闫宇山

从升国旗到放飞气球，整个过程中我多次泪目。当整个庆祝活动真正结束的时候，我总觉得下一周还会接着训练，还会有不能用手机与外界失联的时候，隔壁学校一起聊得很愉快的人也会再次见面……

——广场合唱志愿者 女高音中队 杨天一

满载着老兵的彩车从远处缓缓驶来，那些虽是白发苍苍却依然精神矍铄的老人，从他们坚毅的脸庞就能看出他们心中坚定的信仰和一生为国的豪情，当他们举起手敬礼之时，仅仅一瞬间，我就感动地不能自已。而唯一能够将他们同我们联系起来的，是一种血肉相连的同胞之情，是一种早已深入骨髓的民族情怀。它源自另一种不能被华丽的辞藻修饰，甚至无法用言语来描述的东西，那便是爱国情怀。

——群众游行志愿者 第二十一中队 吴思凡

活动开始时，所有人都全身心投入其中，以热情拥抱青春。编导们十分可爱，训练时严肃认真，休息时又同我们开玩笑，这也是最真实的他们。随着时间的推移，大家或多或少出现了疲惫心理，编导不但没有责怪我们，甚至更加鼓励大家，为同一个目标努力奋斗。最后一次在天安门前表演完，大家都松了一口气，这是长达三个月的心血得到最美的展示，每个小小的梦最后终会汇聚成中国梦！

——群众联欢志愿者 六班 汤崙猗

三个月，牺牲假期，牺牲自由的时间，绝对保密，风雨无阻。累吗？苦吗？值得吗？在十月一日晚上，在习主席携铿锵顿挫的华章大步流星地走向天安门城楼的最高点时，对国家、对民族感到自豪流下的泪水像泉涌一般止不住，那便是我们最好的回答。

今生不悔入华夏，来世还生种花家。

——群众联欢志愿者 五班 刘庆一

感受到的震撼是一层一层的，第一层应该是新清华学堂六个学校合唱所有歌曲，伴着礼堂的混响，唱到有点缺氧又迷幻地享受。第二层是在中传，三千人首次在操场上合唱，唱得居民楼里的人们忍不住开窗围观。第三层是在军乐团驻地，军事化管理加一分钟集合完毕的军乐团令人震撼。第四层应该是阅兵村，几千辆大客车一字排开，第一次与学校的方阵会师，第一次见到真的导弹、坦克、"东风快递"（指东风系列导弹），感觉极度震撼。第五层就是后来夜里上天安门的彩排，光是夜晚的灯效和看两边大屏幕上的实时直播就让人昼夜颠倒地紧张兴奋。第六层就是十一当天。

——广场合唱志愿者 女低音中队 胡思维

我似乎看到饱受外敌侵略的北平弥漫着战火硝烟，人们流离失所，食不果腹，瘦削的解放军战士们咬牙顶着外敌的炮火奋勇前进；而后，礼炮声中逐渐传来仪仗队整齐的步伐声，至此，我惶恐的内心才感到一种莫名的安宁——万籁俱寂的天安门城楼下空荡的炮响提醒着我居安思危，如今中国的富强安定是用人民解放军的汗血铁骨换来的。

——广场合唱志愿者 女低音中队 廖婉钧

我印象深刻，那天，在一两点的深夜，虽然我们所坐的台上几乎没有几个人，虽然大家可能都要对抗难以忍受的困意以及寒意，但是他们在经过我们的时候依然激动地挥旗呐喊。我想，这可能就是祖国，亦是人民最伟大的地方吧。那样的真挚的热情、那样的多姿多彩、那样的团结一致，这样的祖国，足以照亮一切。

——观礼志愿者 观礼中队 张子雁

当天夜里，我们早早地守在惠新西街北口的地铁站，它就在我们的注视下迎来了新一天的太阳。送走了一个又一个来自各个学校方阵的同学，当我回到学校观看国庆阅兵直播的那一刻，想到我也是参与到此次活动的一员，我同样也贡献了属于自己的一份力量，便深深地感受到自己与国家骨肉相连。

——外围志愿者 外围中队 许琛

训练过程虽然艰辛，但是当一辆辆装甲车和彩车从眼前开过，我们激动地向他们挥手时，当一架架飞机从我们头顶飞过，留下一道道彩烟时，当我们汇合包夹沿着长安街前进时，当我们来到天安门前向着主席的方向挥手时，之前一切的付出都是值得的，所有的汗水和疲惫化为乌有，取而代之的是欢呼和激动。

——群众游行志愿者 第十二中队 杨雨晨

少年兴则国兴，少年强则国强。我们有着这样一个美好而舒适的环境，接受着良好的教育，就应当对得起祖国母亲的厚爱，要增强爱国情感和承担振兴祖国的责任感，树立民族自尊心与自信心。为振兴中华而勤奋学习，明天为创造祖国辉煌的未来而贡献力量，将来成为一名对社会有用的人，以优异的成绩向祖国报到。

——群众联欢志愿者 七班 阿尔孜古丽·阿克玛力

印象最深刻的是一次阅兵村的合练，倾盆而下的大雨毫无预兆地降临，让我们措不及防。周围没有一个遮蔽物可以躲雨，只能任由寒冷的雨水淋在我们身上，这时，后勤保障工作人员急忙运来了雨衣。但发放雨衣的地点离我们方阵还有两三公里。于是，队伍中的几个男生主动请缨，在大雨中奔跑着，争分夺秒地为大家运输500件雨衣。当他们跑回队伍的时候，全身湿漉漉的，脸上流淌着雨水和汗水，但他们好像不知疲倦似的，急忙给大家发完雨衣后又迅速投入了训练。

——群众联欢志愿者 七班 刘杉杉

从来没觉得舞曲这么短，怎么就结束了呢？背着道具包，和相处了一月多的兄弟高校朋友挥手道别，或许未来某一天，在转角偶遇，还能笑着谈起我们的联欢记忆，那是属于我们独特的回忆。青春正当时，我遇见了一样盛年的中国，我愿伴着祖国一同成长，走向更加辉煌的未来。只要祖国需要，我永远都在！

——群众联欢志愿者 六班 黄婧

我们付出的又何止是这三十四天和一两百个小时，多少人为了训练没在暑假回过家，但每次与家里打电话，爸妈却都是满满的自豪与骄傲。不只是唱歌那么简单，后勤、服装、集散并不轻松，总期望着，早点到国庆，就可以不用这么辛苦训练了，可真的站到天安门前，却又是那么不舍。

——广场合唱志愿者 男低音中队 姜昊林

能够参与到"绿水青山"方阵是我这一生都引以为豪的事情，"绿水青山就是金山银山"，不仅是金句，更是中国最接地气的新发展理念。作为北京林业大学水土保持学院的学子，替山河装成锦绣，把国土绘成丹青是我们毕生的追求，我们把北林精神带进训练里，带到天安门前，十月一日我们北林学子在"绿水青山"方阵向祖国报到，今后我们将会在生态环保、水土保持等各个领域为祖国贡献绿水青山！真心地祝愿我们的祖国无水不清，无山不绿！

——群众游行志愿者 第二十六中队 孙梦雅

三周在校训练，三次清华大学六校合练，两次中国传媒大学、两次北京建筑大学全体合唱团合练，三次在军乐团驻地与军乐团合练，三次阅兵村训练，两次天安门全要素合练……每次排练结束，同学们的嗓子哑了、腿软了，但是同学们的热情却从未减少一分。大巴车上疲惫不堪的我们总是挂满了笑容，伴随着歌声互相鼓励，坚定信念。

——广场合唱志愿者 男高音中队 段飞宇

从全校近二百人中，成为最为幸运的那六十七分之一，在南侧观礼台岗位为国家和人民服务。工作空隙，和小伙伴一起在观礼台的后方观看阅兵仪式，看着一排排整整齐齐的方阵，真实地感受到祖国的伟大昌盛、繁荣富强。仰视天安门，觉得自己渺小、平凡而幸福。

——观礼志愿者 观礼中队 王予彤

当巨幅网幕国旗慢慢升起，当我们面向国旗高声齐唱《歌唱祖国》时，眼泪来得很突然，猝不及防。激动与感动交织的泪水滑过脸颊，我才更加深深地体会到，我和我的祖国，一刻也不能分割。

——群众联欢志愿者 四班 张广琪

置身演出现场的激动心情溢于言表，喜庆的节日氛围和强烈的民族自豪感令我永生难忘。回校后，再重新坐在学校里，我感觉自己身上肩负着一种国家的使命，我们要努力把国家建设得更好。

——群众联欢志愿者 五班 张可一

等待命令下发的过程中，我们"能屈能伸"，以天为被，以地为床，以道具为枕头，睡上十几分钟后，起来看机场上空的朝霞满天，千姿百态。直至中午，烈日炎炎，我们才隐身离去。数小时的训练走出了多少疲惫与汗水，我们依旧咬牙坚持着。我们朝着指挥台欢呼、对着彼此歌唱，我们以摘星的气势跳跃，用最饱满的热情做好我们该做的动作，不抱怨，默默坚持着回到车上，才彻底放松精神，安静入睡。

——群众游行志愿者 第一中队 石远善

16首歌，是我们的全部内容，也是我们的必要任务。开始的时候我还没有这么大的觉悟，但是当我进入军乐团驻地的时候，当一千名军乐团员集体演奏的时候，我明白了，这不只是一项名义上的"志愿活动"了，它是一项任务，而且是不允许失败的任务。我何德何能，能拥有联合军乐团作为我们的合唱伴奏，是这次活动，给了我这个机会，是它给了我全世界最硬核的伴奏团。

——广场合唱志愿者 男低音中队 张怀哲

祖国，我的母亲，在欢庆您诞辰70周年之际，我热血沸腾，思绪澎湃。70年间的种种变化让我感慨多多，而我感悟的只是千千万万国人生活中的一个小小缩影，千言万语道不尽对您的爱，表不尽对您的情。请允许我以共和国儿女的名义，真诚地道出14亿人民的共同心声："谢谢您，我的祖国！我爱您，中国！"

——外围志愿者 外围中队 周俊吉

去校外训练时，我很多次在火热的阳光下感到难以忍受，我曾想过逃避训练。但身边朋友们的坚持，激励着我绝不放弃。在联合军乐团的训练基地里，我感觉自己像一位年轻的军人，正磨砺着自己的心智和斗志。

——广场合唱志愿者 男高音中队 王昊宇

国庆是真的可以把人民的爱国精神发扬到最大且让这种精神传递给周围人甚至延伸很久的活动。作为70周年庆典——阅兵和群众游行的重要组成部分，成为国庆合唱的1/3000是我可以怀念一辈子的事。一生一次，一生难忘，一生光荣。我会永远记得祖国70华诞带给我的无上荣耀，愿山河无恙，国富兵强，祝我最爱的祖国生日快乐！

——广场合唱志愿者 女低音中队 邴天煦

我，是一名大学生，一名北京林业大学的学生。今年，我很荣幸能代表北京林业大学参加到国庆70周年的联欢活动中。自暑假开始的2个多月的时间，近百次训练及合练，多次动作和队形改变，虽然辛苦，但我们没有怨言，我们知道这是一件大事，一件一生难得一次的大事。

——群众联欢志愿者 五班 刘晏东

到了熟悉的位置，熟悉的面包火腿片，感觉30号的面包似乎更软一些，榨菜更香一些。夜里开始集结，地铁站的灯光足以照亮场地里的每一个人，没有那么黑暗。方阵人员穿戴整齐，穿上各色各样的表演服装。送走了最后一批人，东面的天变成粉红色了，又变成了红色，红得像国旗，也像我们那时的心。天逐渐地亮了起来，我们的国庆任务也就结束了，我们逆着那些兴奋的人群，逆着早起的车流回到了学校。我们可能没有在历史中留下浓墨重彩的一笔，但是我们确实在我们的人生中留下了一抹，足以让我们无悔的一抹中国红。

——外围志愿者 外围中队 陈昊楠

每一年的3月5日，我们学做雷锋，却无法感同身受雷锋同志的螺丝钉精神。这一次，我深切感受并时刻警醒：勿为小我而成就大我，服从组织和集体，在每一个看似平凡的岗位上兢兢业业，我们都是国庆盛典里小小的、不可或缺的"螺丝钉"。

——外围志愿者 外围中队 时宇宙

国庆假期已落幕，我们的生活也都回归正轨。没有了训练的劳累和欢乐，迎来了各种实验、理论课的认真与钻研。我回想这些日子，它确确实实给我留下了一些财富：团结、集体荣誉、昂扬、拼搏、咬牙坚持、放声欢笑。这是青春该有的模样。

——群众联欢志愿者　四班　杨潜泉

　　从第一次接触浩浩荡荡的联合军乐团合练，到在鹫峰第一次见到空军力量展示，再到第一次在阅兵村亲眼见到解放军整齐的步伐和大大小小的武器装备，我真正地感受到了国家的强大！虽然中华人民共和国成立70周年庆祝活动刚刚结束，我已经开始期待10年后，甚至100周年时的情景！

——广场合唱志愿者　男低音中队　阿拉萨

　　所有的活动就像是一个精致的机器，按照它原本的设定不断地运行着。而像我们这样的工作人员，则如同一个个精巧的齿轮，精确地啮合着彼此，没有一星半点的错误。也许你会觉得这很不可思议，但我想说这理所应当。因为，这背后是所有工作者长达一年的准备与努力。北野武说："虽然辛苦，我还是会喜欢那种滚烫的人生。"我也想说，虽然很累，但我还是会选择这种炽热滚烫的活动。

——彩车志愿者　彩车中队　郭宏利

　　我可以毫不犹豫地说，因为这次活动，我拥有了更强烈的责任感与使命感，随着训练时间的不断推进，我对祖国母亲的热爱也是与日俱增，曾经的我虽然知道因为有国家的保护，我们这一代人才能免受战火纷扰，专心于一切自己想做的事，但还未对祖国有如此强烈的情感，三个月的训练与演练让我看到了这个国家的繁荣、团结与坚持。

——群众联欢志愿者　五班　丁子萱

　　最令我难忘的一个瞬间是，当我们驶出长安街，仿佛不再是那个忙碌的工作日的北京了。很多普通市民发现了我们，看到国庆七十周年庆祝活动的车队，也给予我们肯定和感谢：有骑在爸爸肩上，举着写有"辛苦了"的A4纸的小男孩，有坐在出租车里惊喜地发现我们朝我们竖起大拇指的小情侣，也有在公交车站等车时朝我们挥手的白鬓老人。我们在车上格外感动，也朝他们挥手致谢。仿佛导演忘记关机，而意料之外给到的一个镜头，这个镜头拉得渐长渐模糊，里面没有谁是主角，而是因为爱国热情而牢牢联系在一起的群像。无论性别出身、年龄阅历或是职业爱好。这种天涯海角的联系存在于我们的红色基因之中，这种家国情怀的共鸣存在于我们的血脉传承之中。

——广场合唱志愿者 男高音中队 罗列

后来的两次大演练以及国庆正式表演，真真切切感受到国家强大的调动力和组织实力，将近30万人的调动、协调，严密组织，精确实施，全体参演人员热情洋溢，欢呼声不绝于耳。三句话余音绕梁至今：祖国万岁！祖国万岁！祖国万岁！

——群众联欢志愿者 五班 王麒臻

离别总是难过到心里，就好像有人在你的心里掏走了什么，总觉得心里空落落的，少了些什么。但是回想起来，又觉得它沉甸甸的，一打开回忆好像已经挤满了就要涌出来似的。这一次的活动给了我们友谊，给了我们与众不同的经历，懂得理想，学会珍惜。愿友谊永存，大家都能被生活以善良相待；愿多年后的那个你，还是这样清澈洁白，不改初心。

——群众联欢志愿者 七班 韦抒雁

近三个月的排练，无数次动作队形的修改，我们终于在10月1日晚上正式向祖国报到，当习主席出现在天安门城楼向我们挥手，当"70""新时代"字样的烟花出现在眼前，当"五星红旗你是我的骄傲"的歌声在天安门上空响起，眼眶的热泪一下子涌了出来，已经无法用任何语言来形容当时激动的心情，只有不停地挥动手中的荧光棒和卖力的歌唱，一同高呼：祖国万岁，我爱你中国！

——群众联欢志愿者 五班 田思萌

感恩有机会作为游行群众参与到70周年的大阅兵，尽管我吟不出大手笔作家们那般慷慨的诗词，也画不出那样声势浩大令人此生难忘的壮阔场景，但足以让我对这美丽强大而富饶的祖国更加热爱和珍惜！2019年，我在北京70周年国庆里汇入我的青春血液，愿这盛世绽放更美的中国光芒！

——群众游行志愿者 第三十中队 杨力

阅兵开始，当习总书记出现在城楼上的那一刻，一种自内心发出的自豪感油然而生，更多的也是激动，能够亲眼看见国家的领导人，这种经历光想想就令人心潮澎湃，虽然只是在城楼上看见了人影，但也足够令人骄傲！一辆辆坦克从前方经过，当东风系列导弹出来的时候，庞大的车队和震撼的军乐团配乐让人感到无比的激动，"东风快递，使命必达"，这句话所代表的含义，这句话的份量，是多么的重！

——广场合唱志愿者 男高音中队 许博

在这个夏季，我还收获了一份责任，祖国的强大激励着我们扛起当代青年的重任。一方沃土，养育一代青年，作为新时代的大学生，我们要深入学习习近平新时代特色社会主义思想，将其内化于心，外化于行。我们要用当代新青年的热情奉献自己的力量，不忘初心，砥砺前行，实现中华民族伟大复兴的中国梦。我相信中国青年有新信仰，中国青年有力量，我们能谱写更加华彩的乐章。

——群众联欢志愿者 一班 邓凯丹

当我再一次踏上长安街，接下来的每一步都走得无比认真，每一步都无比投入，每一刻都在和周围的人打招呼，每一刻都在欢呼，都在呐喊。当听到熟悉的"三十方阵直接通过"的指示，我用尽所有的力气喊出"一二三四"；当我们三十方阵的音乐响起，我也立刻做出熟悉的相应的动作，然后全身心欢愉。"祖国万岁！""祝祖国母亲生日快乐！"似乎再没有更多的词语来表达我当时的激动了，所有对祖国的热爱都包含在那一句句话语中。这一次，我用尽所有力气呐喊欢愉，这也是我最欢愉最热烈的一次，我用最好的状态完成了我的任务！

——群众游行志愿者 第十二中队 左秀彩

在这个宏大而艰苦的集体活动中，我们克服了好多困难，也做了好多的抉择。有的同学因为训练放弃了计算机二级的考试机会，有的同学因为训练，在中午回来之后都来不及去换衣服去吃饭直接奔向数学建模比赛的答辩，有的同学在深夜的长安街讨论数学建模比赛，因为训练占用数学建模比赛时间，回去只能通宵奋战，这里面不仅有我的身影，还有数不清的身影，我不能记住他们所有人的脸，但我能理解他们的心。因为我们参加这个活动从来不是为了自己，我们都是因为情怀和热爱而选择参加，也必将都带着感动和荣耀留下自己的身影。

——群众游行志愿者 第十二中队 王宇

05
后记

讲好新时代爱国主义教育课

举世瞩目、举国期盼的中华人民共和国成立70周年庆祝活动取得了圆满成功。习近平总书记高度肯定了国庆活动取得的巨大成功，他强调，庆祝活动是人民群众爱国主义精神的集中展示，要抓住契机，加强对人民群众爱国主义的教育和引导。

为深入贯彻落实习近平总书记国庆系列重要讲话和批示精神，按照教育部党组的统一部署，我校迅速组建了服务保障国庆活动宣讲团。学校主要领导靠前指挥、亲自带队、一线指导，使我校成为第一批出京宣讲高校。宣讲团以"规定动作有力度，自选动作有广度，宣讲效果有深度"为标准，重点围绕"从感性到理性、从共情到共鸣、从自在到自为"三个转变发力，为我校师生和江西南昌、内蒙古科右前旗的干部群众代表带来了20余场的精彩宣讲，直接覆盖6500余人。反响热烈的宣讲活动充分营造了"有一种自豪叫我参加过国庆庆祝活动""有一种感动叫我听过宣讲团故事"的浓厚氛围，切实将我校师生参加国庆活动展现的激昂正能量转化为带动宣讲听众奋进担当的强大动力。

宣讲活动集中展示了我校2364名师生在国庆70周年庆祝活动中的铿锵誓言和向祖国报到的必胜信念。新时代的北林青年光荣地接受了祖国和人民的检阅，共同上了一堂生动的爱国主义大课和新时代思政课。在学校党委的领导和支持下，校团委组织编写《我和我的祖国——北京林业大学服务保障中华人民共和国成立70周年庆祝活动纪实》一书，是宣讲活动的"再出发"，是将国庆庆祝活动凝结的磅礴力量与个人成长、时代进步互相砥砺，让爱国主义教育深入、持久、生动地走进广大青年心中的有力举措。

全书以"青春·奉献""青春·成长""青春·告白"三个篇章，详尽记录了我校师生参与服务保障国庆活动的收获与体会，是一本鲜活的新时代爱国主义教育和思想政治教育教材。

"爱国主义情感让我们热泪盈眶，爱国主义精神构筑起民族的脊梁。"我校师生在国庆活动中迸发出的爱党、爱国、爱社会主义热情和形成的宝贵精神财富，必将转化为推动我校爱国主义教育走深走实的深厚动力，必将引导和激励广大北林学子厚植爱国情、砥砺强国志、实践报国行，努力成长为担当民族复兴大任的时代新人。

北京林业大学党委副书记

2019年12月

06

| 青春掠影 |

<<< 青春掠影

组织领导

中华人民共和国成立70周年庆祝活动北京林业大学动员大会

举行国庆活动出征誓师仪式

校党委书记王洪元看望参训师生

校党委书记王洪元作誓师动员讲话

校长安黎哲看望参训师生

校党委副书记、纪委书记王涛为凌晨出发师生送行

341

我和我的祖国 >>>

思想教育

全体参训师生宣誓

全体参训师生共唱《我和我的祖国》

"我和我的祖国"千人主题快闪掀起爱国浪潮

主题快闪护旗手挥动手中国旗

国庆活动临时党支部召开"不忘初心 牢记使命"主题党日活动

实战演练

群众游行志愿者出发前掠影

群众游行志愿者完成任务返校后掠影

群众游行志愿者酷暑中刻苦训练

群众联欢志愿者合影

群众联欢海淀区块分练风采

群众联欢志愿者校内刻苦训练

实战演练

广场合唱志愿者合影

广场合唱志愿者分组合练

远端集结疏散志愿者合影

彩车服务志愿者合影

中华人民共和国成立70周年群众游行"绿水青山"方阵走过天安门

后勤保障

学校为志愿者提供最好、最有利的保障

后勤志愿者分发服装

后勤志愿者搬运物资

后勤志愿者为参训师生服务

后勤志愿者全力保障训练开展

总结表彰与宣讲

举办"不忘初心 牢记使命"北京林业大学服务保障国庆活动首场宣讲暨总结表彰大会

校党委书记王洪元带队我校首都高校服务保障国庆活动宣讲团赴江西宣讲

我校首都高校服务保障国庆活动宣讲团在南昌大学宣讲

我校首都高校服务保障国庆活动宣讲团在江西省林草局宣讲

我校首都高校服务保障国庆活动宣讲团在内蒙古科右前旗宣讲